智能网联汽车关键技术详解

主编 程增木

参编 谷俊丽 宋秀芹 刘新磊 程琳琳
　　 郭荣春 张炳力 程显科 王旋世

机械工业出版社

本书以智能网联汽车技术为主线，全书分为六章，内容包括：智能网联汽车及相关技术概念、智能网联汽车专用传感器技术原理与应用、智能网联汽车环境感知技术原理与应用、智能网联汽车多传感器融合定位技术原理与应用、智能网联汽车路径规划技术、智能网联汽车车辆控制技术原理与应用。

本书的特点是理论结合相关应用，从基本原理介绍入手，介绍各种技术的相关原理、发展现状以及实际应用案例，并配有图片及部分代码进行说明。本书内容涵盖智能网联汽车中常见传感器原理及应用方式，感知算法包括基于相机的 2D 和 3D 感知算法、激光雷达感知算法、毫米波雷达感知算法等；多传感器融合定位技术包括惯性导航技术、同步定位与建图技术、基于滤波的融合定位算法和基于图优化的建图方法；路径规划技术包括全局路径规划技术与局部路径规划技术；车辆控制算法包括传统车辆横纵向控制算法讲解、LQR 和 MPC 算法详解。

全书内容深入浅出，适合作为智能网联汽车技术的进阶学习资料，可以作为本科生和研究生的教学书籍，也可供专业人员进一步学习使用。

图书在版编目（CIP）数据

智能网联汽车关键技术详解 / 程增木主编. -- 北京：机械工业出版社，2025.1. -- ISBN 978-7-111-78193-6

Ⅰ. U463.67

中国国家版本馆 CIP 数据核字第 2025N1Y780 号

机械工业出版社（北京市百万庄大街 22 号　邮政编码 100037）
策划编辑：李崇康　　　　　　　　　　　责任编辑：李崇康
责任校对：刘　雪　张雨霏　景　飞　　　封面设计：张　静
责任印制：常天培
河北虎彩印刷有限公司印刷
2025 年 9 月第 1 版第 1 次印刷
184mm×260mm・14 印张・320 千字
标准书号：ISBN 978-7-111-78193-6
定价：79.90 元

电话服务　　　　　　　　　　网络服务
客服电话：010-88361066　　　机 工 官 网：www.cmpbook.com
　　　　　010-88379833　　　机 工 官 博：weibo.com/cmp1952
　　　　　010-68326294　　　金 书 网：www.golden-book.com
封底无防伪标均为盗版　　　机工教育服务网：www.cmpedu.com

前　言

随着科技的不断发展，智能网联汽车作为汽车行业的未来发展趋势之一，正逐渐成为人们关注的焦点。智能网联汽车不仅能够提高行车安全性，提升驾驶体验，还能实现车辆之间的互联互通，为交通运输领域带来革命性的变革。

本书旨在深入讲解智能网联汽车的核心技术，系统地介绍智能网联汽车的相关概念、原理和应用。通过对自动驾驶、车联网、人工智能等关键技术的解析，读者将能够全面了解智能网联汽车的发展现状和未来趋势。全书共分为六章，各章主要内容如下：

第一章介绍了智能网联汽车的相关概念、系统构成、系统分级、发展现况和关键技术。

第二章介绍了智能网联汽车专用传感器技术原理与应用，主要包括视觉传感器、毫米波雷达、激光雷达、超声波传感器的结构原理、工作原理、数据结构及应用。

第三章介绍了智能网联汽车环境感知技术原理与应用，其中，第一节和第二节介绍基于相机的 2D 视觉感知和 3D 视觉感知，涵盖物体检测、物体跟踪、语义分割、深度估计等相关算法原理及实现过程；第三节和第四节介绍激光雷达和毫米波雷达感知，涵盖点云数据预处理、目标检测、语义分割、全景分割、目标跟踪等相关算法原理及实现过程。

第四章介绍了智能网联汽车多传感器融合定位技术原理与应用，其中，第一节介绍惯性导航器件的相关误差分析、内参标定、解算方法；第二节介绍同步定位与建图技术详解，包括 ICP 算法、NDT 算法和基于特征的建图算法；第三节和第四节介绍了基于滤波的融合定位算法和基于图优化的建图算法，包括扩展卡尔曼滤波、预积分模型、基于地图定位的滑动窗口模型等。

第五章介绍了智能网联汽车路径规划技术，其中，第一节至第五节介绍全局路径和局部路径规划相关概述，环境地图的表示方法，全局路径规划算法中的 Dijkstra 和 A* 算法相关原理及实现；第六节介绍局部路径规划算法，涵盖 RRT、RRT* 和 Lattice 算法。

第六章介绍了智能网联汽车车辆控制技术原理与应用，主要包括反馈控制理论、车辆纵向和横向控制、LQR 算法和 MPC 算法的相关原理、求解方式及实际应用。

本书由天津大学程增木主编，在编写过程中，参考了部分互联网上的资料和图片以及相关文献中的内容，特此向其作者表示感谢。

本书使用了大量的图片便于读者理解，并针对每一项技术介绍了当前最新的实际应用情况，许多技术是笔者在实车开发或技术研究过程中的项目心得及经验。由于智能网联汽车发展速度较快，加之笔者的学识有限，书中若有不足之处，恳请各位读者给予指正。

希望本书能够普及智能网联汽车的相关概念及新技术，对发展智能网联汽车技术起到积极的推动作用。

编　者

目　录

前言

第一章 智能网联汽车及相关技术概念
001

- 一、智能网联汽车的相关概念 ... 001
  1. 自动驾驶汽车 ... 001
  2. 车联网 ... 001
  3. 智能网联汽车 ... 002
  4. 智能交通系统 ... 002
- 二、智能网联汽车的系统构成 ... 002
  1. 环境感知层 ... 003
  2. 智能决策层 ... 003
  3. 控制和执行层 ... 003
- 三、自动驾驶汽车的分级 ... 003
- 四、智能网联汽车的发展现况 ... 004
  1. 智能网联汽车的主流技术方案 ... 004
  2. 智能网联汽车的政策和法规 ... 005
  3. L2级自动驾驶技术的发展 ... 006
  4. V2X技术的发展 ... 007
  5. 智能网联汽车的当前应用 ... 008
- 五、智能网联汽车的关键技术 ... 010
  1. 环境感知技术 ... 010
  2. 无线通信技术 ... 010
  3. 智能互联技术 ... 010
  4. 车载网络技术 ... 011
  5. 先进驾驶辅助技术 ... 011
  6. 信息融合技术 ... 011
  7. 信息安全与隐私保护技术 ... 011
  8. 人机交互技术 ... 012
  9. 高精度地图技术 ... 012
  10. 异构网络融合技术 ... 013
  11. 交通大数据处理的关键技术 ... 014
  12. 交通云计算关键技术 ... 016

第二章
智能网联汽车专用传感器技术原理与应用

017

一、视觉传感器 ...017
  1. 视觉传感器的结构原理 ...017
  2. 视觉传感器的安装与标定 ...020
  3. 视觉传感器的数据结构及处理流程 ...022

二、毫米波雷达 ...022
  1. 3D 毫米波雷达的结构原理 ...022
  2. 4D 毫米波雷达的结构原理 ...024
  3. 毫米波雷达的工作原理及数据结构 ...026

三、激光雷达 ...026
  1. 激光雷达的结构原理 ...027
  2. 激光雷达的工作原理 ...027
  3. 激光雷达的数据结构 ...028

四、超声波传感器 ...030
  1. 超声波传感器的结构原理 ...030
  2. 超声波传感器的工作原理 ...030
  3. 超声波传感器的应用 ...031

第三章
智能网联汽车环境感知技术原理与应用

033

一、基于相机的 2D 视觉感知 ...034
  1. 物体检测算法 ...034
  2. 物体跟踪算法 ...041
  3. 语义分割算法 ...043

二、基于相机的 3D 视觉感知 ...046
  1. 单目 3D 感知——物体检测 ...046
  2. 单目 3D 感知——深度估计 ...051
  3. 双目 3D 感知 ...052

三、激光雷达 ...054
  1. 激光雷达点云数据预处理算法 ...054
  2. 激光雷达点云数据传统处理算法 ...060
  3. 激光雷达目标检测算法 ...063
  4. 激光雷达点云语义分割算法 ...068
  5. 激光雷达点云实例分割算法 ...073
  6. 激光雷达点云全景分割算法 ...075

四、毫米波雷达 ...079
  1. 基于传统算法的运动目标检测 ...079

2. 基于传统算法的运动目标跟踪 ... 080
3. 基于稀疏点云+深度学习的目标检测与跟踪算法 ... 083
4. 基于稠密数据块+深度学习的目标检测与跟踪算法 ... 085

第四章 智能网联汽车多传感器融合定位技术原理与应用

093

一、惯性导航基础 ... 093
  1. 惯性导航技术及器件概述 ... 093
  2. 惯性器件的误差分析 ... 095
  3. 惯性器件的内参标定 ... 098
  4. 惯性导航解算基础 ... 099
  5. 惯性导航解算方法 ... 103

二、同步定位与建图技术 ... 104
  1. ICP 算法 ... 106
  2. NDT 算法 ... 107
  3. 基于特征的建图算法 ... 111

三、基于滤波的融合定位算法 ... 115
  1. 滤波器的基本原理 ... 115
  2. 卡尔曼滤波 ... 117
  3. 扩展卡尔曼滤波 ... 118
  4. 基于滤波器的融合算法 ... 119

四、基于图优化的建图算法 ... 126
  1. 预积分模型 ... 126
  2. 基于图优化的融合定位流程 ... 129
  3. 边缘化原理 ... 129
  4. 基于地图定位的滑动窗口模型 ... 130
  5. LIO-SAM 算法 ... 135

第五章 智能网联汽车路径规划技术

140

一、智能网联汽车路径规划概述 ... 140
  1. 全局路径规划 ... 141
  2. 局部路径规划 ... 142
  3. 轨迹规划 ... 145

二、环境地图的表示方法 ... 145
  1. 栅格地图 ... 145

2. 几何地图 ... 146
3. 拓扑地图 ... 146
4. 混合地图 ... 146
5. 高精度地图 ... 146

三、Dijkstra 算法 ... 147

四、A* 算法 ... 149
1. 基于 MATLAB 仿真试验结果 ... 151
2. 小结 ... 152
3. A* 算法的优化与改进 ... 153
4. 栅格地图的优化 ... 154

五、自动驾驶汽车的全局路径规划 ... 155

六、局部路径规划 ... 157
1. RRT（Rapidly - Exploring Random Tree）算法 ... 158
2. RRT*（Rapidly - Exploring Random Tree star）算法 ... 160
3. Lattice 算法 ... 162

第六章 智能网联汽车车辆控制技术原理与应用
171

一、反馈控制理论 ... 171

二、车辆纵向控制 ... 175
1. 车辆纵向动力学模型 ... 175
2. PID（比例 - 积分 - 微分）控制 ... 177
3. 巡航控制系统 ... 182
4. 自适应巡航控制系统 ... 186

三、车辆横向控制 ... 188
1. 车辆横向运动学模型 ... 188
2. Pure Pursuit 算法 ... 191
3. Stanley 算法 ... 193

四、LQR 算法 ... 195
1. LQR 的基本原理 ... 195
2. LQR 的求解 ... 196
3. 二自由度车辆横向动力学模型 ... 197

4. 基于 LQR 的轨迹追踪算法　　... 199

五、MPC 算法　　... 201

1. MPC 的基本原理　　... 201
2. 无约束线性 MPC　　... 202
3. 带约束的线性及非线性 MPC　　... 205
4. 曲线坐标系车辆动力学模型　　... 206
5. 基于曲线坐标系的 MPC 控制算法代价函数计算　　... 208
6. 基于曲线坐标系的 MPC 控制算法不等式约束及松弛因子计算　　... 211

参考文献

215

第一章
智能网联汽车及相关技术概念

一、智能网联汽车的相关概念

1. 自动驾驶汽车

自动驾驶汽车（Autonomous Vehicle）是通过车载环境感知系统感知道路环境、自动规划和识别行车路线并控制车辆到达预定目标的智能汽车。它利用环境感知系统来感知车辆周围环境，并根据感知所获得的道路状况、车辆位置和障碍物信息等，控制车辆的行驶方向和速度，从而使车辆能够安全、可靠地在道路上行驶。自动驾驶汽车是传感器、计算机、人工智能、无线通信、导航定位、模式识别、机器视觉、智能控制等各种先进技术融合的综合体。与一般的智能汽车相比，自动驾驶汽车需要具有更先进的环境感知系统、中央决策系统以及底层控制系统。自动驾驶汽车能够实现完全自动的控制，全程检测交通环境，能够实现所有的驾驶目标。驾驶员只需提供目的地或者输入导航信息，不需要对车辆进行驾驶操控。自动驾驶汽车是汽车智能化、网络化的终极发展目标。百度无人驾驶微循环车"阿波龙"如图1-1所示。

图1-1 百度无人驾驶微循环车"阿波龙"

2. 车联网

车联网（Internet of Vehicle，IoV）是以车内网、车际网和车载移动互联网为基础，按照约定的体系架构及其通信协议和数据交互标准，实现V2X（V代表汽车，X代表车、路、行人及应用平台等）无线通信和信息交换，以实现智能化交通管理、智能动态信息服务和车辆智能化控制的一体化网络。它是物联网技术在智能交通系统领域的延伸。车内网是指通过应用成熟的总线技术建立一个标准化的整车网络；车际网是指基于特定无线局域网络的动态网络；车载移动互联网是指车载单元通过4G/5G等通信技术与互联网进行无线连接。三网融合是车联网的发展趋势。车联网技术主要面向道路交通，为交通管理者提供决策支持，为车辆与车辆、车辆与道路提供协同控制，为交通参与者提供信息服务。车联网是智能交通系统与互联网技术发展的融合产物，是智能交通系统的重要组成部分，更多表现在汽车基于现实中的场景应用，目前主要停留在导航和娱乐系统的基础功能阶段。车联网技术示意图如图1-2所示。

3. 智能网联汽车

智能网联汽车（Intelligent and Connected Vehicle，ICV）是一种跨技术、跨产业领域的新兴汽车体系，从不同角度、不同背景对它的理解是有差异的，各国对智能网联汽车的定义不同，叫法也不尽相同，但终极目标是一样的，即可上路安全行驶的自动驾驶汽车。

图1-2　车联网技术示意图

从狭义上讲，智能网联汽车是搭载先进的车载传感器、控制器、执行器等装置，并融合现代通信与网络技术，实现V2X智能信息交换共享，具备复杂的环境感知、智能决策、协同控制和执行等功能，可实现安全、舒适、节能、高效行驶，并最终可替代人来操作的新一代汽车。智能网联汽车概念示意图如图1-3所示。

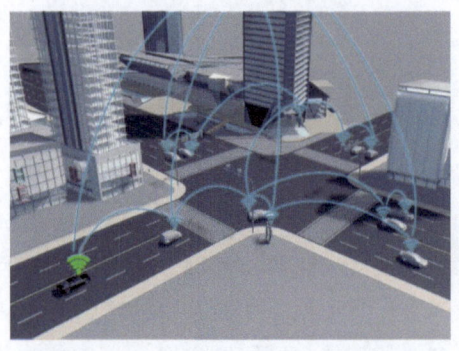

图1-3　智能网联汽车概念示意图

4. 智能交通系统

智能交通系统（Intelligent Traffic System，ITS）是未来交通系统的发展方向，它是将先进的信息技术、计算机处理技术、数据通信技术、传感器技术、电子控制技术、运筹学、人工智能等有效地集成运用于整个地面交通管理系统而建立的一种在大范围内、全方位发挥作用的、实时、准确、高效的综合交通运输管理系统。智能交通系统概念示意图如图1-4所示。

图1-4　智能交通系统概念示意图

二、智能网联汽车的系统构成

智能网联汽车主要由3个层次组成，主要包括环境感知层、智能决策层以及控制和执行层。其系统构成如图1-5所示。

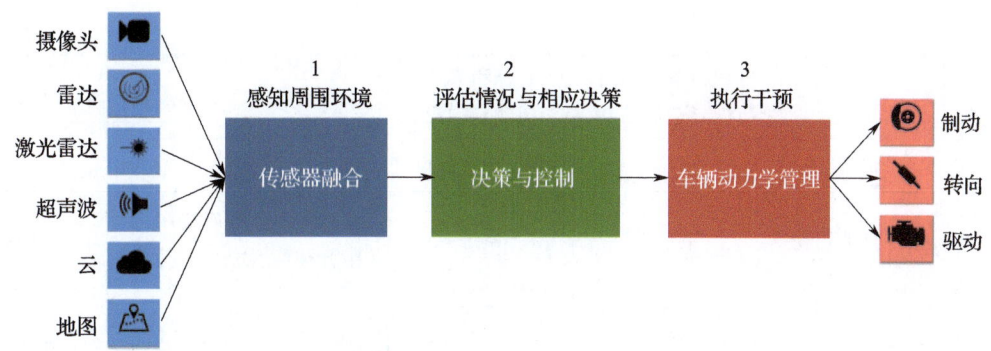

图1-5　智能网联汽车的系统构成图

1. 环境感知层

环境感知层的主要功能是通过车载环境感知技术、卫星定位技术、4G/5G及V2X无线通信技术等,实现对车辆自身属性和车辆外在属性(如道路、车辆和行人等)静、动态信息的提取和收集,并向智能决策层输送信息。在环境感知层使用的传感器包括车轮转速传感器、加速度传感器、微机械陀螺仪、转向盘转角传感器、超声波传感器、激光雷达、毫米波雷达、视觉传感器等,通过这些传感器来感知车辆的行驶速度、行驶方向、运动姿态以及道路交通情况。定位技术主要使用全球定位系统(GPS)、北斗卫星导航系统(BDS)以及云技术。

2. 智能决策层

智能决策层的主要功能是接收环境感知层的信息并进行融合,对道路、车辆、行人、交通标志和交通信号等进行识别,决策分析和判断车辆驾驶模式和将要执行的操作,并向控制和执行层输送指令。

3. 控制和执行层

控制和执行层的主要功能是按照智能决策层的指令,对车辆进行操作和协同控制,并为联网汽车提供道路交通信息、安全信息、娱乐信息、救援信息以及商务办公、网上消费等,保障汽车安全行驶和舒适驾驶。

三、自动驾驶汽车的分级

按照汽车控制权与安全责任分配,自动驾驶汽车可分为不同的等级。不同国家和地区对自动驾驶汽车的分级标准也不相同。目前中国针对自动驾驶汽车使用GB/T 40429—2021《汽车驾驶自动化分级》标准,该标准于2021年8月20日发布,2022年3月1日正式启用,见表1-1。

表1-1　自动驾驶汽车分级标准表

分级	名称	持续的车辆横向和纵向运动控制	目标和事件探测与响应	动态驾驶任务后援	设计运行范围
0级	应急辅助	驾驶员	驾驶员及系统	驾驶员	有限制
1级	部分驾驶辅助	驾驶员和系统	驾驶员及系统	驾驶员	有限制

（续）

分级	名称	持续的车辆横向和纵向运动控制	目标和事件探测与响应	动态驾驶任务后援	设计运行范围
2级	组合驾驶辅助	系统	驾驶员及系统	驾驶员	有限制
3级	有条件自动驾驶	系统	系统	动态驾驶任务后援用户（执行接管后成为驾驶员）	有限制
4级	高度自动驾驶	系统	系统	系统	有限制
5级	完全自动驾驶	系统	系统	系统	无限制[a]

[a] 排除商业和法规因素等限制。

在具体内容上，该标准将自动驾驶分为 0~5 级共 6 个等级：

0 级是应急辅助，它可以感知环境并提供警告、辅助或短暂介入以辅助驾驶员，但不具备目标和事件探测与响应的能力。

1 级是部分驾驶辅助，可以持续地执行动态驾驶任务中的车辆横向或纵向运动控制，且具备部分目标和事件探测与响应能力。例如，车道居中控制、车辆自适应巡航等功能都可以归类到 1 级驾驶自动化中。在这一阶段，驾驶员需要充当安全员的角色，监管自动驾驶系统的驾驶行为，可以随时介入自动驾驶汽车的驾驶行为。

2 级是组合驾驶辅助，除了可以持续执行动态驾驶任务中的车辆横向和纵向运动控制外，还具备与之相适应的部分目标和事件探测与响应能力。

3 级是有条件自动驾驶，它在一定条件下可以替代人类驾驶员完成驾驶任务。

4 级为高度自动驾驶，可以没有驾驶员，但只能在特定的应用场景下实现。对应技术包括激光、雷达、高精度地图、中央处理器、智能道路和交通设施。还可以无转向盘、加速踏板、制动踏板等操纵装置，但需要限定区域（如园区、景区内），或限定行驶环境条件（如雨雪天、夜晚不能开）。

5 级是完全自动驾驶，可以在所有环境下替代人类驾驶员完成驾驶任务。

四、智能网联汽车的发展现况

目前，智能网联汽车已初步形成主流的技术架构及集成方案，整体功能方面初步具备一定条件下的自动驾驶能力，但成熟度和可靠性尚未达到安全交通融入的程度。在市场应用方面，目前依旧是以 L2 及 L2+辅助驾驶为主，随着技术的更新和法律法规的健全，智能网联汽车将加速商业化落地、拓展产业应用，在一定条件的应用有望率先开展。

1. 智能网联汽车的主流技术方案

智能网联汽车自动驾驶功能的实现主要依赖于环境感知传感器、自动驾驶计算平台、网联通信设施、人机交互系统等。其中，环境感知传感器相当于智能网联汽车的五官，自动驾驶计算平台相当于自动驾驶汽车的大脑，网联通信设施是实现 V2X 功能的核心，人机交互系统是智能网联汽车的另一个重要的版块，未来智能化、人性化、多样化的人车交互系统将使得自动驾驶功能的接管和移交过程变得更加安全和易用，在降低事故率的同时还能实现多媒体娱乐、导航等功能。其主流技术方案如图 1-6 所示。

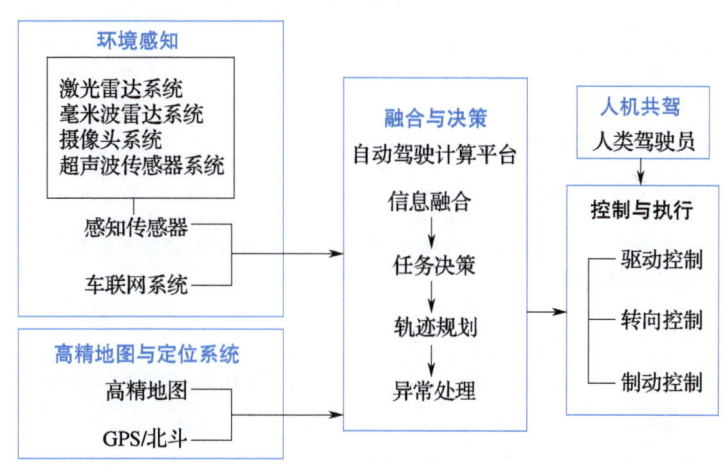

图 1-6　智能网联汽车的主流技术方案图

2. 智能网联汽车的政策和法规

近年来，各国纷纷推出相关政策大力支持智能网联汽车的发展，我国也不例外，将智能网联汽车上升到国家发展战略高度。从政策扶持、制定道路测试法规、建设示范区、基础数据平台、产业创新联盟和批准重点项目等多方面推进我国智能网联汽车的发展。2023 年 11 月，工业和信息化部、公安部、住房和城乡建设部、交通运输部发布《关于开展智能网联汽车准入和上路通行试点工作的通知》，提出在智能网联汽车道路测试与示范应用工作基础上，工业和信息化部、公安部、住房和城乡建设部、交通运输部遴选具备量产条件的搭载自动驾驶功能的智能网联汽车产品（以下简称智能网联汽车产品），开展准入试点；对取得准入的智能网联汽车产品，在限定区域内开展上路通行试点，车辆用于运输经营的需满足交通运输主管部门运营资质和运营管理要求。

道路测试是实现智能网联汽车产业化和商业化的基础，因此我国高度重视智能网联汽车公共道路测试情况，近年来加紧出台了各项智能驾驶上路法规。早在 2018 年 4 月，我国就颁布了第一个规范自动驾驶汽车道路测试的法规文件《智能网联汽车道路测试管理规范（试行）》。2019 年 10 月，工业和信息化部在智能网联汽车测试区交流研讨会上表示将会研究修订《智能网联汽车道路测试管理规范（试行）》，不断优化完善测试验证和应用示范环境。与此同时，重庆、北京、上海等地方政府也相继出台自动驾驶汽车道路测试法规文件，加快推动智能网联汽车道路测试。国务院办公厅发布的《新能源汽车产业发展规划（2021—2035年)》中提出，到 2025 年，高度自动驾驶汽车实现限定区域和特定场景商业化应用；到 2035 年，高度自动驾驶汽车实现规模化应用。

在智能网联汽车示范运行方面，我国早在 2015 年就开始在全国各地布局，目前已经在北京、上海、重庆、浙江、吉林、湖北、江苏等地建设了超过23个智能网联汽车测试示范区，积极推动半封闭、开放道路的测试验证，见表1-2。

表1-2 部分智能网联汽车示范区

地区	智能网联汽车示范区
吉林	国家智能网联汽车应用（北方）示范区
辽宁	北汽盘锦无人驾驶汽车运营项目
北京	国家智能汽车与智慧交通示范区
安徽	V2X技术开发与示范场地建设项目
江苏	国家智能交通综合测试基地（无锡）、常熟中国智能车综合技术研发与测试中心、南京市江宁区智能网联汽车开放测试区
上海	国家智能网联汽车A NICE CITY示范区
浙江	杭州云栖小镇LTE-V车联网示范区、桐乡乌镇示范区、嘉善产业新城智能网联汽车测试场
福建	平潭无人驾驶汽车测试基地、漳州无人驾驶汽车社会实验室
广东	深圳无人驾驶示范区、广州智联汽车与智慧交通应用示范区
湖南	湘江新区智能系统测试区
湖北	武汉"智慧小镇"示范区、武汉雷诺自动驾驶示范区
重庆	重庆i-VISTA智能汽车集成系统试验区、重庆中国汽研智能网联汽车试验基地
四川	德阳Dicity智能网联汽车测试与示范运营基地、成都中德智能网联汽车四川试验基地

除了不断完善道路测试法律法规文件和建设多元化的智能网联汽车示范区外，国家还大力支持建设智能网联汽车基础数据平台，目前我国已经建立了交通行业网联化统一监管平台，其具有全国性平台的架构。与此同时，在工业和信息化部的支持下，中国汽车工程学会联合包括汽车整车企业、科研院所、通信运营商、软硬件厂商等30多家单位共同发起成立"车联网产业技术创新战略联盟"，2015年7月更名为"智能网联汽车产业技术创新战略联盟"，旨在政策和战略研究、关键共性技术研发、学术交流与国际合作、人才培养等方面展开合作，进而推动我国智能网联汽车技术的快速发展。为与国际先进智能网联汽车技术水平保持同步发展，开发具有自主知识产权的智能网联汽车产品和技术，我国也相继批准国家重点研发项目，如智能电动汽车电子电气架构研发、电动自动驾驶汽车关键技术研究与示范运行等项目。

3. L2级自动驾驶技术的发展

目前，L2辅助驾驶功能已经成为在售车型主流配置方案。随着汽车市场的发展趋势和消费者认知的强化，L2级别的辅助驾驶（ADAS）离规模化商业变现更为接近，车型渗透率也逐渐增高，面临产业快速发展的机会。

图1-7为汽车之家网站2019年统计的在售汽车ADAS配置搭载率，三成左右市面车辆在不同程度上搭载了ADAS的相关功能，搭载率已经具备规模化应用程度。

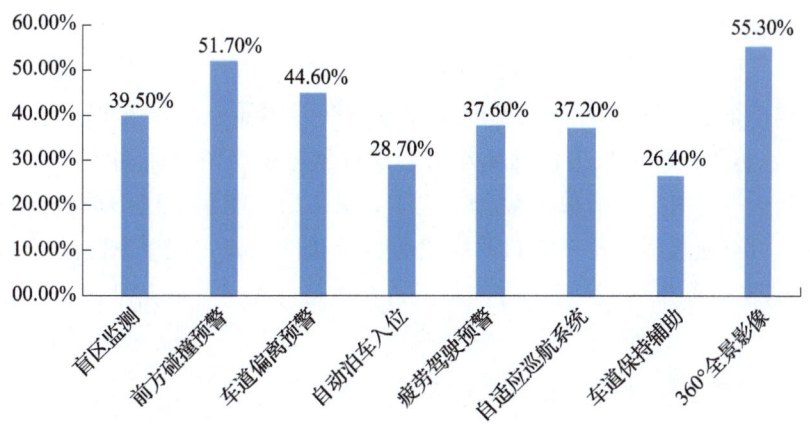

图1-7　中国在售汽车 ADAS 配置搭载率（含停产车型）

市场结构方面，L2 辅助驾驶早期主要应用于 30 万元以上的中高端汽车，很多厂家也将其作为高配车型的选装功能。在技术层面，行业内认知度最高的第一梯队有特斯拉、沃尔沃、奥迪等。其中特斯拉是从 2014 年开始为车辆配备安全性驾驶辅助功能，目前特斯拉自动驾驶硬件已经升级到第三代，配备了 HW3.0 硬件，支持停车场低速运行和高速公路部分特定场景下驾驶辅助功能，未来将提出进一步的功能升级，包括识别交通信号灯和停车标志、城市道路自动驾驶。沃尔沃搭载的 Pilot Assist 自动驾驶辅助系统能满足车辆在特定条件下的自动跟车、主动制动、车道保持、路牌限速识别等功能，在识别以及介入方面精准度都非常高。特斯拉的 HW3.0 硬件实物图如图 1-8 所示。

图1-8　特斯拉 HW3.0 硬件实物图

4. V2X 技术的发展

智能网联汽车的发展路径是从单车智能到车路协同升级，其中以单车智能为主，车路协同为辅。单车智能主要依赖于摄像头、激光雷达、毫米波雷达等环境感知传感器进行道路场景识别，车路协同是单车智能的功能延展和补充，基于 V2X（Vehicle to Everything）技术开展。

（1）车路协同的应用有望降低单车成本

车路协同是一种自动驾驶补充方案，能够在一定程度上弱化单车传感器的功能和性能要求。从原理上讲，车端传感器的功能可以通过道路端传感器来补偿实现，道路端通过 RSU（路侧单元）将获取到的环境数据传递给车端，通过坐标系变换将路端环境信息转化成车端环境信息，发送至计算平台进行数据融合。这样一来，只要能保证道路端数据的实时性、完整性和可靠性，可以通过降低单车传感器搭载的数量和性能来实现单车集成成本的降低，而基于 RSU 的路端数据通过类似广播的方式让所有在道路行驶的车辆共享，实现资源集中和高效处理。

（2）车路协同降低自动驾驶计算平台算力负荷

自动驾驶计算平台是智能网联汽车的大脑，各路传感器获取的数据都要在这里融合、决策并输出决策和控制信号。算力是评价计算平台性能的重要指标，也是直接关系到造价成本的核心参数。单车智能方案中，要增强环境感知能力，往往通过增加传感器性能和数量的方式来实现，这意味着实时处理信息量的增大，由于自动驾驶对于数据传输延时性极为敏感，所以对计算平台的算力也提出更高的要求。基于此背景，多接入边缘计算成为比较实用的网络结构，可以部分缓解计算平台的压力。

（3）5G 的应用将拓宽数据通道，降低通信时延

基于 5G 高速数据传输的特征，可以实现海量传感器信息的传输。从功能角度，车端可以利用多元异构的传感器获取更加丰富的车辆周边环境动态信息，在一定程度上提高自动驾驶的安全性；道路传感器之间可以进行实时的信息通信，实现路径优化、安全信息广播等，包括周边行人预警、盲区车辆碰撞预警等场景；边缘云与区域云的数据传输也可以通过 5G 的无线方案。从性能角度分析，5G 的高速传输特征可以有效地降低端到端的通信时延，提高安全性能。

5. 智能网联汽车的当前应用

目前我国智能网联汽车还处于形成产业雏形的阶段，当前自动驾驶的商业应用主要分两部分：公共交通道路；特定条件下的受限制区域。随机交通场景的融入目前存在一定的问题，在技术层面尚未完全成熟，可靠性和安全性还有待验证；法律法规层面上，国家在智能网联汽车方面交通法律法规尚未完全建立；运营成本方面，车辆集成费用较大，规模化运营初期投资较大。但是，在一定条件下的场景应用还是存在很大的市场空间，同时目前也具备可行的技术方案，下面介绍几个不同领域的典型案例：

（1）自动驾驶矿车

内蒙古宝利煤炭有限公司于 2019 年 9 月在宝利煤矿首次使用了 3 辆自动驾驶矿车来运输煤矿。通过"愚公"智慧矿山无人化运输系统来对车辆进行控制，具体包括矿车自动驾驶系统、机群调度系统、远程管控系统等。矿车通过传感器和雷达收集数据，形成记忆并优化算法，可以越来越自动适应随天气变化的矿区道路。由于不需要车内驾驶员，3 台自动驾驶的翻斗车，至少可以节省 6 名驾驶员的成本，但需要有后台人员对其安全性进行监控。"愚公"

智慧矿山无人化运输系统控制台如图1-9所示。

（2）自动驾驶公交车

2018年12月28日，湖南湘江新区智慧公交示范线首发仪式在长沙市举行。湖南湘江新区智慧公交示范线路全长7.8km，沿途停靠11个站点，双向总计22个站点，一期计划投放4辆中车电动智能驾驶公交车试运行。目前开放道路L3等级的4辆中车电动智能驾驶公交试运行，依托国家智能网联汽车（长沙）测试区，该项目将打造集"车-路-云"应用于一体的智慧公交全国示范线。该自动驾驶功能实现的亮点是V2X的应用，这也是该自动驾驶项目的核心和主推技术。湖南湘江新区智慧公交车如图1-10所示。

图1-9 "愚公"智慧矿山无人化运输系统控制台

图1-10 湖南湘江新区智慧公交车

（3）自动驾驶出租车

2020年10月11日，百度宣布在北京全面开放百度自动驾驶出租车（Robotaxi）服务，乘客可在北京经济技术开发区、海淀区、顺义区的数十个自动驾驶出租车站点，无须预约，直接下单免费试乘自动驾驶出租车。百度Apollo自动驾驶出租车如图1-11所示。

百度Apollo自动驾驶出租车基于林肯MKZ进行改装，其搭载的自动驾驶设备包括1个激光雷达、10个摄像头、2个毫米波雷达、2个惯性导航、1个主机、1个控制器以及1个工控机等，再加上车辆成本，总计改装成本约100万元，可实现L4级自动驾驶。

图1-11 百度Apollo自动驾驶出租车

（4）自动驾驶清扫车

2019年，北京市植物园引入"蜗小白"自动驾驶清扫车。"蜗小白"能够自主完成路面清扫、洒水、垃圾收集等工作，工作效率与6名环卫工人相当，极大地提高了清洁效率。"蜗小白"配备自主研发的高精度定位传感器以及多个探测传感器，配合AVCU硬件控制平台的系统化管理，相辅相成，可以实现高效的识别探测及指令动作反应。软件方面，"蜗小白"使用自主研发的AVOS软件操作系统，可实现快速、简易的清扫车控制与操作。"蜗小白"自动驾驶清扫车如图1-12所示。

图1-12 "蜗小白"自动驾驶清扫车

五、智能网联汽车的关键技术

当前智能网联汽车发展十分迅速,其关键技术主要包括以下 12 个方面。

1. 环境感知技术

环境感知包括车辆本身状态感知、道路感知、行人感知、交通信号感知、交通标识感知、交通状况感知、周围车辆感知等。其中车辆本身状态感知包括行驶速度、行驶方向、行驶状态、车辆位置等;道路感知包括道路类型检测、道路标线识别、道路状况判断、是否偏离行驶轨迹等;行人感知主要判断车辆行驶前方是否有行人,包括白天行人识别、夜晚行人识别、被障碍物阻挡的行人识别等;交通信号感知主要是自动识别交叉路口的信号灯、如何高效通过交叉路口等;交通标识感知主要是识别道路两侧的各种交通标志,如限速、转弯等,及时提醒驾驶员注意;交通状况感知主要是检测道路交通拥堵情况、是否发生交通事故等,以便车辆选择通畅的路线行驶;周围车辆感知主要检测车辆前方、后方、侧方的车辆情况,避免发生碰撞,也包括交叉路口被障碍物遮挡的车辆。环境感知技术示意图如图 1-13 所示。

在复杂的交通环境下,单一传感器无法感知全部的环境,必须整合各种类型的传感器,利用传感器融合技术,为智能网联汽车提供更加真实可靠的路况环境信息。

图 1-13 环境感知技术示意图

无论怎样分级,从驾驶员对车辆控制权角度来看,可以分为驾驶员拥有车辆全部控制权、驾驶员拥有部分车辆控制权、驾驶员不拥有车辆控制权 3 种形式。其中驾驶员拥有部分车辆控制权时,根据车辆 ADAS 的配备和技术成熟程度,决定驾驶员拥有车辆控制权的多少,ADAS 装备越多、技术越成熟,驾驶员拥有的车辆控制权越少,车辆自动驾驶程度越高。

2. 无线通信技术

长距离无线通信技术用于提供即时的互联网接入,主要采用 4G/5G 技术,特别是 5G 技术,有望成为车载长距离无线通信专用技术。短距离通信技术有专用短程通信技术(DSRC)、蓝牙、Wi-Fi 等,其中 DSRC 重要性高且亟须发展,它可以实现在特定区域内对高速移动目标的识别和双向通信,例如 V2V、V2I 双向通信,实时传输图像、语音和数据信息等。

3. 智能互联技术

当两个车辆距离较远或被障碍物遮挡,直接通信无法完成时,两者之间可以通过路侧单元进行信息传递,构成一个无中心、完全自组织的车载自组织网络。车载自组织网络依靠短距离通信技术实现 V2V 和 V2I 通信,它使在一定通信范围内的车辆可以相互交换各自的车速、位置等信息和车载传感器感知的数据,并自动连接建立起一个移动的网络。典型的应用包括行驶安全预警、交叉路口协助驾驶、交通信息发布以及基于通信的纵向车辆控制等。智能互联技术示意图如图1-14所示。

4. 车载网络技术

目前汽车上广泛应用的网络有 CAN、LIN 和 MOST 总线等,它们的特点是传输速率小、带宽窄。随着越来越多的高清视频应用进入汽车,如 ADAS、360°全景泊车系统等,它们的

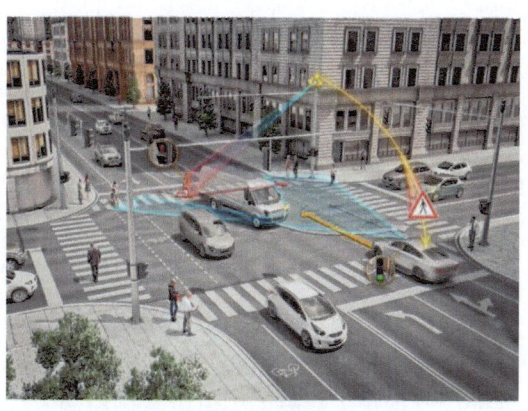

图1-14 智能互联技术示意图

传输速率和带宽已无法满足需要。以太网最有可能进入智能网联汽车环境下工作,它采用星形联结架构,每一个设备或每一条链路都可以专享100Mbit/s带宽,且传输速率达到10Gbit/s。同时以太网还可以顺应未来汽车行业的发展趋势,即开放性、兼容性原则,从而可以很容易地将现有的应用嵌入新的系统中。

5. 先进驾驶辅助技术

先进驾驶辅助技术示意图如图1-15所示。先进驾驶辅助技术通过车辆环境感知技术和自组织网络技术对道路、车辆、行人、交通标志、交通信号等进行检测和识别,对识别信号进行分析处理,传输给执行机构,保障车辆安全行驶。先进驾驶辅助技术是智能网联汽车重点发展的技术,其成熟程度和装备数量代表了智能网联汽车的技术水平,是其他关键技术的具体应用体现。

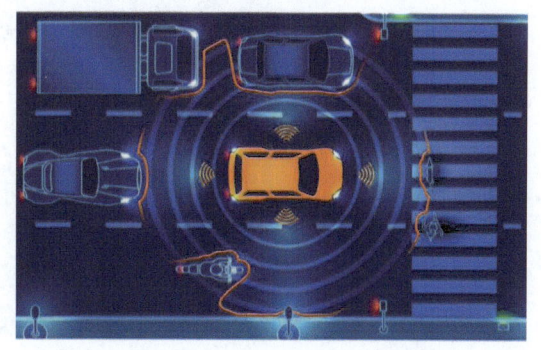

图1-15 先进驾驶辅助技术示意图

6. 信息融合技术

信息融合技术是指在一定准则下利用计算机技术,对多源信息进行采集、传输、分析和综合,将不同数据源在时间和空间上的冗余或互补信息依据某种准则进行组合,产生出完整、准确、及时、有效的综合信息。智能网联汽车采集和传输的信息种类多、数量大,必须采用信息融合技术才能保障实时性和准确性。

7. 信息安全与隐私保护技术

智能网联汽车接入网络的同时,也带来了信息安全的问题。在应用中,每辆车及其车主的信息都将随时随地传输到网络中被感知,这种暴露在网络中的信息很容易被窃取、干扰甚至修改,从而直接影响智能网联汽车体系的安全。因此,在智能网联汽车中,必须重视信息安全与隐私保护技术的研究。

8. 人机交互技术

人机交互技术，尤其是语音控制、手势识别和触摸屏技术，在未来全球汽车市场上将被大量采用。全球领先的汽车制造商，如奥迪、宝马、奔驰、福特以及菲亚特等都在研究人机交互技术。不同国家汽车人机交互技术发展重点也不同，美国和日本侧重于远程控制，主要通过呼叫中心实现；德国则把精力放在车主对车辆的中央控制系统，主要有奥迪的 MMI、宝马的 iDrive、奔驰最新的 MBUX。智能网联汽车人机界面的设计，其最终目的在于提供好的用户体验，增强用户的驾驶乐趣或驾驶过程中的操作体验。它更加注重驾驶的安全性，这样使得人机界面的设计必须在好的用户体验和安全之间做平衡，很大程度上安全始终是第一位的。智能网联汽车人机界面应集成车辆控制、功能设定、信息娱乐、导航系统、车载电话等多项功能，方便驾驶员快捷地从中查询、设置、切换车辆系统的各种信息，从而使车辆达到理想的运行和操纵状态。车辆显示系统和智能手机将无缝连接，人机界面提供的输入方式将会有多种选择，通过使用不同的技术，允许消费者能够根据不同的操作、不同的功能进行自由切换。奔驰 MBUX 系统如图 1-16 所示。

图 1-16　奔驰 S 级（W223）轿车上使用的 MBUX 系统

9. 高精度地图技术

高精度地图技术将大量的行车辅助信息存储为结构化数据，这些信息可以分为两类。第一类是道路数据，比如车道线的位置、类型、宽度、坡度和曲率等车道信息。第二类是车道周边的固定对象信息，比如交通标志、交通信号灯、道路限高、下水道口、障碍物及其他道路细节，还包括高架、防护栏、道路边缘类型、路边地标等基础设施信息。以上这些信息都有地理编码，导航系统可以准确定位地形、物体和道路轮廓，从而引导车辆行驶。其中最重要的是对路网精确的三维表征（厘米级精度），比如路面的几何结构、道路标示线的位置、周边道路环境的点云模型等。有了这些高精度的三维表征，自动驾驶系统可以通过比对车载的 GPS、IMU、LiDAR 或摄像头的数据精确确认自己当前的位置。另外，高精度地图中包含丰富的语义信息，比如交通信号灯的位置和类型、道路标示线的类型，以及哪些路面可以行驶等。

高精度地图具有高鲜度、高精度和高丰富度的特点。不论是动态化，还是精度和丰富度，最终目的都是保证自动驾驶的安全与高效率。动态化保证了自动驾驶能够及时地应对突发状况，选择最优的路径行驶。高精度确保了机器自动行驶的可行性，保证了自动驾驶的顺利实现。高丰富度与机器的更多逻辑规则相结合，进一步提升了自动驾驶的安全性。高精度地图示意图如图 1-17 所示。

图 1-17　高精度地图示意图

10. 异构网络融合技术

异构网络融合是一项较为关键的技术，所谓异构是指两个或两个以上的无线通信系统采用了不同的接入技术，或者是采用相同的无线接入技术但属于不同的无线运营商，其结构示意图如图 1-18 所示。在智能网联汽车发展的过程中，多域多网络共存问题日渐凸显，这无疑会给智能网联汽车的发展和建设带来极大困难。多网络覆盖区域重叠、通信协议不一致、缺乏统一的服务管控网络格局，使得用户面临更加复杂的网络环境。未来通信网络的前景是异构融合的网络模式，多接入方式并存，多节点协同工作，支持不同程度的无缝移动特性。同时它又是一个智能化的无线通信系统，能够随时感知外界环境，并根据当前的网络状况自配置以响应和动态自适应环境和操作的改变。5G 网络的一个主要特征就是能够提供多种不同无线接入技术之间的互操作，无线局域网（WLAN）和 4G 网络的融合、Ad hoc 网络与蜂窝网络的融合都是无线异构网络融合的重要模式。网络融合技术可极大地提升蜂窝网络的性能，在支持传统业务的同时也为引入新的服务创造了条件，成为支持异构互联和协同应用的新一代无线移动网络的热点技术。无线异构网络融合近年来受到了业界的高度重视和研究。

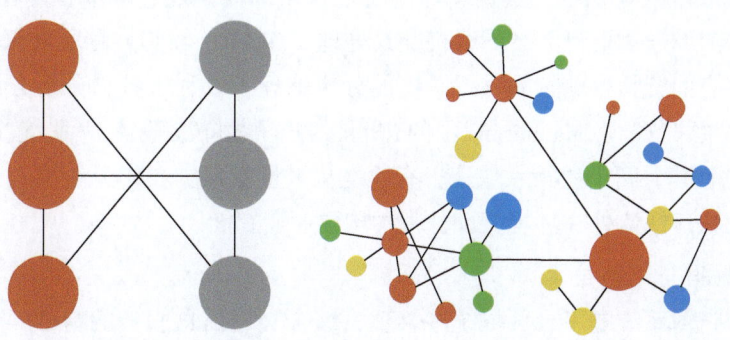

图 1-18　异构网络融合结构示意图

11. 交通大数据处理的关键技术

交通大数据具有种类繁多、异质性、时空尺度跨越大、动态多变、高度随机性、局部性和生命周期较短等特征。智能网联汽车的发展离不开大数据技术的支持，随着城市的发展，交通数据采集量必然成倍增长，形成海量、动态、实时的交通大数据。因此，以大数据处理技术为支撑的交通信息服务将成为未来智能交通发展的增长点。交通大数据平台示意图如图1-19所示。交通所涉及的大数据技术总结起来大致包括如下内容。

图1-19 交通大数据平台示意图

（1）基于 Hadoop 框架的 MapReduce 模式技术

Hadoop 是一个能够对大量数据进行分布式处理的软件框架，而 MapReduce 是 Hadoop 的核心计算模型，它将复杂的运行于大规模集群上的并行计算过程高度地抽象到了两个函数。Hadoop 实现了一个分布式文件系统（Hadoop Distributed File System，HDFS）。HDFS 有着高容错性的特点，用来部署在低成本的硬件上。而且它能提供高传输率来访问应用程序的数据，适合那些有着超大数据集的应用程序。

（2）数据仓库技术

数据仓库是决策支持系统（DSS）和联机分析应用数据源的结构化数据环境，研究和解决从数据库中获取信息等问题。数据仓库的特征在于面向主题、集成性、稳定性和时变性。其主要功能是将组织通过资讯系统的联机交易处理（OLTP）经年累月所累积的大量资料、数据仓库理论所特有的资料存储架构进行系统的分析整理，以利于各种分析方法如线上分析处理（OLAP）、数据挖掘（data mining）的进行，进而支持决策支持系统、主管资讯系统（EIS）等系统的创建，帮助决策者快速、有效地从大量数据资料中分析出有价值的信息，以利于决策拟定及快速回应外在环境变动，帮助构建商业智能。

（3）中央数据登记簿技术

中央数据登记簿系统是平台数据统一管理、综合交通信息服务的基础，包括与交通信息有关的数据表示和交互以及交通信息服务、适合于综合交通环境的数据字典和消息模板、交通数据项定义规则、注册和管理机制等。

(4) 平台 GIS-T 应用技术

平台 GIS-T 应用技术是交通地理信息系统的支撑技术，可为交通信息服务提供高效的信息查询功能、海量的存储功能，包括出租车、公交车、综合交通视频信息等数据；提供优秀用户体验的 WebGIS 引擎，让用户享受基于浏览器的交通信息服务。

(5) 基于非序列性数据操作技术

基于非序列性数据操作技术包括虚拟化环境以及流数据处理技术，通过网络将大量服务器的内存空间统合在一起，使之形成一个超大型的虚拟内存，然后在其上进行数据配置，可实现对现有设备资源的最大使用效率，同时实现对即时性数据的反馈能力。

(6) 视频大数据处理技术

视频大数据处理技术将目前各个专用性的视频监控系统有机地整合在一起，实现视频资源统一接入、统一转码、统一分发、统一管理和统一运营的"五统一"目标。它可整合包括交通视频、站台视频、客运站视频、高速公路视频、社会治安视频、车载视频等在内的多种视频资源，提高整体视频监控的效率，且在视频监控基础设施之上创造更多增值性的应用，从而实现视频监控系统的最大化效用。

(7) 大数据预处理技术

大数据预处理技术是将接入平台的数据根据具体的业务规则进行进一步的处理，包括对接入的数据进行有效性的检验、大数据清洗等。大数据标准化处理技术从数据库中取出经过清洗的数据，根据业务规则将外部系统的数据格式转化为平台定义的标准格式。

(8) 大数据融合处理技术

大数据融合处理技术是指采用多源交通信息融合方法，结合特征融合技术（识别/分类、神经网络、贝叶斯网络等）、目标机动信息处理技术（自适应噪声模型等）及多目标跟踪的信息融合技术，提高信息系统的鲁棒性及可靠性。多源交通大数据信息融合分为3级：基础级是数据级融合，它只完成数据的预处理和简单关联；第二级是特征级融合，就是根据现有数据的特征预测交通参数；第三级是状态级融合，根据当前交通流信息判断交通状态。交通流信息融合的基本过程包括多源信息提取、信息预处理、融合处理以及目标参数获取和状态估计。

(9) 实时数据分发订阅技术

交通大数据具有数据量大、更新频繁、时效性高等特点，往往需要来自其他系统的实时数据来支持其业务逻辑，比如浮动车辆的 GPS 数据、目前城市道路的路况分析和收费站排队监控分析、省级路政卫星定位联网监控系统的上报、营运车辆安全监管系统等监控分析系统需要向外单位共享的数据。

(10) 大数据挖掘技术

多源交通大数据挖掘是一个多步骤的过程，可以分为问题定义、数据准备、数据分析、模式评估等基本阶段。

12. 交通云计算关键技术

智慧交通云平台示意图如图1-20所示。

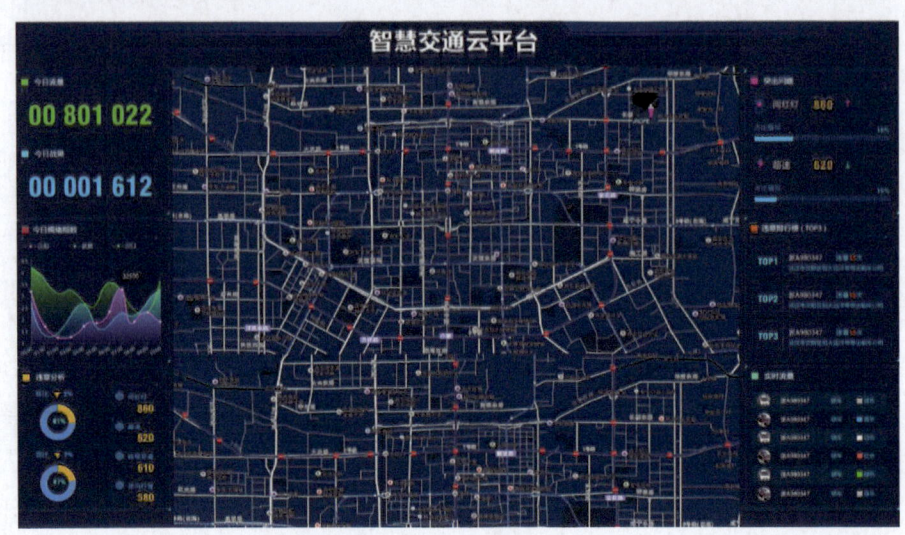

图1-20 智慧交通云平台示意图

交通云计算平台应该是一个整合的、先进的、安全的、自动化的、易扩展的、服务于交通行业的开放性平台。具体体现在以下几点：

（1）整合现有资源

能够针对未来的交通行业发展扩展整合将来所需的各种硬件、软件、数据。

（2）动态满足智能交通系统中各应用系统

针对交通行业的需求，如基础设施建设、交通信息发布、交通企业增值服务、交通指挥提供决策支持及交通仿真模拟等，交通云要能够全面提供开发系统资源平台需求，能够快速满足突发系统需求。

（3）扩展能力

提供极具弹性的扩展能力需求，以满足将来不断增大的交通应用需求。

交通云作为行业云，它应具有在技术上从易到难、业务上从边缘逐渐到核心的一个发展过程，交通云的远景是 IaaS（Infrastructure as a Service，基础设施即服务）、PaaS（Platform as a Service，平台即服务）及 SaaS（Software as a Service，软件即服务）的应用都具备。针对智能交通的目前发展状况及云计算平台的成熟应用程度，还是以数据中心的云存储化开始，逐渐向外扩展应用服务。交通云应该是为交通管理单位、交通运营企业和广大市民服务的，所以，未来的交通云应该具有混合云的特点。对保密性要求高、处理速度快、弹性发展力度强的对内应用（交通管理单位），可以用私有云的模式实现；而对外的信息发布（大众出行、物流企业、交通信息服务企业等）、出行指导等对外应用，可以用公共云的模式实现。

第二章
智能网联汽车专用传感器技术原理与应用

一、视觉传感器

1. 视觉传感器的结构原理

视觉是一个生理学词汇,当光作用于视觉器官时,使其感受细胞兴奋,感应到的信息经视觉神经系统加工后便产生视觉。人和动物通过视觉才能够感知外界物体的大小、明暗、颜色、动态,获得对机体生存具有重要意义的各种信息。据统计,至少有 80% 以上的外界信息是经视觉获得,视觉是人和动物最重要的感觉。

视觉传感器俗称摄像头,是指利用光学元件和成像装置获取外部环境图像信息的仪器。通常用图像分辨率来描述视觉传感器的性能,视觉传感器的精度与分辨率、被测物体的检测距离相关,被测物体距离越远,其绝对的位置精度越差。

车载视觉传感器用来模拟人的视觉系统,通过对采集的图片或视频进行处理获得相应场景的三维信息,以此来理解外界的环境和控制车辆自身的运动。车辆上安装视觉传感器的目的是用摄像头代替人眼,解决物体的识别、形状与方位确认、运动轨迹判断三大问题。

在行车过程中驾驶员获取的绝大部分信息来自视觉,如路面状况、交通标志标线、交通灯信号、障碍物等。通过视觉传感器感知路面环境,基于视觉技术的交通标志检测、道路检测、行人检测和障碍物检测的车辆驾驶辅助系统能够降低驾驶员劳动强度,提高行驶安全性。驾驶辅助系统在为驾驶员提供决策建议的过程中,使用了大量的视觉信息数据,视觉图像具有其他传感器无法比拟的优势。车载摄像头对于智能驾驶功能必不可少,是实现 ADAS(高级辅助驾驶系统)预警、识别类功能的基础。车载摄像头对可靠性的要求非常高,与普通摄像头监控系统不同,车载摄像头的工作时间长,且运行环境经常处于高频振动状态,因此车载摄像头的性能测试也非常严格。密封性测试通常需要在水中浸泡数天,温度测试通常持续 1000h,还包括从 -40~80℃ 的迅速跳转。除此之外,车载摄像头大多还具备夜视功能以保证夜间可以正常使用。

前视摄像头使用频率最高。通过算法开发优化,单一前视摄像头可以实现多重功能,如行车记录、车道偏离预警、前向碰撞预警、行人识别等。前视摄像头一般为广角镜头,安装在车内后视镜上或者前风窗玻璃上较高的位置,以实现较远的有效距离。全景泊车系统在车身周围布有多个摄像头,通过安装在车身周围的多个摄像头采集车辆四周的影像,经过图像处理单元校正和拼接之后，形成全景俯视图，实时传送至中控台的显示设备上，使得驾驶员坐在车内以"上帝视角"非常直观地看到车辆所处的位置以及周边的障碍物，从而辅助驾驶员泊车入位或通过复杂路面，能够有效减少车辆剐蹭、碰撞事故的发生。

（1）基本结构

视觉传感器主要由光源、镜头、图像传感器、模/数转换器、图像处理器、图像存储器等组成，其主要功能是获取足够的机器视觉系统要处理的原始图像，如图2-1所示。

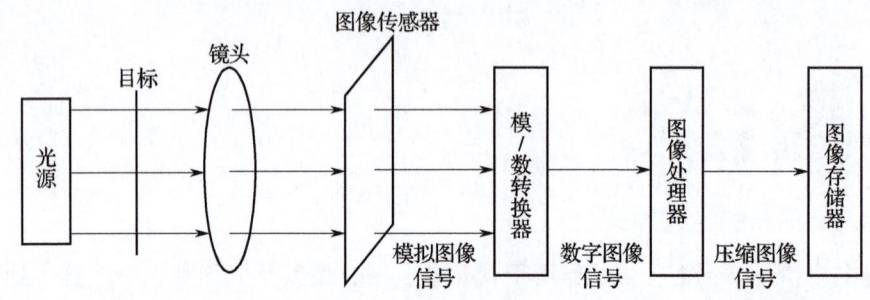

图2-1 视觉传感器基本结构

1）光源。光源是一个物理学名词，世界上的物体有的发光，有的不发光，能够自行发光且正在发光的物体叫作光源。如太阳、打开的电灯、燃烧的蜡烛等都是光源。

2）镜头。镜头是视觉传感器的关键部件，它的质量好坏直接影响着摄像头的指标。镜头相当于人眼的晶状体，如果没有晶状体，人眼看不到任何物体。如果没有镜头，那么摄像头所输出的图像就是白茫茫的一片，没有清晰的图像输出。

3）图像传感器。图像传感器通常使用电荷耦合装置（CCD）或互补金属氧化物半导体（CMOS）技术将光转换为电信号。图像传感器的任务本质上就是采集光源并将其转换为平衡噪声、灵敏度和动态范围的数字图像。图像是像素的集合，暗光产生暗像素，亮光产生较亮的像素。图像传感器能够确保摄像头具有正确的分辨率以适合应用，分辨率越高，图像细节越多，测量准确度越高。

4）模/数转换器。模/数转换器即通常所说的A/D转换器，是将模拟信号转变为数字信号的电子元件，能够把输入的电压信号转换为输出的数字信号。

5）图像处理器。图像处理器是一个进行分类、合成等处理的软件，它通过取样和量化过程，将一个以自然形式存在的图像变换为适合计算机处理的数字形式，包括图片直方图、灰度图等。图片修复，即指通过图像增强或复原来改进图片的质量。

6）图像存储器。数字图像文件存储方式主要有位映射图像、光栅图像以及矢量图像等。

（2）工作原理

车载视觉系统是能够让汽车具备视觉感知功能的系统，利用视觉传感器获取周边环境的图像，并通过视觉处理器进行图像的分析和理解，进而转换为相应的定义符号，使汽车能够辨识并确认物体位置及各种状态。被拍摄的物体经过视觉传感器的镜头聚焦到图像传感器上面，图像传感器由多个$X-Y$纵横排列的像素点组成，每个像素点都由一个光电二极管及相关电路组成。光电二极管将拍摄到的光线转变成对应的电荷,在相关电路的控制下逐点输出,经放大、A/D 转换,然后形成数字视频信号输出,最后通过显示屏还原后,就可以看到和拍摄场景一样的图像了。视觉传感器的工作原理如图 2-2 所示。

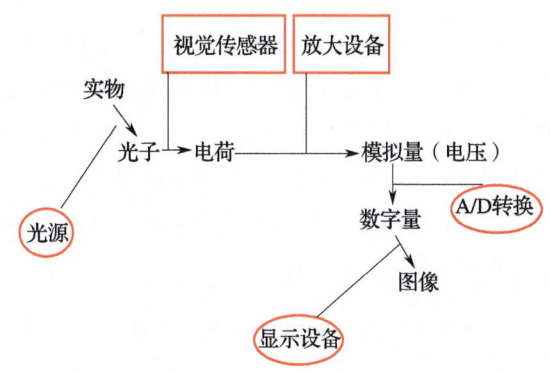

图 2-2 视觉传感器工作原理

(3) 产品参数

视觉传感器有分辨率和有效像素两个非常重要的参数。分辨率代表着图像是否能够清晰的呈现,在一定程度上决定着图像的品质。分辨率的高低取决于摄像头中图像传感器芯片上像素多少,其像素越多,则摄像头的分辨率就会越高。分辨率的大小决定着所拍摄图像的清晰度,摄像头分辨率越高,成像后对细节的展示就越明显。

像素是构成数码影像的基本单元,通常以像素/in (PPI)⊖为单位来表示影像分辨率的大小。例如 300×300PPI 分辨率,即表示水平方向与垂直方向上 1in 长度上的像素数都是 300,也可表示为 $1in^2$ 内有 9 万 (300×300) 像素。有效像素数与最大像素不同,有效像素数是指真正参与感光成像的像素值。最大像素的数值是感光器件的真实像素,这个数据通常包含了感光器件的非成像部分,而有效像素是在镜头变焦倍率下所换算出来的值。数码图片的储存方式一般以像素的个数为单位,像素是数码图片里面积最小的单位。像素的个数越多,图片的面积越大。要增加一个图片的面积大小,如果没有更多的光进入感光器件,唯一的办法就是把单个像素的面积增大,而不去改变像素的个数。

车载摄像头模组机械强度和耐高温性是其中决定性的标准,主要有以下四个特点:

1) 能够抑制在较低光照度拍摄时的影响,要求即使是在晚上也必须能很容易地捕捉到影像。

2) 车载摄像头模块需要具备广角以及影像周边部位高解析度的性能,水平视角通常为 25°~135°。

3) 车载摄像头模块需要具有良好的散热性、可抑制电磁干扰、图像形状的热稳定性好。为了保证工作可靠性,车载摄像头模块通常不使用树脂,而使用铝合金压铸品。

4) 用于驾驶辅助系统的摄像头是关乎行车安全的重要组件,在供电系统暂时断电的情

⊖ 1in = 2.54cm。

况下仍需提供可靠的工作,因此,车载摄像头模块通常会设有备用电源模块,以满足系统需求。

2. 视觉传感器的安装与标定

摄像头是推动自动驾驶汽车发展的关键传感器之一。随着新应用功能不断涌现,车载摄像头的数量也在迅速增加。此外,随着摄像头的应用从保有量较低的高档汽车转向更大的主流汽车市场,摄像头的采用率持续上升,车载摄像头的应用范围也越来越广,如行车记录仪、弥补后视镜盲区的变道辅助摄像头、用于车道保持的前视摄像头、用于驻车辅助的环视摄像头等,归纳起来可分为前视、后视、侧视以及车内监控四种。车载摄像头应用功能见表 2-1。不同车型的车载摄像头安装位置和数量有所区别。

表 2-1 车载摄像头应用功能

ADAS 功能	摄像头位置	实现功能
车道偏离预警	前视	当检测到车辆即将偏离行车道时发出警告
盲点监测	侧视	利用侧视摄像头将后视镜盲区的影像显示在驾驶舱内
泊车辅助	后视	利用后视摄像头将车尾影像显示在驾驶舱内
全景泊车	前视、侧视、后视	利用图像拼接技术将摄像头采集到的影像组合成车辆周边的全景图
驾驶员监测	内置	利用内置摄像头监测驾驶员是否疲劳等
行人碰撞预警	前视	当检测到前方行人可能发生碰撞时发出警告
车道保持辅助	前视	当检测到车辆即将偏离行车道时由车辆控制器纠正行驶路线
交通标志识别	前视、侧视	识别车辆前方和两侧的交通标志
前向碰撞预警	前视	当检测到与前车距离过近时发出警告

为了帮助驾驶员更为直观、安全地停泊车辆,很多车型配备了全景环视系统,也称作 360°全景环视系统,它是倒车影像系统的升级换代产品。全景环视系统通过车载显示屏观看车辆四周 360°的场景,超宽视角,无缝拼接的适时图像信息(鸟瞰图像),让驾驶员准确地了解车辆周边情况。该系统在车身周围布置了 4 个广角摄像头,如图 2-3 所示。

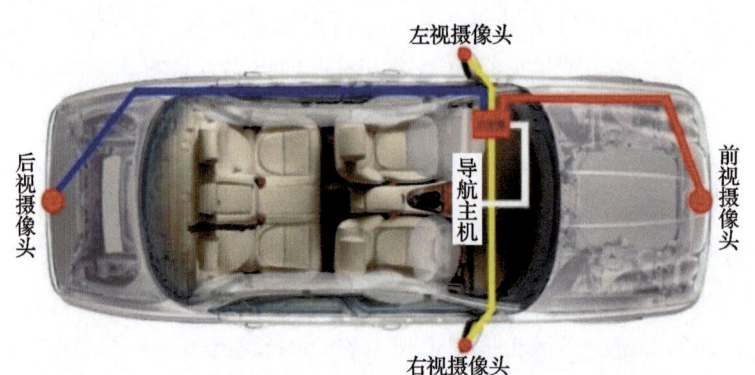

图 2-3 全景环视系统摄像头布置

不同品牌车型的全景环视系统控制电路也不相同，典型的全景环视系统安装接线示意图如图2-4所示。

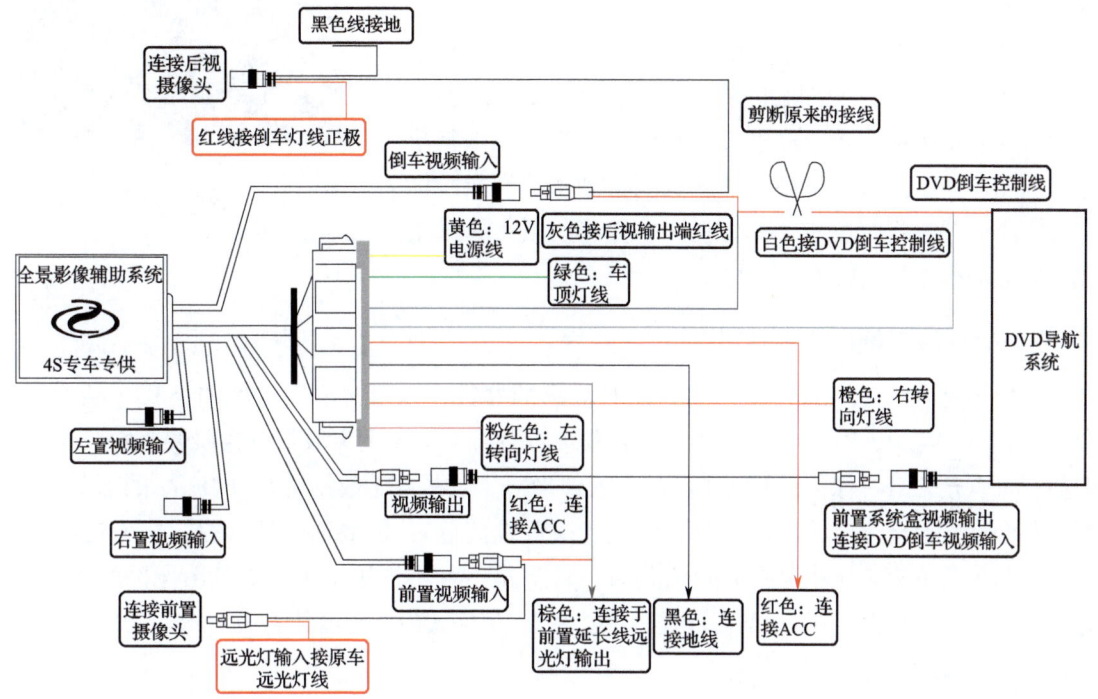

图2-4　全景环视系统安装接线示意图

摄像头的透镜由于制造精度以及组装工艺的偏差会发生畸变，从而导致原始图像失真。镜头的畸变分为径向畸变和切向畸变两类，如图2-5所示。径向畸变就是沿着透镜半径方向分布的畸变，主要由透镜本身制造误差造成。切向畸变是由于透镜本身与图像传感器平面（成像平面）或图像平面不平行而产生的，这种情况多是由于透镜被粘贴到镜头模组上的安装偏差导致。

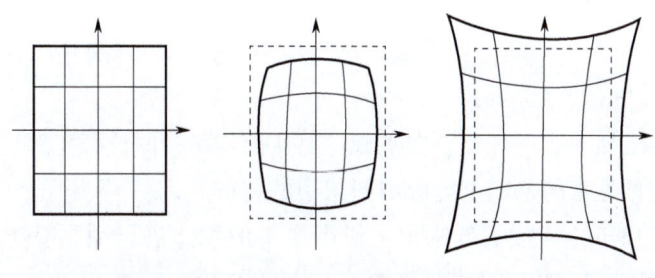

图2-5　图像畸变

为了使摄像头拍摄到的图像与现实世界中的场景一致，需要按照一定的方式进行标定。视觉传感器标定是通过图像与现实世界的转换关系，找出其定量的联系，从而实现图像与真实世界相一致的数据。在图像测量过程以及机器视觉应用中，为了确定空间物体表面某点的三维几何位置与其在图像中对应点之间的相互关系，需要建立摄像头成像的几何模型，这个几何模型的参数就是摄像头的参数。在大多数条件下这些参数必须通过试验与计算才能得到，这个求解参数的过程被称为摄像头标定或相机标定。

在视觉传感器标定时用到的基本工具是标定板，标定板是一个带有固定间距图案阵列的平板，如图2-6所示。摄像头通过拍摄标定板，经过标定算法的计算，可以得出相机的几何模型，从而得到高精度的测量和重建结果。标定板广泛应用于机器视觉、图像测量、摄影测量、三维重建等领域的校正镜头畸变。

图2-6 视觉传感器标定板

3．视觉传感器的数据结构及处理流程

摄像头是以固定视频数据格式输入和输出的器件，摄像头输入常用的格式包括RAW、YUV422、YUV420。RAW是指未经过任何压缩或处理的原始图像数据。在摄像头中，原始图像数据可以是来自图像传感器的未经处理的像素值。这些原始数据通常以Bayer的形式存在，其中每个像素仅包含一种颜色信息（红色、绿色或蓝色），需要通过后续的图像处理算法进行插值和去马赛克来生成最终的彩色图像。YUV是一种广泛用于表示彩色图像的颜色空间。它将亮度（Y）和色度（U、V）分开表示。在YUV格式中，亮度信息表示图像的明暗程度，而色度信息表示图像的颜色信息。

传统算法中，通过图像特征描述子SIFT、SURF等进行特征点提取和匹配，可用特征很多，包括角点、边缘点等。处理流程如图2-7所示。

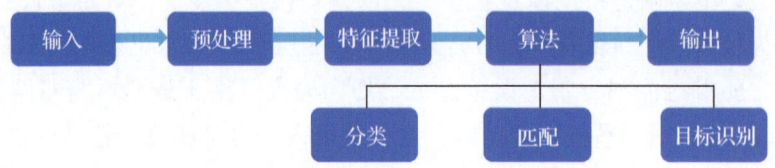

图2-7 视觉传感器传统算法处理流程

摄像头输入的数据，以每帧信息为基础进行检测、分类、分割等计算，最后利用多帧信息进行目标跟踪，输出相关结果。

1）预处理包括成帧、颜色调整、白平衡、对比度均衡、图像扭正等工作。

2）特征提取在预处理的基础上提取出图像中的特征点。

3）目标识别是基于特征数据的输出，对图像中的物体进行识别分类——人、车、交通标志等，运用了机器学习、神经网络等算法。

二、毫米波雷达

1．3D毫米波雷达的结构原理

根据GB/T 3784—2009的定义，雷达是指利用电磁波发现目标并获取目标位置等信息的装置。

毫米波雷达是指工作频段在 30~300GHz，波长为 1~10mm 的雷达。毫米波雷达是一种测量物体距离、速度、方位的高精度传感器，早期被应用于军事领域，随着雷达技术的发展与进步，开始应用于汽车电子、自动驾驶、智能交通等多个领域。毫米波雷达具有探测距离远、响应速度快、适应能力强等特点，其探测距离可达 250m 以上，并且调制简单，配合高速信号处理系统，可以快速地测量出目标的距离、速度、角度等信息。毫米波雷达与其他雷达相比，穿透能力比较强，在雨、雪、大雾等极端天气下也能进行工作，同时不会受颜色、温度、光照度等因素的影响，具有全天候的特点。毫米波具有波束的特征，发射出去的电磁波是一个锥状波束，而激光是一条线。这是因为毫米波波段的天线主要以电磁辐射的方式发出信号，而不是光粒子发射。雷达和超声波都是波束发射的方式，其反射面大，工作可靠，缺点是分辨率不高。

毫米波雷达按所采用的毫米波频段不同，主要分为 24GHz、60GHz、77GHz 和 79GHz 四个频段，主流的频段为 24GHz 和 77GHz，79GHz 有可能是未来的发展趋势。毫米波雷达按探测距离可分为近距离（SRR 小于 60m）、中距离（MRR 在 100m 左右）和远距离（LRR 大于 200m）三种。毫米波雷达按工作方式分为脉冲式和调频式两类。脉冲雷达发射的是矩形脉冲连续波信号，主要用来测量目标的速度。如需要同时测量目标的距离，则需对雷达发射信号进行调制，例如对连续波的正弦波信号进行周期性的频率调制。目前大多数车载毫米波雷达都为调频式，不同毫米波频段的雷达分类及特性见表 2-2。

表 2-2 不同毫米波频段的雷达分类及特性

参数	短程毫米波雷达	中程毫米波雷达	远程毫米波雷达
频率/GHz	24	76~77	77~81
测距范围/m	0.15~60	1~100	10~250
最大视角/(°)	±80	±40	±15
测距精度/m	±0.02	±0.1	±0.1
方位精度/(°)	±1	±0.5	±0.1
测速精度/(m/s)	0.1	0.1	0.1

车载探测雷达作为高级辅助驾驶系统的核心传感器，主要用来检测距离、速度等信息。其中，远距离雷达（LRR）用来实现车辆的自动巡航控制（ACC）功能；中距离雷达（MRR）用来实现车辆的侧向来车警告和车辆变道辅助功能；近距离雷达（SRR）则用来实现车辆的停车辅助、障碍和行人检测功能。

毫米波雷达作为智能网联汽车环境感知传感器中的重要一员，车载应用的历史比较久远。车辆为实现 ADAS 各项功能通常需要"1 长 +4 中短"的组合方案，目前众多车企已在其中高端车型上配置了毫米波雷达。随着自动驾驶技术的进一步推广和应用，毫米波雷达的应用也会越来越广泛。

毫米波雷达主要由信号发射器、信号接收器、信号处理器以及天线阵列等部件组成，如图 2-8 所示。

图 2-8　3D 毫米波雷达结构

1）信号发射器。毫米波雷达的信号发射器用于产生射频电信号。

2）信号接收器。毫米波雷达的信号接收器将接收到的射频信号转换成低频电信号。

3）信号处理器。毫米波雷达的信号处理器负责从接收到的信号中提取出距离、角度、速度等信息。

4）天线阵列。在车载雷达中比较常见的是平面天线阵列雷达，相比其他大型雷达的天线，平面天线阵列雷达没有旋转的机械部件，从而能保证更小的体积和更低的成本。毫米波雷达天线集成在 PCB 基板上实现天线的功能，在较小的集成空间中保持天线足够的信号强度。平面天线阵列由多个天线组成，如图 2-9 所示。图 2-9 中从左至右分别是 10 条发射天线 TX1，然后是 2 条发射天线 TX2，最后是 4 条接收天线 RX1～RX4。

毫米波雷达的天线包括发射天线和接收天线两部分，两组发射天线分别负责探测近处和远处的目标，其覆盖范围如图 2-10 所示。TX1 为横向距离探测天线，TX2 为纵向距离探测天线。由于近处的视角比较大，大概有 90°，所以需要较多的天线；而远处的视角小，大概只有 20°，所以两根天线就够了。雷达通过天线发射和接收电磁波，所发射的电磁波不是各个方向均匀的球面波，而是具有指向性的波束，且在各方向上具有不同的强度。

图 2-9　平面天线阵列

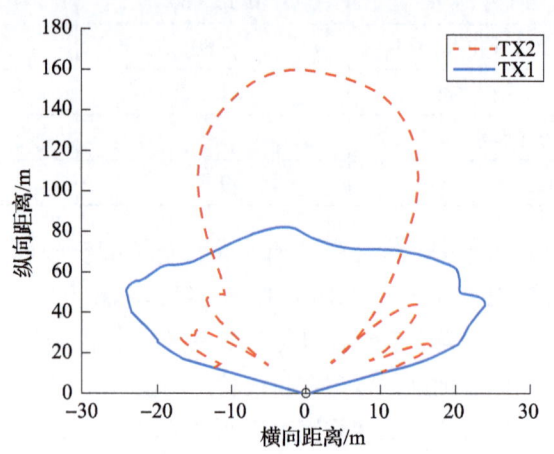

图 2-10　天线探测覆盖范围

2.4 D 毫米波雷达的结构原理

4D 毫米波雷达在 3D 毫米波雷达原有距离、方位、速度的基础上增加了对目标的高度维数据解析，实现"3D + 高度"四个维度的信息感知。同时，它还具备超高的分辨率，可以有效解析目标的轮廓、类别、行为，类似于激光雷达的高密度点云输出。前置 4D 毫米波雷达角分辨率可达 1°方位角和 2°俯仰角。这意味着它可以探测到车辆周边物体的轮廓，如行人与车辆夹杂在一起时，4D 毫米波雷达就可以直接对行人和车辆进行识别，并可以判断对应物体的运动情况（是否运动、运动方向）。此外，它还可以探测几何形状，比如在隧道场景中，可以探测到隧道的长度和宽度。

4D 毫米波雷达的核心功能包括测距、测速、测角、测高。其中，高分辨距离和高分辨角度是其核心。高分辨距离可以通过高带宽解决，而高分辨角度则需要增加天线孔径，采用合理的芯片级联、天线布局、波形设计、链路预算，以及 DOA 超分辨算法统筹实现。因此，4D 毫米波雷达不仅可以提高自动驾驶汽车对道路信息的探测精度，获取更多的信息以供自动驾驶汽车做出行驶预判，而且由于其全天候运行、小型化、低成本和高测速能力等优势，已经被广泛应用于自动驾驶领域。

4D 毫米波雷达一般由数字接口板及结构件、发射单元及 PCB、屏蔽罩和雷达天线罩四部分组成，本书以采埃孚 4D 毫米波雷达 Premium 为例，进行结构讲解，其结构如图 2-11 所示。

4D 毫米波雷达的发射单元及 PCB 一般采用多片级联的方式连接，结构详解如图 2-12 所示。外部银色的为屏蔽罩，内部为 MMIC（单片微波集成电路）。MMIC 是雷达关键零部件，完成雷达发射信号的调制、发射、接收以及回波信号的解调。4 个 MMIC 存在主从关系，功率需要均匀地分配到三个子 MMIC，分功电阻将本振功分信号功率进行均匀分配。覆铜打孔处的本振功分线用于 4 个 MMIC 的同步。高频 PCB 板材性能要求高于普通 PCB，主要用于蚀刻毫米波雷达天线。发射单元的微带天线阵列一共有 28 根天线，分为发射天线和接收天线两类，其中发射天线（TX）12 根，接收天线（RX）16 根，通过 MIMO 技术增加虚拟孔径，形成 192 个虚拟通道。

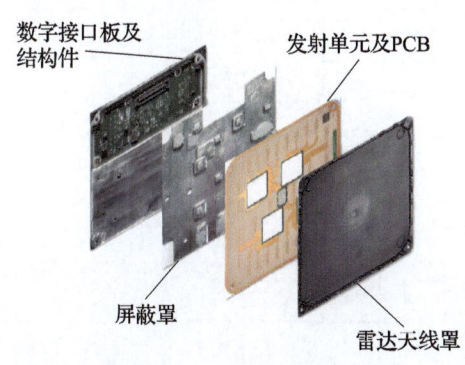

图 2-11　4D 毫米波雷达结构图

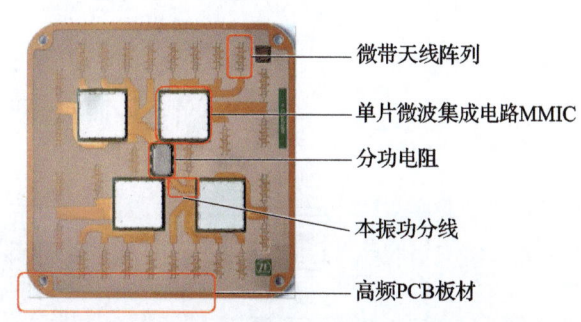

图 2-12　4D 毫米波雷达的发射单元及 PCB 结构详解图

发射单元的反面具有插接器、电源管理电路（PMIC）、处理器、模/数转换器和 DDR3 存储单元。

数字接口板及结构件由 CAN FD 接口、散热翅片、以太网接口和数字接口板组成。传统毫米波雷达数据量较小，以 20Hz 频率估计，数据量为数十千比特每秒，CAN FD 最高支持 5Mbit/s，足以支持其数据传输需求，其结构详解如图 2-13 所示。

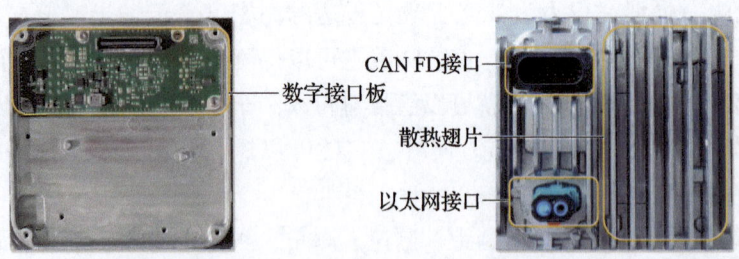

图2-13 4D毫米波雷达数字接口板及结构详解图

4D毫米波雷达较大的功率（25W左右）使得其拥有较大的发热量，结构件背面的散热翅片帮助散热，降低其工作温度。4D毫米波雷达点云数量相较于3D毫米波雷达大幅提升，达到数百甚至上千点云量，以太网的高数据传输速率得以支持其传输需求。数字接口板负责与雷达与整车域控信号及电源进行适配及转接。

3. 毫米波雷达的工作原理及数据结构

毫米波雷达的工作过程是通过天线向外发射毫米波，接收机接收目标反射信号，经信号处理器处理后快速准确地获取汽车周围的环境信息，如车辆与其他物体之间的相对距离、相对速度、角度、行驶方向等。然后根据所探知的物体信息进行目标追踪和识别，融合车身动态信息，通过中央处理单元进行处理，经运算决策后，通过警告装置以声、光及触觉等多种方式告知驾驶员，或通过控制执行装置及时对车辆做出主动干预，从而保证车辆行驶的安全性和舒适性，减少事故发生。其工作过程如图2-14所示。

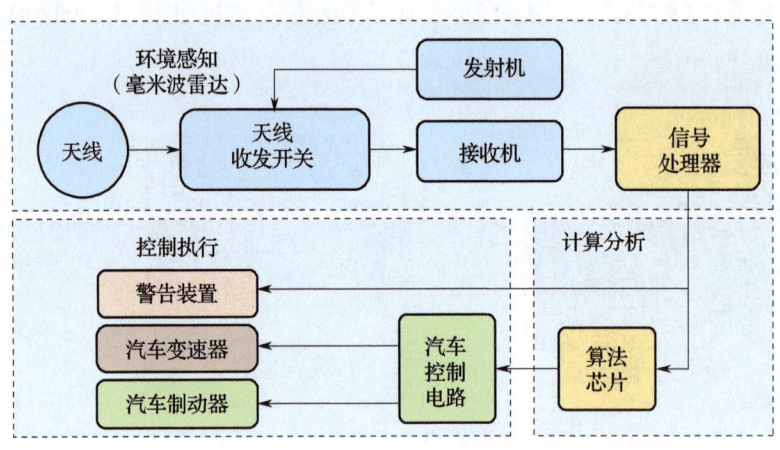

图2-14 车载毫米波雷达工作过程

三、激光雷达

激光雷达是一种向被测目标发射探测信号（激光束），然后测量反射或散射信号的到达时间、强弱程度等参数，以此确定目标的距离、方位、运动状态及表面光学特性的雷达系统。激光雷达具有角分辨率和距离分辨率高、抗干扰能力强、能获得目标多种图像信息等优点。

激光雷达按有无旋转部件可分为机械式激光雷达和固态（包含半固态）式激光雷达。机械式激光雷达指发射和接收系统通过不断旋转发射头，将发出的激光从线变成面，并在竖直方向上排布多束激光，形成多个面进而达到动态 3D 扫描并连续接收信息的目的。机械式激光雷达作为在自动驾驶车辆上最先应用的激光雷达产品，具有扫描速度快、接收视场大、可承受较高的激光功率等优点，但也具有结构笨重、重量和体积较大、装调工作复杂、价格高等缺点。固态式激光雷达内部没有运动部件，目前市场上主要的全固态激光雷达产品有光学相控阵激光雷达、调频连续波激光雷达、纳米天线阵列激光雷达和泛光面阵式激光雷达。全固态激光雷达耐久性、可靠性最佳，符合自动驾驶对雷达固态化、小型化和低成本化的需求。

1. 激光雷达的结构原理

激光雷达主要由激光发射系统、激光接收系统、扫描系统和信息处理系统四部分组成。激光雷达基本结构如图 2-15 所示。

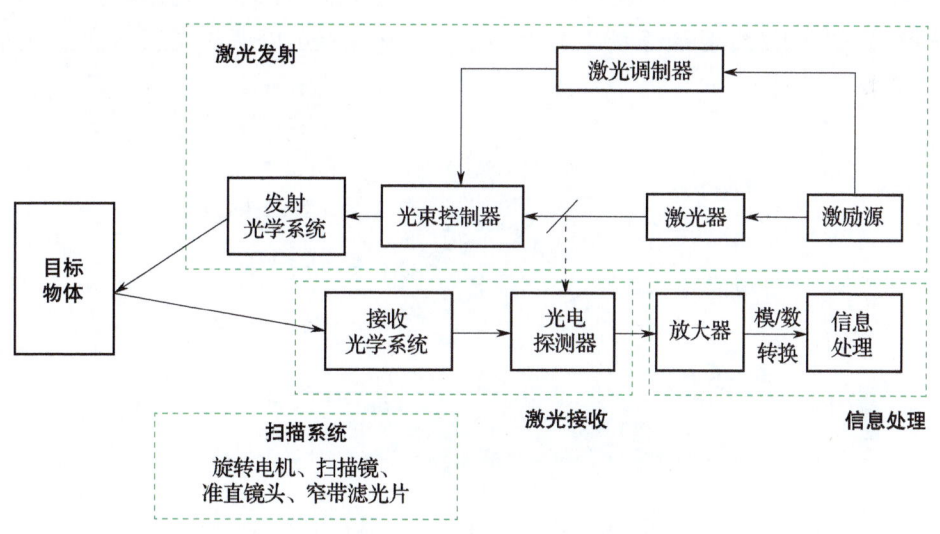

图 2-15 激光雷达基本结构

1）激光发射系统。激光发射系统的激励源周期性地驱动激光器，发射激光脉冲，利用激光调制器通过光束控制器控制发射激光的方向和线数，最后通过发射光学系统将激光发射至目标物体。

2）激光接收系统。激光接收系统经接收光学系统、光电探测器接收目标物体反射回来的激光，产生接收信号。

3）信息处理系统。信息处理系统将接收信号经过放大处理和模/数转换后，由信息处理模块计算，获取目标表面形态、物理属性等特征，最终建立物体模型。

4）扫描系统。扫描系统以稳定的转速旋转，实现对所在平面的扫描，并产生实时的平面图信息。

2. 激光雷达的工作原理

激光雷达的工作原理与毫米波雷达非常相近，以激光作为信号源，由激光器发射出的脉冲激光，打到地面的树木、道路、桥梁和建筑物上，引起散射，一部分光波会反射到激光雷达的接收器上，根据激光测距原理计算，就得到从激光雷达到目标点的距离。脉冲激光不断地扫描目标物，就可以得到目标物上全部目标点的数据，用此数据进行成像处理后，就可得到精确的三维立体图像。

在激光雷达前端有一个光学发射和光学接收系统，在发射系统后端有 N 组发射模块，在接收系统后端也有 N 组与发射模块对应的接收模块。当激光雷达开始工作时，N 组发射模块和 N 组接收模块在系统电路的精确控制下，按照一定的时间顺序轮流工作，发射和接收激光束。编码器是一种用于运动控制的传感器，它利用光电、电磁、电感等原理，检测物体的机械位置及其变化，并将此信息转换为电信号作为运动控制的反馈，传递给各种运动控制装置。光学旋转编码器属于编码器中较为特殊的一种，它通过光电转换，可将输出轴的角位移、角速度等机械量转换成相应的电脉冲以数字量输出，可以精确地测试电机角位移和旋转位置。旋转电机带动扫描镜按照一定的顺序和速度旋转，将激光器发出的激光束发射出去，然后反射回来的激光束通过光学接收系统进行处理计算，这样就可以形成光学扫描，如图 2-16 所示。

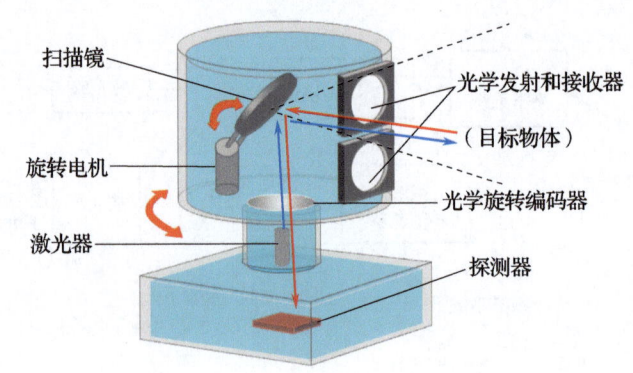

图 2-16 激光雷达工作原理

3．激光雷达的数据结构

点云是用来存储和传输点云数据的文件格式，其中包含了点的坐标和属性等信息。点云是一种用于表示三维空间中离散点集的数据结构，它广泛应用于计算机图形学、计算机视觉、机器人学和地理信息系统等领域。

激光雷达获取数据主要通过如下步骤：发射激光、障碍物反射激光、激光雷达接收反射、生成三维点云数据（坐标 X、Y、Z，反射强度 R）。

（1）点云的特性

1）无序性。二维图像中的像素点有着固定的位置，但是点云的位置采用不同顺序读入时，有着多种可能。

2）非结构性。神经网络将二维图像数据结构化为矩阵的形式，但是点云数据是非结构化的，直接输入网络中非常困难。

3) 密度不一致性。现实场景中包含着不同类别的物体，因此相应的点云数据空间属性也不相同。当获取的数据密度发生变化时，模型该如何处理也成为一个研究问题。

4) 信息不完整性。由于遮挡等问题，无法获取完整的属性描述，以及低分辨率采样，包含的信息比较片面。

点云目前的主要存储格式包括：pts、las、pcd、xyz 和 pcap 等。目前使用的主流格式为 pcd 和 pcap，主要使用的工具为 PCL。

PCL 全称为 Point Cloud Library，是一个用于三维点云处理的开源库。它包含了从传感器或三维数据文件中检索三维点云的各种处理。如果说 OpenCV 是 2D 信息获取与处理的结晶，那么 PCL 就在 3D 信息获取与处理上具有同等地位，且 PCL 是 BSD 授权方式，可以免费进行商业和学术应用，可在 Windows、Linux、Mac OS X 等操作系统中运行。对于 3D 点云处理来说，PCL 完全是一个模块化的现代 C++ 模板库，它基于以下第三方库：Boost、Eigen、FLANN、VTK、CUDA、OpenNI、QHull，实现点云相关的获取、滤波、分割、配准、检索、特征提取、识别、追踪、曲面重建、可视化等。

点云的无序性、非结构化使其与二维图像卷积存在差异，因此二维检测中研究成熟的网络不能直接用于处理点云数据，并且点云的表示形式对模型的性能有着直接影响。

（2）点云数据的表示形式

1）点表示形式。点表示形式直接对点云进行处理，采用最原始的点云作为网络的输入，利用多层感知机提取特征信息，使得全部点都包含特征信息。点表示形式保留了丰富的信息，信息损失最小，但是数据量大，运行速度较慢。图 2-17 为兔子的原始点云表示效果图。

2）体素表示形式。体素是数字数据在三维空间上分割的最小单位，类似于二维图像的最小单位像素，可以简单地理解为是立体的像素，是量化的、大小固定的点云数据。三维卷积神经网络可以直接应用在这种表示上。体素的大小以及每个体素可容纳的点云数量需要通过参数设置，因此不可避免地会造成信息丢失，而且运算和存储开销较大，实用性相对较低，且体素大小不易确定，会产生许多冗余的体素网格，给优化带来困难。图 2-18 为兔子的体素表示形式。

图 2-17　兔子的原始点云

3）图表示形式。现实生活中存在大量的非结构化数据，比如社交网络等，这些数据的节点间存在联系，可以表示为图，三维点云数据可以看作图数据的一种，在原始点云的基础上构建了局部连接关系的点，较好地适应点云的不规则性。图结构的表示方法也使得图卷积神经网络可以直接运用，依靠图中节点之间的信息传递来捕获图中的依赖关系。

图 2-18　兔子的体素表示形式

四、超声波传感器

超声波传感器是将超声波信号转换成其他能量信号（通常是电信号）的传感器，广泛应用在工业、国防、生物医学等方面。利用超声波技术作为检测方法时，系统必须要具备产生超声波和接收超声波的功能，完成这种功能的装置就是超声波传感器，也叫作超声波探头。

1. 超声波传感器的结构原理

超声波传感器的主要材料是压电晶片，也叫作压电陶瓷，如图2-19所示。压电材料是指具有压电效应，能够实现电能与机械能相互转换的晶体材料。该种材料在受到压力作用时会在两端面间出现电压，进而表现出压电效应。

压电晶片组成的超声波传感器是一种可逆传感器，它可以将电能转变成机械振荡，从而产生超声波；同时当它接收到超声波时，也能转变成电能，所以超声波传感器主要包括发送器、接收器两部分，除此之外，超声波传感器还有控制单元和供电单元。

利用压电晶片的压电效应可制成压电式超声波传感器，其中压电晶片的一个极面与膜片相连接，如图2-20所示。当声压作用在膜片上使其振动时，膜片带动压电晶片产生机械振动，从而产生随声压大小而变化的电压，完成声电的转换。

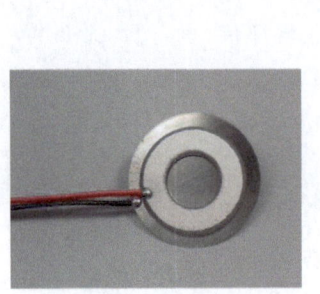
图2-19 压电晶片

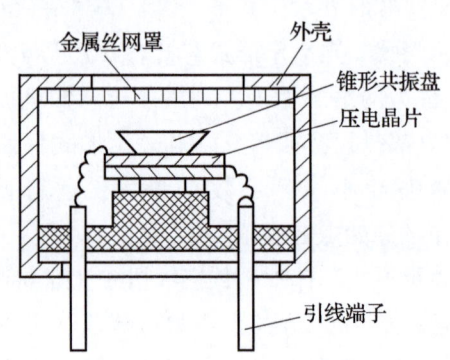
图2-20 压电式超声波传感器

2. 超声波传感器的工作原理

超声波测距原理是利用超声波的发射和接收，根据超声波传播的时间来计算传播距离，如图2-21所示。超声波测距是通过探测超声波脉冲回波来实现的，设超声波在空气中的传播速度为 c，超声波脉冲由传感器发出到接收所经历的时间为 t，则从传感器到目标物体的距离 D 可用 $D = ct/2$ 求出。

当前汽车上较为常用的是压电式超声波传感器，其关键部件是配有塑料或金属外壳的压电晶片，用两根导线与控制器相连。在传感器内部有两个压电晶片和一个共振盘，当共振板接收到超声波的回波时，压电晶片振动，其将机械波转换成电信号。控制器通过振荡电路向压电晶片输送

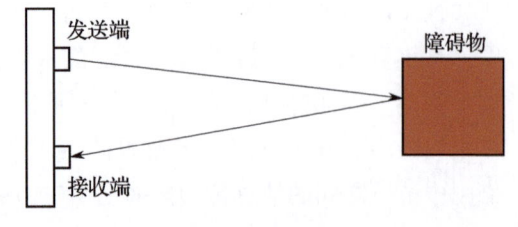
图2-21 超声波测距原理

一定频率的脉冲信号，压电晶片产生共振，并带动共振板振动，于是便产生超声波。超声波传感器向某一方向发射超声波的同时，计数电路开始计时，超声波在空气中传播，途中遇到障碍物后立即反射回来，超声波接收器接收到反射波后立即停止计时。系统根据计时器记录的时间，经过逻辑电路的处理运算，就能够计算出超声波传感器发射点与障碍物之间的距离。超声波传感器工作原理如图2-22所示。

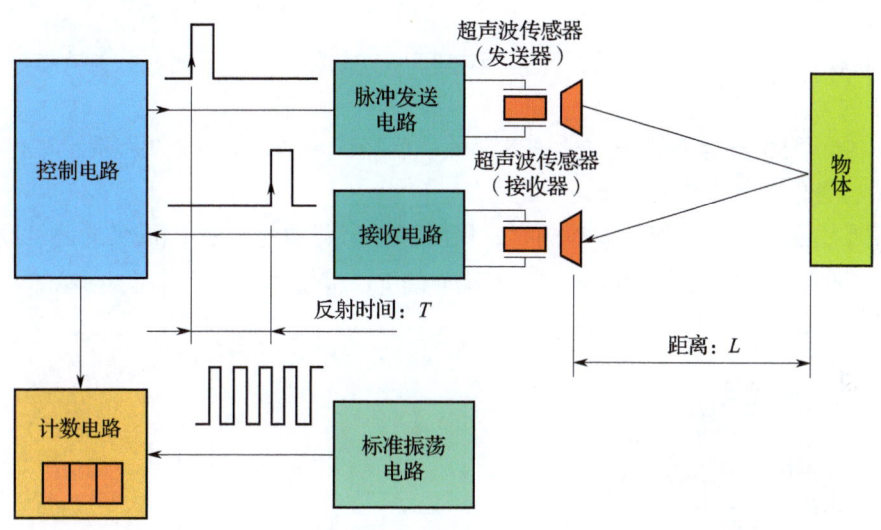

图2-22　超声波传感器工作原理

3. 超声波传感器的应用

超声波传感器在车上的主要应用范围就是倒车雷达系统和泊车车位检测。倒车雷达如图2-23所示。倒车雷达是协助驾驶员停车的，当退出倒档或车速超过某数值时（约5km/h），系统有可能会停止工作。汽车倒车雷达是针对车辆当前的道路、街区、停车场、车库等行驶环境，外加存在的视觉盲区，无法看见车后的障碍物，使得驾驶员在倒车时很容易发生剐蹭甚至交通事故，从而研发的一种汽车防撞系统。该系统能够在较低速度进行倒车的过程中，自动识别出车辆后方的障碍物，还能测量车与障碍物之间的距离，在车辆与障碍物发生碰撞之前发出声光警告信号，提醒驾驶员及时停车。超声波传感器还可以在自动泊车应用中对车位进行检测，它可以对车位周边的障碍物进行检测，构建相应的空间车位。

倒车雷达采用超声波测距原理，利用安装在前、后保险杠上的探头，探测周围环境，检测车辆与障碍物的距离，进而改变警告界面上的显示信息和警告声提醒驾驶员注意。当车辆挂进倒车档时，倒车雷达自动进入工作状态，在控制器的控制下，由安装在保险杠上的探头发送超声波，遇到障碍物产生回波信号，传感器接收到回波信号后，经控制器进行数据处理，计算出车体与障碍物之间的距离，并根据感应出来的与障碍物之间的距离发出警告。

倒车雷达系统探测数值的误差约有±5cm，不同品牌的倒车雷达产品误差值略有差异。通常将倒车雷达的探测区域分为以下

图2-23　倒车雷达

5 部分：

1）A（0~20cm）：不定状态区域，由倒车雷达探头工作原理决定，在测试过程中可以不进行测试。

2）S（20~35cm）：急停区域，当障碍物出现在该区域内时必须停车，警告声长鸣。

3）B（35~60cm）：急停区域，当障碍物出现在该区域内时须准备停车，警告声频率约为 4Hz。

4）C（60~90cm）：缓行区域，该区域内车辆应减速慢行，车速应控制在 5km/h 以内，警告声频率约为 2Hz。

5）D（90~150cm）：预警区域，表示障碍物已经进入倒车雷达监测范围，车速应控制在 5km/h 以内，警告声频率约为 1Hz。

进行倒车雷达测试和空间车位检测时，探测标准障碍物为水平范围 ϕ75mm、高 1000mm 的 PVC 管；滚地试验时采用 ϕ50mm、长 500mm 的 PVC 管。倒车雷达评价区域在 A~D 段的区间范围内，如图 2-24 所示。

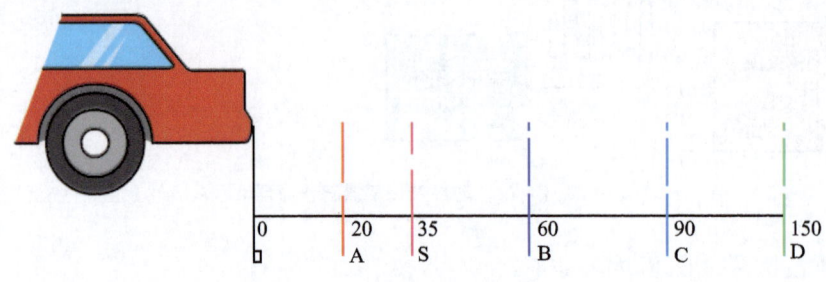

图 2-24 倒车雷达评价区域划分

倒车雷达性能测试网格及空间车位测试网格宽度至少要超出倒车雷达安装整车两侧的车宽各 0.2m，测试网格数值单位为 m，如图 2-25 所示。

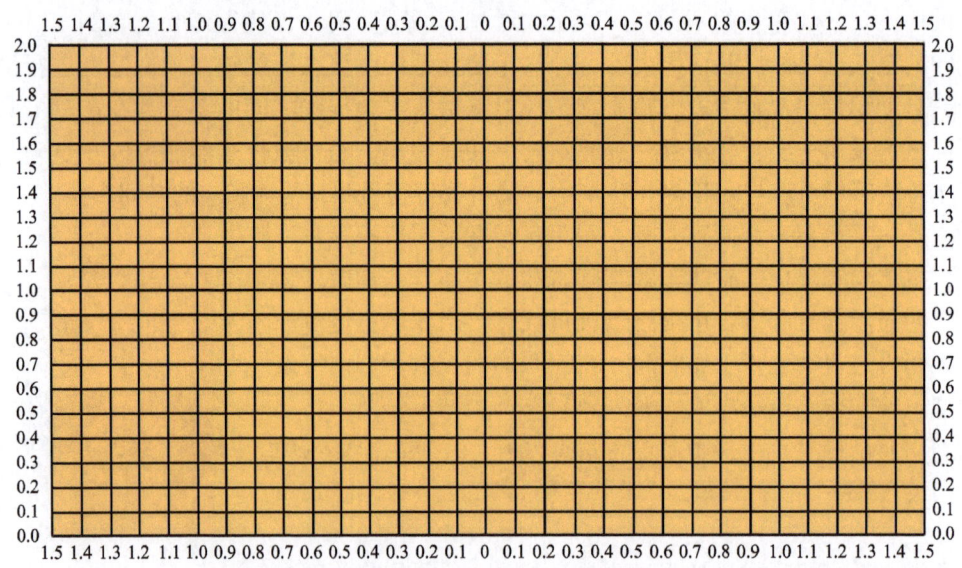

图 2-25 倒车雷达性能测试网格

第三章
智能网联汽车环境感知技术原理与应用

对摄像头、激光雷达点云处理相关算法可以使用相关数据集进行处理，目前主要使用的数据集包括 KITTI、NuScenes、Waymo Open Dataset（WOD）等。

KITTI（http://www.cvlibs.net/datasets/kitti/index.php）是德国卡尔斯鲁厄理工学院和丰田工业大学芝加哥分校于 2012 年发布的数据集。该数据集基于 4 个摄像头和 1 个 Velodyne 64 线激光雷达，每帧约 10 万个点。主要场景为城市道路环境，物体类别包括车辆、行人和骑车的人总计 8 万个标注；训练集包括 7481 帧，测试集包括 7518 帧。根据物体大小和遮挡程度，分为 Easy、Moderate、Hard 三种测试子集，AP 和 mAP 作为算法准确度指标，帧每秒（Frames Per Second，FPS）作为速度指标。

NuScenes（https://www.nuscenes.org）是 Motional 公司（前身为 NuTonomy）于 2019 年 3 月发布的点云数据集。其传感器主要包括 1 个激光雷达、5 个毫米波雷达、6 个摄像头，该数据集囊括了波士顿和新加坡的 1000 段道路场景，每段 20s（20Hz），共有 39 万帧 LiDAR 点云数据，23 个物体类别，140 万个 3D 物体框标注（4 万关键帧）。

Waymo Open Dataset（WOD）（https://waymo.com/open）是 Waymo 公司于 2019 年 8 月发布的数据集。其传感器主要包括 1 个中距激光雷达、4 个近距激光雷达、5 个摄像头，该数据集囊括了 1950 段美国城市道路场景，每段 20s（10Hz），共有 39 万帧 LiDAR 点云数据，4 个物体类别，1200 万个 3D 物体框标注。

三种不同数据集的对比见表 3-1。

表 3-1　三种不同数据集的对比

	KITTI	NuScenes	WOD
创建者	学术界	工业界	工业界
发布时间	2012 年	2019 年	2019 年
传感器	激光雷达+摄像头	激光雷达+摄像头+毫米波雷达	激光雷达+摄像头
LiDAR 点云帧数	1.5 万	39 万	39 万
标注类别	3	23	4
标注数量	8 万	140 万	1200 万
数据时长	1.5h	5.5h	6.4h
场景数量	22	1000	1150

数据集可划分为训练集、验证集和测试集。测试集是不同难度的子集（比如按照遮挡程度、物体大小）。对于数据集的性能指标主要包括：

1）算法输出与手工标注的重合程度：Intersection over Union（IoU）。
2）阈值设定：高于阈值则为正确检测，否则为无效检测。
3）True Positive（TP），False Positive（FP），False Negative（FN）。
4）Precision（P），Recall（R），PR 曲线。
5）Average Precision（AP）。
6）mean AP（mAP）。

一、基于相机的 2D 视觉感知

在自动驾驶领域，相机输入的信息为单摄像头生成的图像数据，包括单张图像和图像序列信息，输出可分为稀疏输出和稠密输出，稀疏输出包括物体的位置、大小、速度等；稠密输出包括每个像素点的类别标签。2D 视觉感知可进行物体检测、物体跟踪、语义分割等感知任务。

1．物体检测算法

物体检测算法可分为基于传统的物体检测算法和基于深度学习的物体检测算法。传统的物体检测算法流程为：候选窗口→特征提取→分类器。其中候选窗口包括滑动窗口（稠密）和显著性图，如图 3-1 所示。

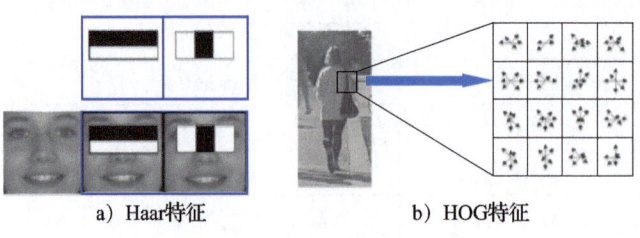

图 3-1　滑动窗口与显著性图

特征提取一般包括 Haar 特征和 HOG 特征，如图 3-2 所示。

 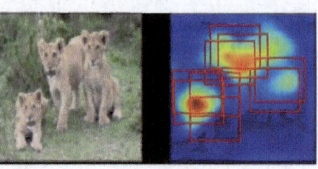

a）Haar 特征　　　　　b）HOG 特征

图 3-2　Haar 特征和 HOG 特征

分类器一般使用 AdaBoost、Decision Tree 和 SVM 等。使用传统物体检测算法，需要针对不同任务手工设计不同的特征，选择不同的分类器，其鲁棒性和可拓展性较差，无法满足自动驾驶不同的感知任务需求，因此当前量产相关自动驾驶感知算法几乎不使用传统物体检测算法。

深度学习是学习样本数据的内在规律和表示层次，学习过程中获得的信息对诸如文字、图像和声音等数据的解释有很大的帮助。深度学习在物体检测算法中的相关进化关系如图3-3所示。

R-CNN系列	YOLO系列	CenterNet系列	Transformer系列
两阶段 包含Anchor 运行速度较慢	单阶段 包含Anchor 运行速度较快	单阶段 关键点表示物体 运行速度较快 超参数较少	单阶段 自注意力提取特征 无法达到实时

图3-3 深度学习在物体检测算法中的相关进化关系图

（1）两阶段检测算法

2014年Girshick等人提出了R-CNN算法。相较于传统检测算法，R-CNN主要有如下几点创新：使用选择性搜索替代滑动窗口；使用卷积神经网络提取图像特征（ImageNet上预训练）；窗口特征采用SVM进行分类。R-CNN的算法流程如图3-4所示。

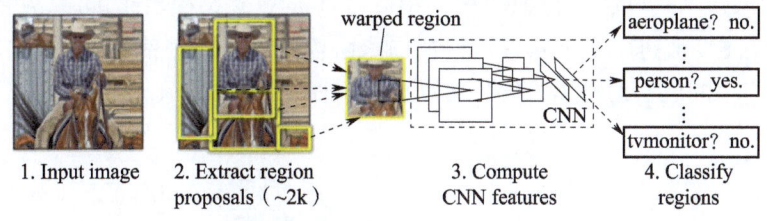

图3-4 R-CNN的算法流程图

R-CNN存在的问题：窗口数量重叠太多，导致特征提取的冗余，影响算法的运行效率。

为改进R-CNN存在的问题，2015年Girshick又提出了Fast R-CNN算法，该算法主要改进了如下几点：使用CNN提取全图的特征，避免冗余计算；在候选框中进行ROI Pooling；使用全连接网络进行分类和边框回归。Fast R-CNN的算法流程如图3-5所示。

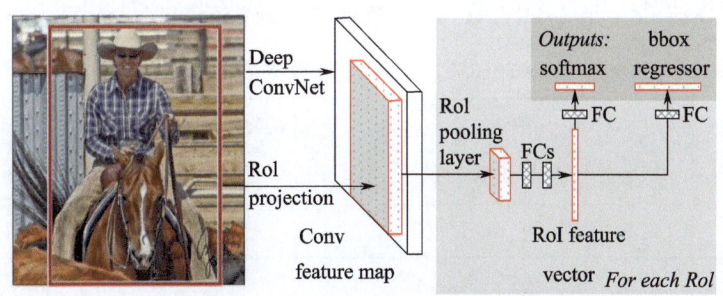

图3-5 Fast R-CNN算法流程图

Fast R-CNN算法存在的问题：通过选择性搜索来得到候选区域，这个过程依然比较慢。

针对Fast R-CNN算法存在的问题，2016年Ren等人又提出了Faster R-CNN。该算法主要改进了如下几点：区域候选网络（RPN）在特征图的基础上生成候选框；引入Anchor，回归任务只需处理比较小的变化；是第一个端到端的物体检测网络，速度可达17FPS。Faster R-CNN的算法流程如图3-6所示。

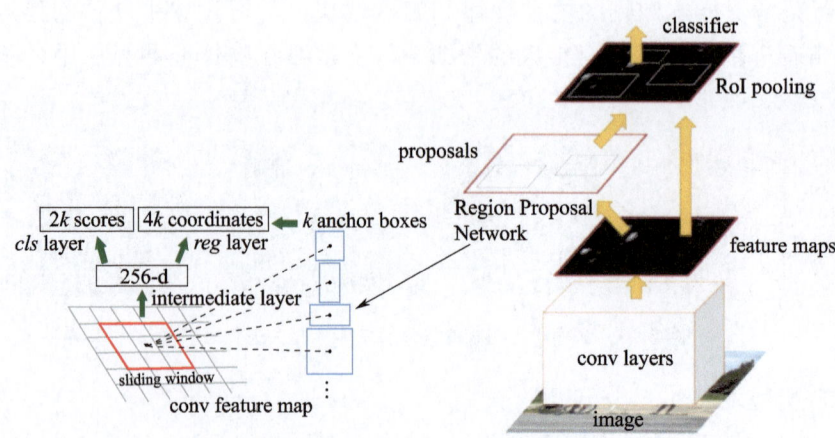

图3-6 Faster R-CNN算法流程图

Faster R-CNN算法存在的问题：RoI Pooling比较耗时，Anchor的设计需要先验知识。

针对Faster R-CNN算法存在的问题，2017年Lin等人又提出了Feature Pyramid Network（FPN）。该算法主要改进了如下几点：特征提取阶段进行优化；使用金字塔结构提取多尺度信息；可以适应不同大小的物体。FPN的算法流程如图3-7所示。

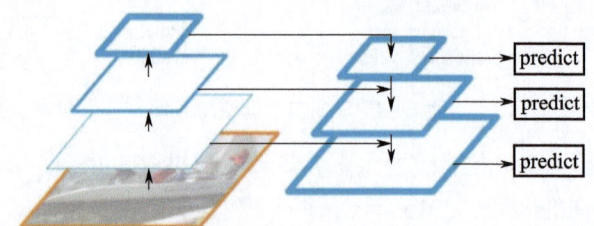

图3-7 FPN算法流程图

R-CNN系列算法的改进（PASCAL VOC数据库）及性能对比见表3-2。

表3-2 R-CNN系列算法改进及性能对比

算法	改进	检测准确率（mAP）	运行速度（FPS）
R-CNN	自动学习任务相关的特征	58.5%	0.1
Fast R-CNN	复用图像特征，减少计算冗余	70.0%	0.5
Faster R-CNN	网络生成候选框，端对端学习	73.2%	17

FPN对主干网络的改进（MS-COCO数据库）及性能对比见表3-3。

表3-3 FPN对主干网络的改进及性能对比

算法	检测准确率（mAP）	运行速度（FPS）
Faster R-CNN	26.3%	17
Faster R-CNN + FPN	33.9%	7

(2) 单阶段检测算法

单阶段检测算法主要是 YOLO 系列，YOLO 有多个版本，最早是 Redmon 于 2015 年提出 v1 版本。v1 版本使用卷积神经网络提取特征 + 全连接层输出物体类别和边框；v2~v4 版本增强特征提取网络，采用多尺度特征图，利用 Anchor 来辅助边框回归。YOLO 系列算法结构图如图 3-8 所示。

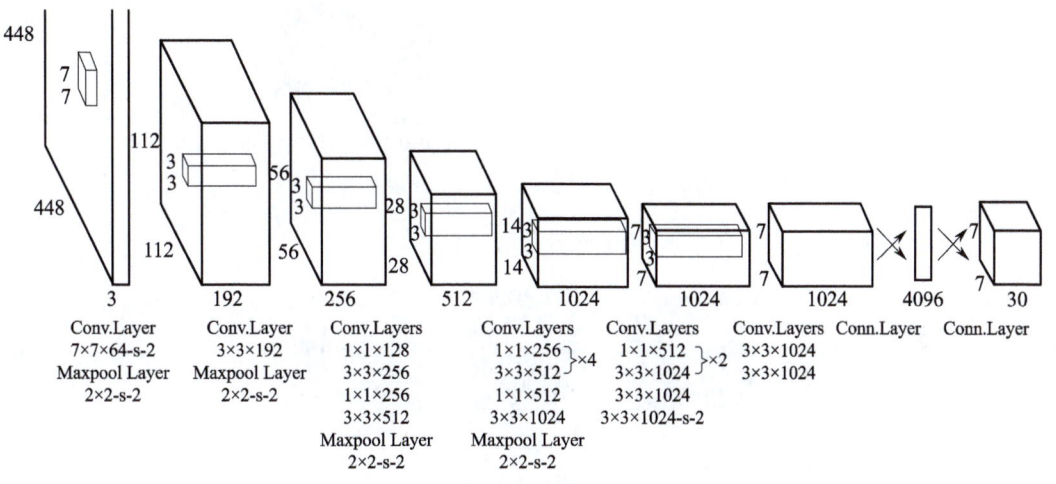

图 3-8 YOLO 系列算法结构图

YOLO 存在的问题：Anchor 需要手工设计，Anchor 数量较大影响算法速度。

单阶段 YOLO 和两阶段 Faster R-CNN + FPN 的性能对比见表 3-4。

表 3-4 单阶段 YOLO 和两阶段 Faster R-CNN + FPN 的性能对比

算法	检测准确率（mAP）	运行速度（FPS）
Faster R-CNN + FPN	33.9%	7
YOLOv4	55.2%	31

针对 YOLO 中存在的 Anchor-based 问题，2019 年 Zhou 等人提出了 CenterNet 的 Anchor-free 算法。该算法与 YOLO 不同之处在于 Head 的设计，其物体表示为中心点，直接回归边框。该算法结构如图 3-9 所示。

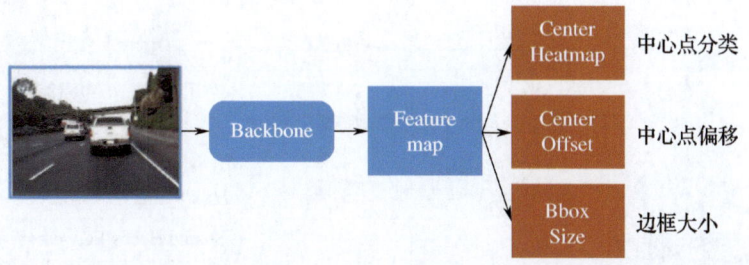

图 3-9 CenterNet 算法结构

CenterNet 中心点分类主要负责正负样本的生成，如图 3-10 所示。

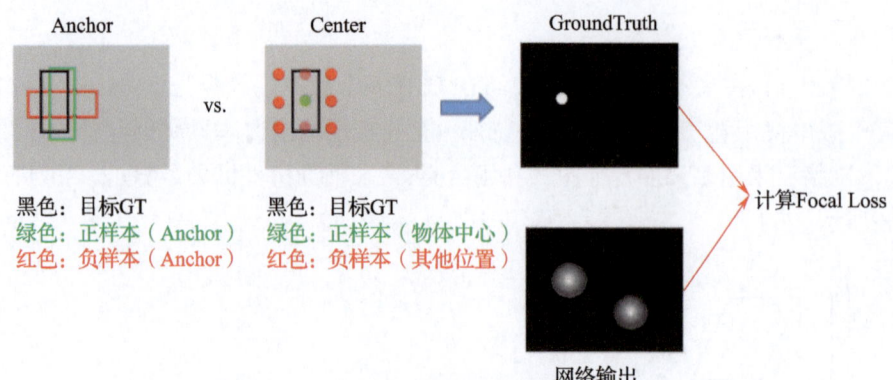

图 3-10　CenterNet 正负样本生成示意图

针对某场景使用 CenterNet 检测不同阶段效果如图 3-11 所示。

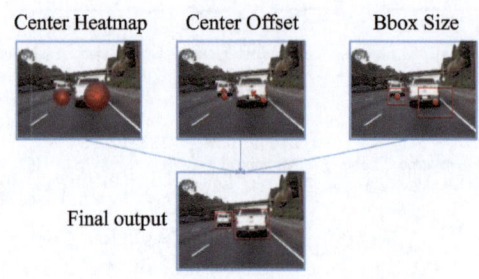

图 3-11　CenterNet 检测不同阶段效果图

CenterNet 与 RoI Pooling 的区别是 CenterNet 只采用中心点处的特征；与 Anchor 的区别是 CenterNet 直接估计边框参数。

CenterNet 存在的问题：中心点处的特征表示性不够。

针对 CenterNet 存在的问题，2019 年 Tian 等人提出了 FCOS（Fully Convolutional One-Stage Object Detection）的 Anchor-free 算法。该算法与 CenterNet 不同之处在于该算法在多个分辨率的特征图上进行预测。该算法结构如图 3-12 所示。

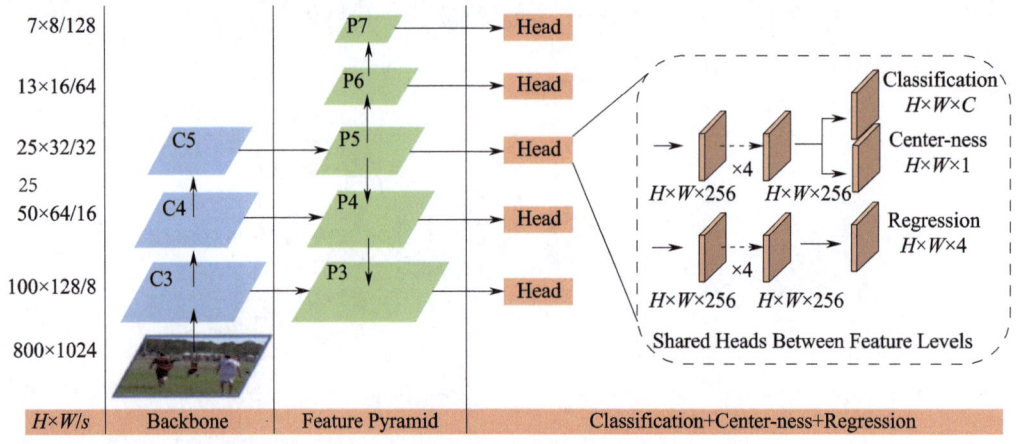

图 3-12　FCOS 算法结构图

FCOS 针对 CenterNet 中心点处特征表示性不够的问题,其在中心点周边选取多个正样本,如图 3-13 所示。

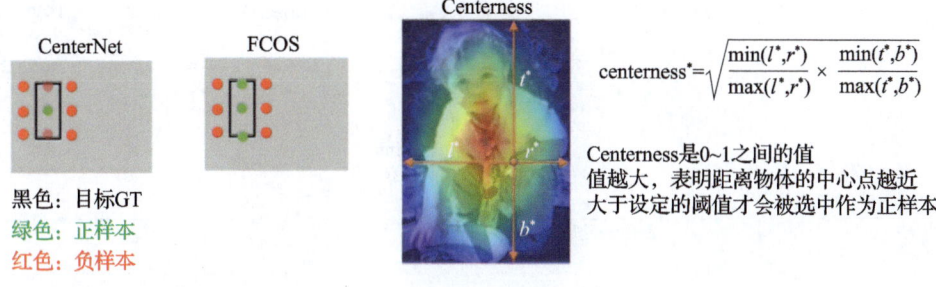

图 3-13 FCOS 选择正负样本示意图

FCOS 在后处理阶段增加了一个 Centerness 预测分支,如图 3-14 所示。

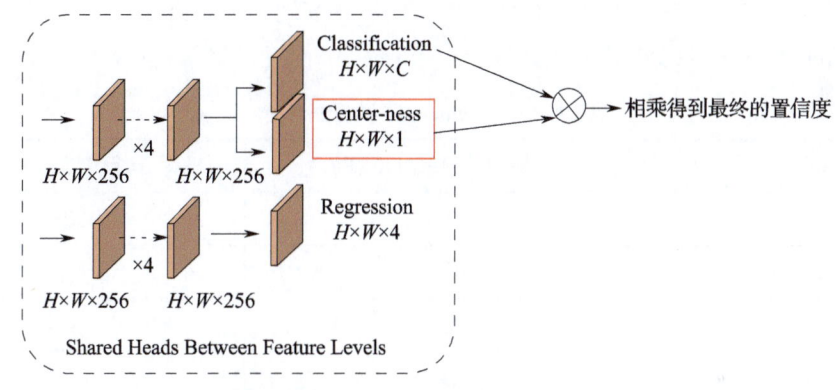

图 3-14 FCOS 的 Centerness 预测分支图

Anchor-free 类算法还有 2019 年 Law 和 Deng 提出的 CornerNet 算法和 2019 年 Yang 等人提出的 RepPoints 算法。

CornerNet 使用 Corner Pooling 提取特征,预测角点,并且匹配属于同一物体的角点。算法结构如图 3-15 所示。

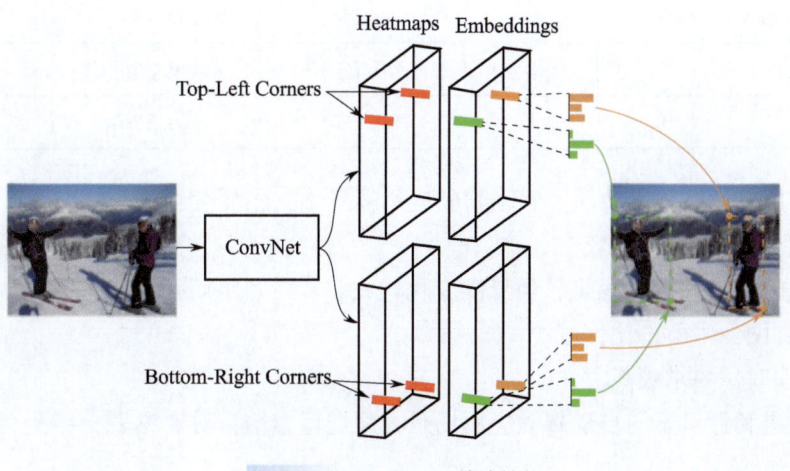

图 3-15 CornerNet 算法结构

RepPoints 对物体表示为代表性点集，使用可变形卷积适应物体形状变化，将点集转换为物体框，计算损失函数。算法结构如图 3-16 所示。

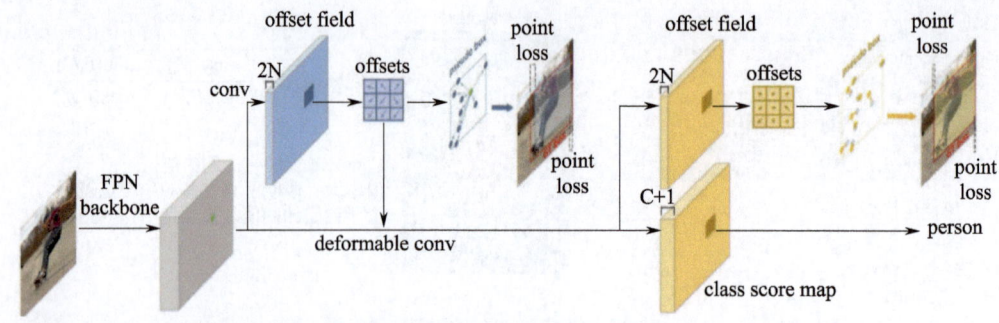

图 3-16 RepPoints 算法结构图

这两种算法存在的问题：算法复杂性增加，而检测准确率提高有限。
Anchor-free 类算法对比见表 3-5。

表 3-5 Anchor-free 类算法对比

算法	检测准确率（mAP）	运行速度（FPS）
CenterNet	41.6%	28
FCOS	44.7%	—
CornerNet	40.5%	4.4
RepPoints	42.8%	—

针对两阶段和单阶段算法，不同系列的物体检测算法在 KITTI 和 Waymo 数据集上的对比结果见表 3-6。

表 3-6 不同系列的物体检测算法在 KITTI 和 Waymo 数据集上的对比结果

算法	阶段	Anchor	KITTI Car AP	Waymo mAP	运行速度（FPS）
Faster RCNN + FPN	两	有	86.1%	62.4%	7
YOLOv4	单	有	90.1%	66.8%	31
CenterNet	单	无	86.7%	64.8%	28

针对上述所有物体检测算法，自动驾驶应用场景中，主要存在的挑战如下：
1）场景/光照/天气变化较大。
2）目标种类/形状相对固定，但尺度变化较大。
3）目标在图像中所占比例较小。
4）算法实时性要求较高。

从算法改进和针对不同自动驾驶应用场景方面进行总结，对比见表 3-7。

表 3-7 不同类别算法改进对比

类别	算法	改进
两阶段，有 Anchor	R-CNN	自动学习任务相关的特征
	Fast R-CNN	复用图像特征，减少计算冗余
	Faster R-CNN	网络生成候选框，端对端学习
	FPN	多尺度特征图，适应物体的大小变化
单阶段，有 Anchor	YOLO	避免 RoI Pooling 带来的计算量
单阶段，无 Anchor	CenterNet	避免手工设计 Anchor
	FCOS/CornerNet/RepPoints	扩展中心点，提高特征表示能力

目前落地应用的算法包括 YOLO、CenterNet 和 Transformer。

2. 物体跟踪算法

对物体进行目标检测后，可以针对不同的目标进行跟踪。目标跟踪包括单目标跟踪 SOT（Single-Object Tracking）和多目标跟踪 MOT（Multi-Object Tracking）。单目标跟踪在每张图片中只跟踪一个目标。视觉目标（单目标）跟踪任务即根据所跟踪的视频序列给定初始帧（第一帧）的目标状态（位置、尺度），预测后续帧中该目标状态。多目标跟踪不像单目标跟踪一样先在初始帧上框出单个目标，而是跟踪多个目标的大小和位置，且每一帧中目标的数量和位置都可能变化。

MOT 技术可利用时序信息，提高检测的稳定性，并且预测目标运动轨迹，供后续模块使用。目前 MOT 主要有两种策略：Tracking-by-Detection、Simultaneous Detection and Tracking。

（1）Tracking-by-Detection

Tracking-by-Detection 主要实现步骤如下：

1）由物体检测器在单帧图像上得到物体框输出。

2）提取每个检测物体的特征，通常包括视觉特征和运动特征。

3）根据特征计算来自相邻帧的物体检测之间的相似度，以判断其来自同一个目标的概率。

4）将相邻帧的物体检测进行匹配，给来自同一个目标的物体分配相同的 ID。

Tracking-by-Detection 检测过程如图 3-17 所示。

MOT 相关算法在各个步骤上的应用：

SORT（Simple Online Realtime Tracking）：步骤（1）采用 Faster R-CNN。

DeepSORT（Deep Simple Online Realtime Tracking）：步骤（2）采用 CNN 提取视觉特征。

Milan 等人的方法：步骤（3）和（4）采用 RNN。

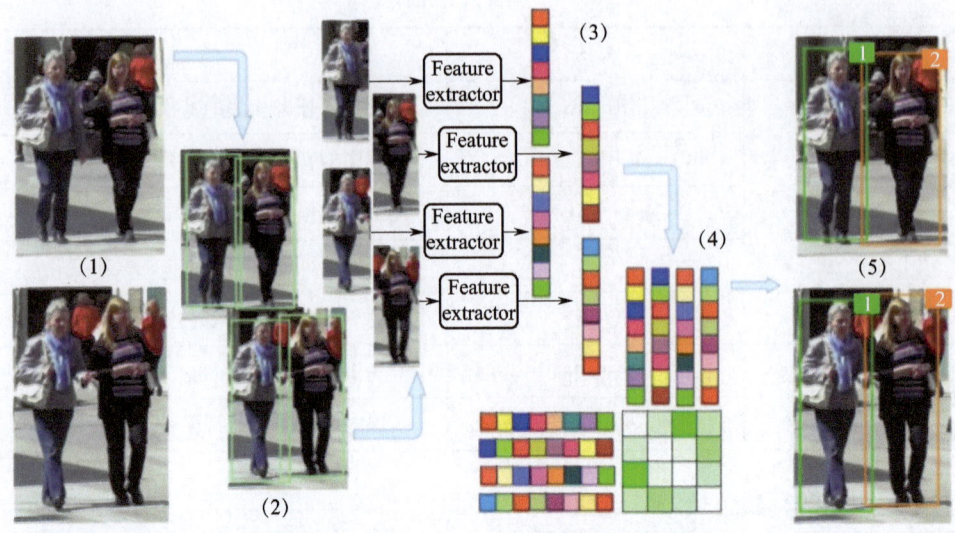

图 3-17 Tracking-by-Detection 检测过程

DeepSORT 是对于 SORT 的思想，进行改进的算法。SORT 算法使用简单的卡尔曼滤波处理逐帧数据的关联性以及使用匈牙利算法进行关联度量，这种简单的算法在高帧速率下获得了良好的性能。但由于 SORT 忽略了被检测物体的表面特征，因此只有在物体状态估计不确定性较低时才会准确。在 DeepSORT 中，使用更加可靠的度量来代替关联度量，并使用 CNN 网络在大规模行人数据集进行训练，并提取特征，以增加网络对遗失和障碍的鲁棒性，其算法结构如图 3-18 所示。

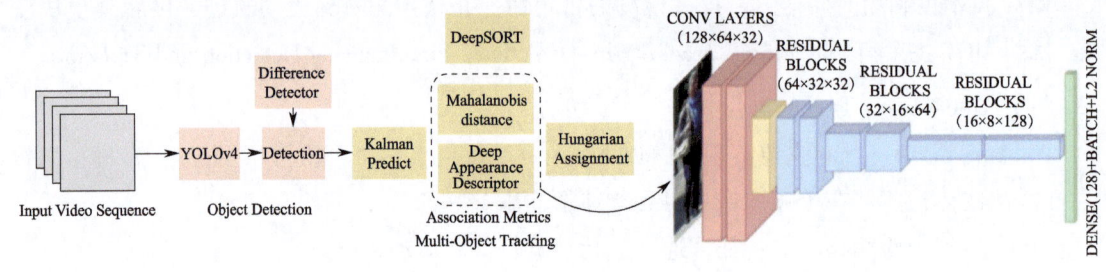

图 3-18 DeepSORT 算法结构

1) Faster R-CNN / YOLO 提供物体框输出。
2) CNN 提取目标的视觉特征，卡尔曼滤波得到目标的运动特征。
3) 计算相邻帧目标的相似度（视觉特征+运动特征）。
4) 采用匈牙利算法匹配目标，分配 Track ID。

（2）Simultaneous Detection and Tracking

CenterTrack 是该类算法的典型代表，该类算法来源于 CenterNet 物体检测算法，该算法增加了前一帧的 RGB 图像和物体中心 Heatmap 作为额外输入，增加了一个 Offset 分支用来进行前后帧的 Association。其算法流程图如图 3-19 所示。

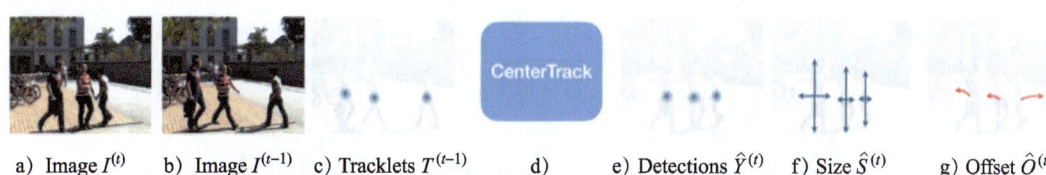

图 3-19　CenterTrack 算法流程图

算法优点：检测和跟踪用一个网络实现，可以端对端学习，也提高了算法效率。

3. 语义分割算法

对物体进行检测后，存在如下不足点：

1）输出结果具有稀疏性。

①无法感知非物体，比如道路、建筑物、树木等。

②无法识别可行驶区域，无法规避所有障碍物。

2）物体表征使用的是粗略的框体。

①使用矩形框表征：中心点 + 长宽。

②无法精确表述物体形状。

使用语义分割算法可以解决上述不足点，语义分割可以输出稠密的结果：

①每个像素点的语义类别。

②物体：实例 ID + 分割 Mask（ground-truth label）。

③非物体：分割 Mask。

应用场景如图 3-20 所示。

语义分割分为传统算法和基于深度学习的方法，基于传统算法主要通过如下步骤：

a）可行驶道路检测　　b）车道线检测　　c）障碍物检测

图 3-20　语义分割应用场景示意图

①滑动窗口遍历整幅图像。

②对固定大小的图像块进行分类。

③分类器：使用 SVM 或者全连接网络。

使用传统算法进行语义分割的结果如图 3-21 所示。

使用传统算法存在的问题：大量的冗余计算，无法利用上下文信息。

使用深度学习算法进行语义分割主要包括全卷积网络（FCN）、U-Net、空洞卷积、大卷积核、DeepLab、Mask R-CNN 等。

FCN 通过叠加多个卷积层和下采样层，逐层扩大感受野，提取不同层次的空间上下文特征，最终的特征图通过反卷积恢复到原始图像的分辨率。使用 FCN 进行语义分割的结构图和结果图如图 3-22 所示。

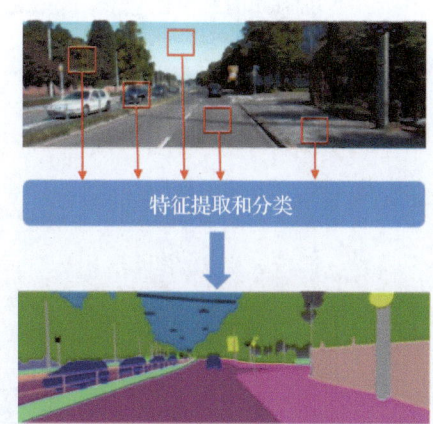

图 3-21　使用传统算法进行语义分割的结果示意图

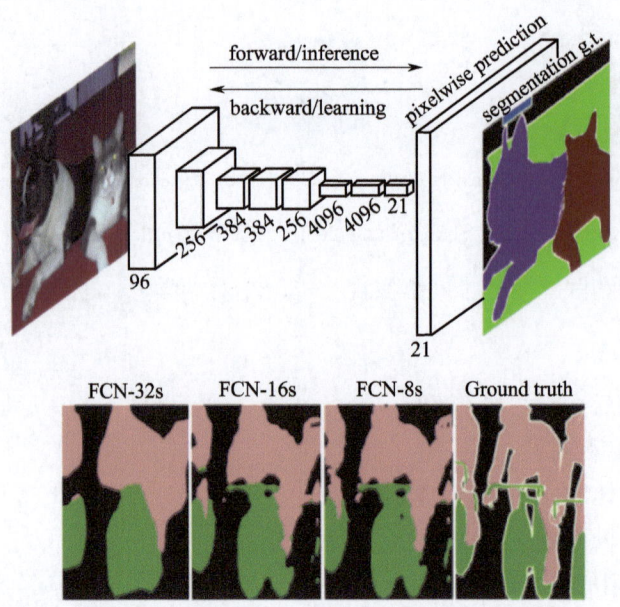

图 3-22 使用 FCN 进行语义分割的结构图和结果图

FCN 算法存在的问题:下采样导致空间细节信息的丢失,影响分类正确率和空间位置分辨率,尤其是影响细小物体。

U-Net 是一种基于编码器-解码器的结构,在同样分辨率的特征图之间,增加了 Skip 连接,同时保留高层的上下文特征和底层的细节特征,网络通过学习来自动平衡上下文和细节信息的比重。最常用的 Backbone 结构如图 3-23 所示。U-Net 网络镜像操作填充边界示意图如图 3-24 所示。

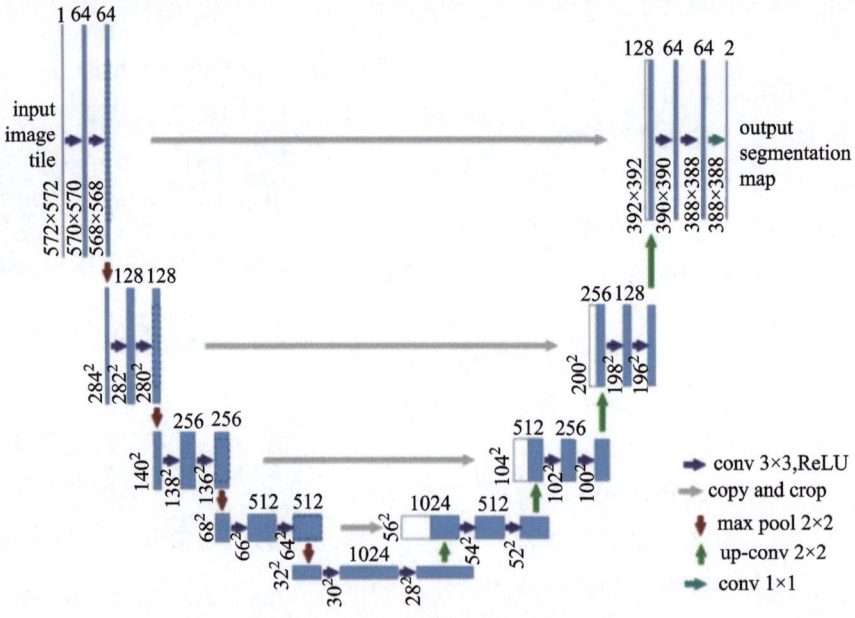

图 3-23 U-Net 常用 Backbone 结构图

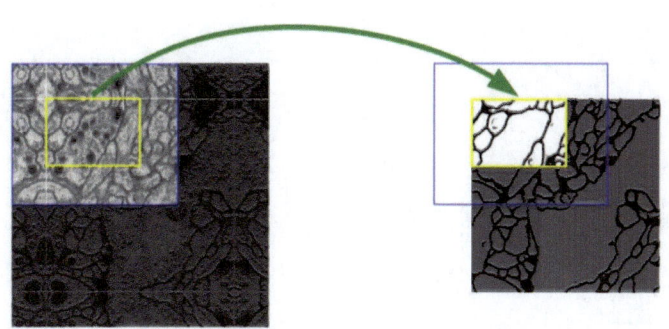

图3-24 U-Net网络镜像操作填充边界示意图

U-Net算法存在的问题：底层特征图具有较大的感受野，但是牺牲了空间分辨率。

空洞卷积（Dilated/Atrous Convolution）扩展了标准卷积核，使其覆盖更大的空间位置。代替了下采样操作，保持了空间分辨率，在不增加计算量的前提下扩大感受野。该算法的核心结构如图3-25所示。

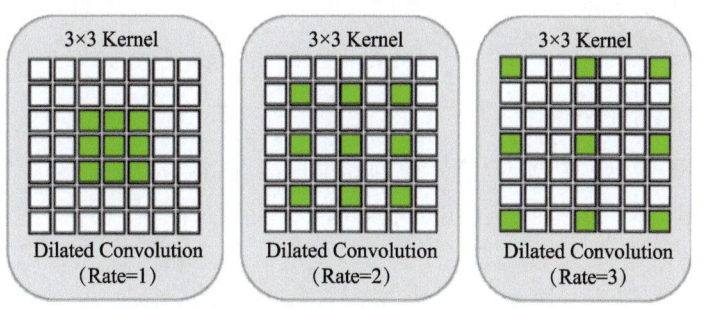

图3-25 空洞卷积算法核心结构示意图

DeepLab算法采用扩张卷积扩大感受野，采用ASPP（Atrous Spatial Pyramid Pooling）提取多尺度信息，采用条件随机场（CRF）优化分割结果。其算法结构如图3-26所示。

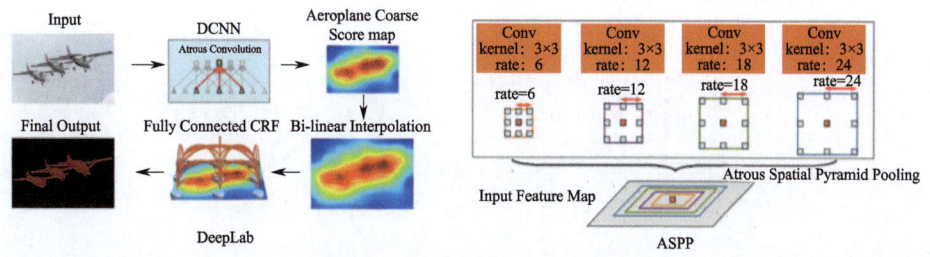

图3-26 DeepLab算法结构图

Mask R-CNN在Faster R-CNN的基础上增加实例分割分支，并且对每个RoI，利用FCN输出一个固定大小的二值Mask，使用RoI Align代替Pooling，提高特征与像素的空间对齐程度。其算法结构如图3-27所示。

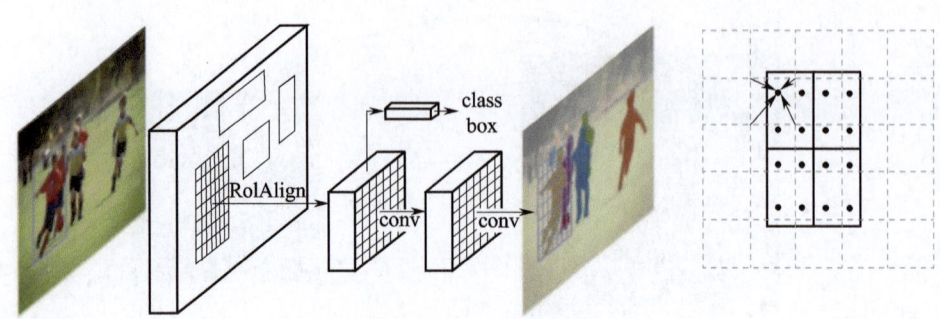

图 3-27 Mask R-CNN 算法结构图

语义分割的重要应用就是车道线检测，例如使用 LaneNet 算法对车道线进行检测，具体可参考 https://arxiv.org/pdf/1802.05591.pdf。

2D 感知输出的结果位于 2D 图像坐标系。在实际应用中，需要将其映射到世界坐标系直接输出 3D 信息。

二、基于相机的 3D 视觉感知

1. 单目 3D 感知——物体检测

单目 3D 感知主要分为单目 3D 物体检测和单目深度估计。单目 3D 物体检测主要方法包括：反变换；关键点和 3D 模型；2D/3D 几何约束；直接预测 3D 信息。单目 3D 深度估计主要方法包括监督学习算法。

（1）反变换

反变换基本思路是 2D 图像反变换到 3D 世界坐标，再进行物体检测。反变换是通过相似三角形原理计算，主要基于两个假设：

1）几何假设：目标位于地面。
2）深度估计：目标深度已知。

反变换的相关原理如图 3-28 所示。

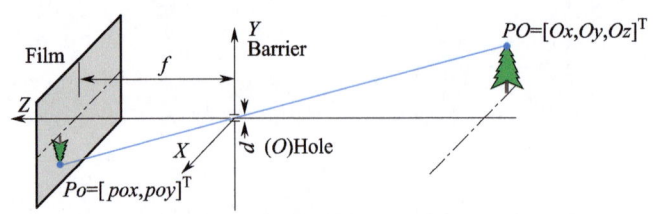

图 3-28 反变换原理图

几何假设为 O_y 已知，深度估计为 O_z 已知，且已知 f，通过相似三角形原理可求解 O_x、O_y 和 O_z，如图 3-29 所示。

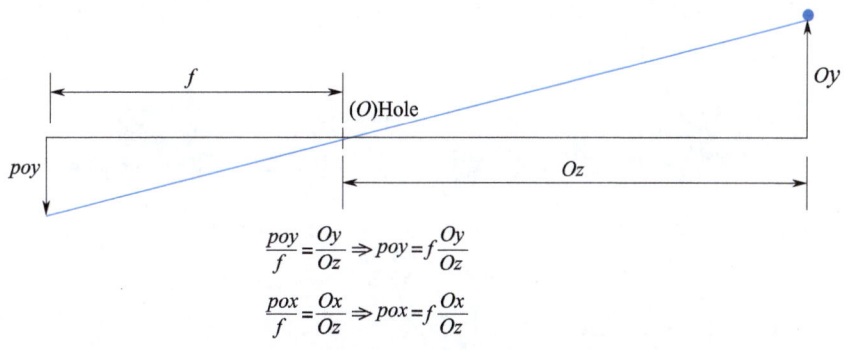

图 3-29　反变换相似三角形原理图

基于反变换的深度学习目标检测算法包括 2019 年 Kim 等人提出的 BEV-IPM 和 Wang 等人提出的 Pseudo-LiDAR。BEV-IPM 是将 2D 图像变换到 BEV 视图。BEV-IPM 假设路面和车辆坐标系都与世界坐标系平行，即路面高度已知，在像素高度值已知的情况下，将图像转换到 BEV 视图，随后采用 YOLO 网络在 BEV 视图下检测目标的下边框（与路面接触部分），该算法的检测流程图如图 3-30 所示。

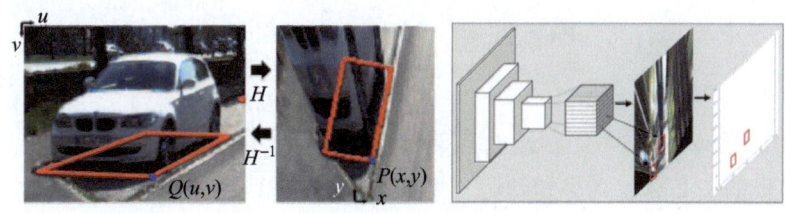

图 3-30　BEV-IPM 算法检测流程图

Pseudo-LiDAR 依据深度图将输入图像转换为 3D 点云数据，且深度估计不依赖于特定的方法，其可以采用点云和图像融合的算法来检测 3D 物体，其对于深度估计的精度非常关键。该算法的流程图如图 3-31 所示。

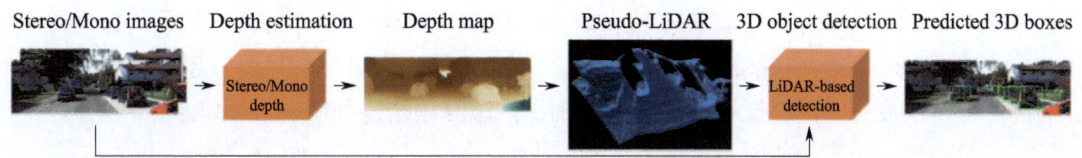

图 3-31　Pseudo-LiDAR 算法检测流程图

(2) 关键点和 3D 模型

关键点和 3D 模型检测算法的基本思路为：待检测的目标（比如车辆）其大小和形状相对比较固定，将 3D 模型与 2D 图像上检测的关键点进行匹配。如图 3-32 所示。

基于关键点和 3D 模型的深度学习目标检测算法包括 2017 年 Chabot 等人提出的 DeepMANTA 等。DeepMANTA 在 2D 图像上的检测输出包括 2D 边框 B、2D 关键点集合 S 和可见度 V、与 3D 模型的相似度 T。随后根据相似度 T 选择相似度最高的 3D 模型，匹配 3D 模型和 2D 输出的关键点，得到 3D 关键点 S^{3d} 和边框 B^{3d}，每一对（S^{3d}，S^{2d}）可以得到一个匹配度，整个算法流程如图 3-33 所示。

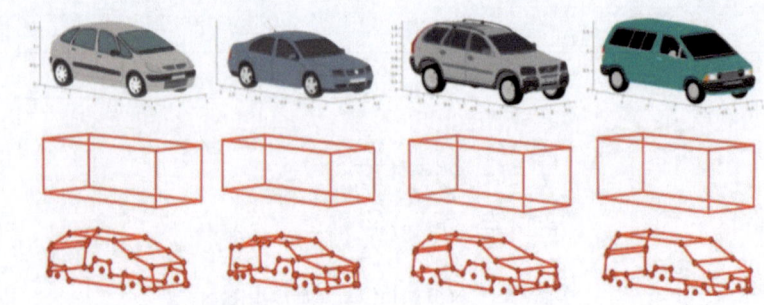

图 3-32　关键点和 3D 模型检测匹配结果图

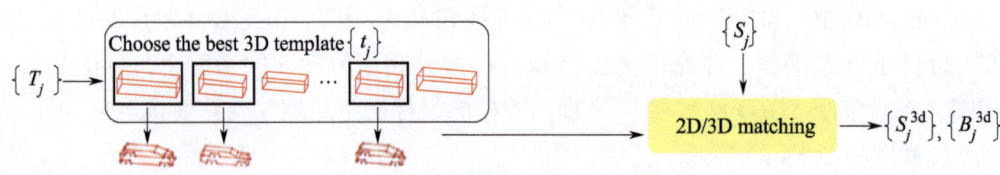

图 3-33　DeepMANTA 算法流程图

（3）2D/3D 几何约束

在 2D/3D 几何约束方法中，通过 4 维变量表征 2D 物体框的中心点和大小，通过 9 维变量表征 3D 物体框的中心点、大小和朝向，无法直接通过 2D 物体框求解，其大小和朝向与视觉特征相关性较强，中心点 3D 位置很难通过视觉特征预测。

该方法主要有两步流程：

1）采用 2D 物体框内的图像特征来估计物体大小和朝向。

2）通过 2D/3D 的几何约束来求解物体 3D 中心点的位置。

基于 2D/3D 几何约束的深度学习目标检测算法包括 2023 年 Mousavian 等人提出的 Deep3DBox 算法等。Deep3DBox 设置约束条件，在 2D 物体框的每条边上都至少能找到一个 3D 物体框的角点。当约束数量大于未知参数数量时，就变为超约束问题，超约束问题的求解过程也可以建模成一个网络层，进行端到端训练。该算法结构如图 3-34 所示。

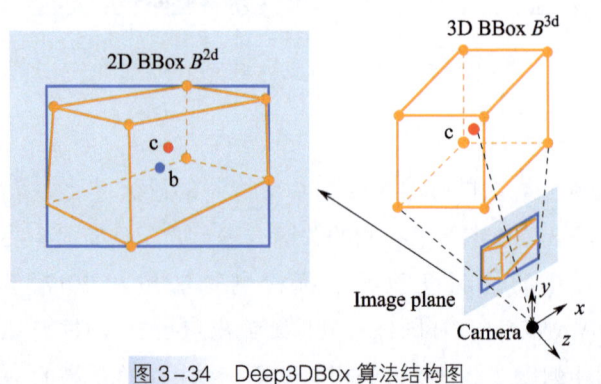

图 3-34　Deep3DBox 算法结构图

(4) 直接预测 3D 信息

在 2D 物体检测中已经介绍了两阶段检测的 Anchor-based 和单阶段检测的 Anchor-free 相关方法。两阶段检测根据先验知识生成稠密的 3D 物体候选、通过 2D 图像上的特征对所有的候选框进行评分且评分高的候选框作为最终的输出。单阶段检测直接从图像回归 3D 信息，根据先验知识设定物体 3D 参数的初始值，神经网络只需要回归与实际值的偏差即可。

两阶段检测深度学习算法包括 Mono3D 和 TLNet。Mono3D 基于目标先验位置（z 坐标位于地面）和大小来生成稠密的 3D 候选框，3D 候选框投影到图像坐标后，通过 2D 图像上的特征进行评分。特征来自语义分割、实例分割、上下文、形状以及位置先验信息，分数较高的候选再通过 CNN 进行分类和边框回归，以得到最终的 3D 物体框。Mono3D 的算法流程如图 3-35 所示。

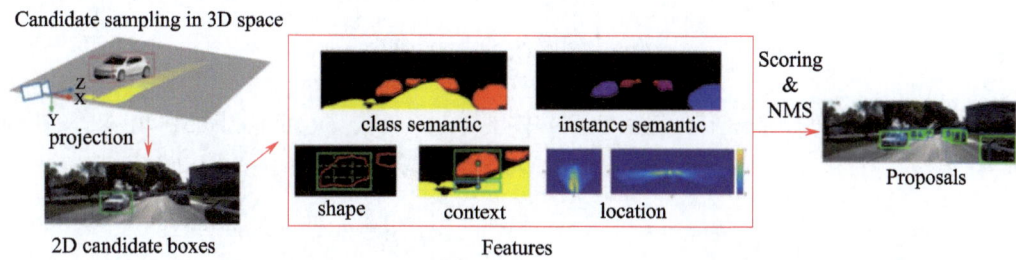

图 3-35 Mono3D 算法流程图

TLNet 是一种两阶段检测的 Anchor-based 方法，该算法使用稠密的 Anchor 带来巨大的计算量，并且采用 2D 图像上的检测结果来降低 Anchor 数量，最终 2D 检测结果形成的 3D 视锥可以过滤掉大量背景上的 Anchor。TLNet 的算法流程如图 3-36 所示。

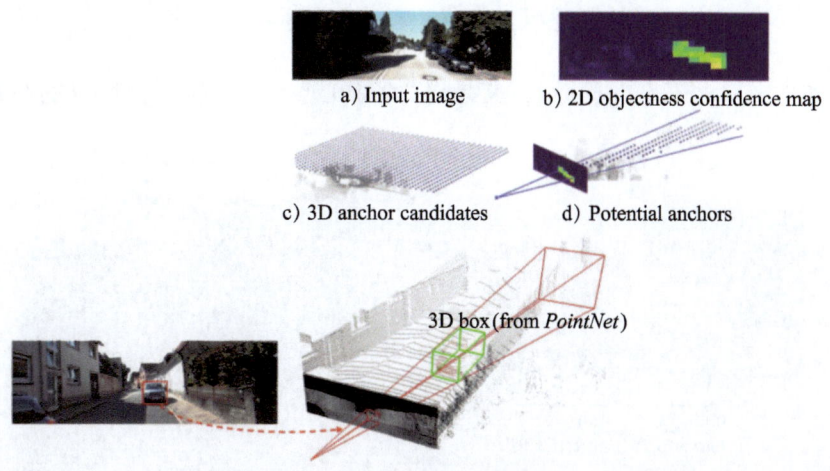

图 3-36 TLNet 算法流程图

单阶段检测深度学习算法包括 2021 年 Wang 等人提出的 FCOS3D 等。该算法整体网络结构与 2D 物体检测非常相似，只是增加了 3D 回归目标。该算法流程如图 3-37 所示。

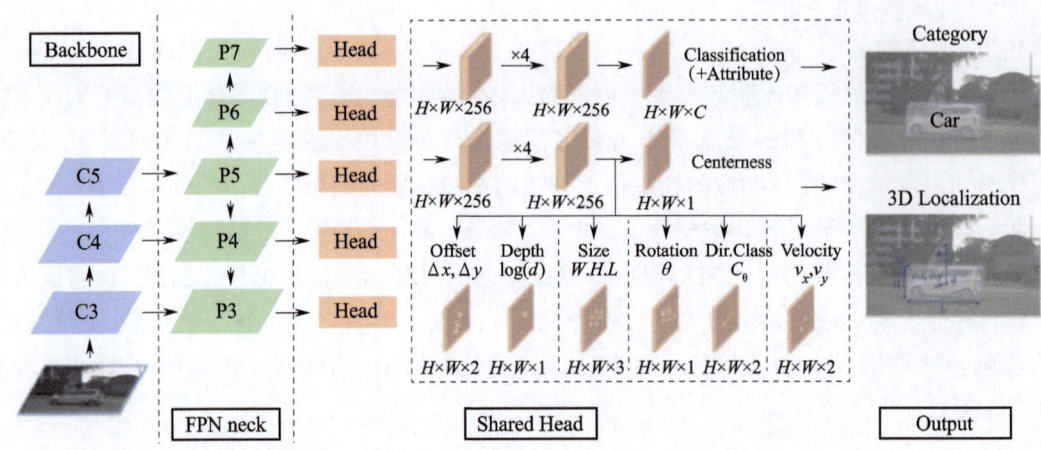

图 3-37 FCOS3D 算法流程图

FCOS3D 的 3D 回归目标主要包括 2.5D 中心（Δx，Δy，Depth），即 3D 物体框的中心投影到 2D 图像，3D 大小（L，W，H）和朝向（θ）。投影示意图如图 3-38 所示。

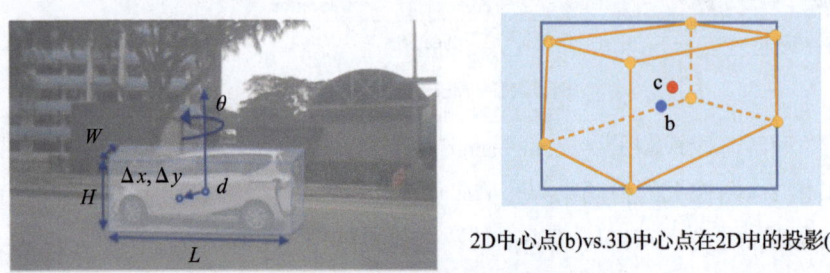

图 3-38 FCOS3D 投影示意图

在 FCOS3D 中，对于 Centerness，其是以 3D 中心点的 2D 投影为原点的高斯分布，如图 3-39 所示。

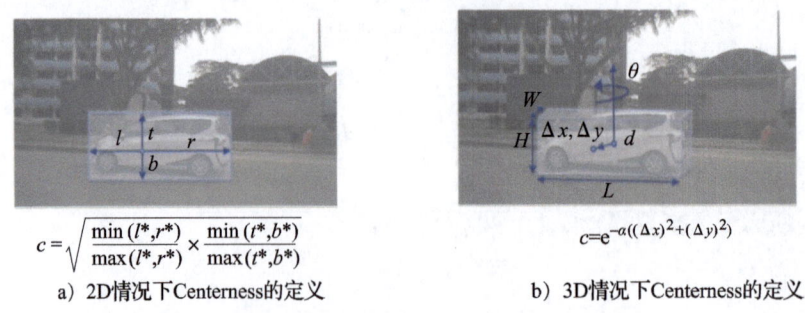

图 3-39 FCOS3D 中 Centerness 定义图

不同算法在 KITTI 数据集中的对比见表 3-8。

表 3-8　不同单目 3D 物体检测算法在 KITTI 数据集中的性能对比

方法	辅助信息	Car 3D AP（IoU>0.7）	速度（FPS）
Pseudo-LiDAR	单目深度估计	17.2%	2
Mono3D	假设目标位于地面	12.1%	10
FCOS3D	无	11.8%	30

使用不同方法进行单目 3D 物体检测的总结见表 3-9。

表 3-9　不同单目 3D 物体检测方法总结

方法	主要思路	存在的问题
图像反变换	2D 图像反变换到 3D 世界坐标，在 3D 坐标下进行物体检测	病态问题，需要额外先验知识或者深度信息
关键点和 3D 模型	在 2D 图像上检测目标的关键点，与数据库中的 3D 模型进行匹配	受限于 3D 模型，不是所有目标都适用 受特征点检测精度影响较大
2D/3D 几何约束	2D 图像特征来估计目标大小和朝向 2D/3D 几何约束求解目标 3D 中心点	需要非常精确的 2D 物体框检测 几何约束求解过程非常耗时
直接预测 3D 信息	对 3D 候选进行评分，直接由图像回归 3D 信息	大量的 3D 候选影响算法速度 需要大量训练数据来学习 3D 线索

2. 单目 3D 感知——深度估计

3D 物体检测中经常需要深度估计的辅助，此外，3D 场景语义分割需要估计稠密的深度图。在 3D 深度估计中，输入为单张图像，输出为每个像素值对应输入图像的场景深度的输出结果图。目前主要通过深度学习的方式进行深度估计。

Fu 等人于 2018 年提出了 DORN 算法，该算法将回归问题转化为分类问题。该算法使用全局+局部的方式通过多个分支提取不同尺度的特征，将连续的深度值划分为离散的区间，每个区间作为一个类别，使用分均匀的深度区间进行划分（80m 范围划分 40～120 个区间）。该算法流程如图 3-40 所示。

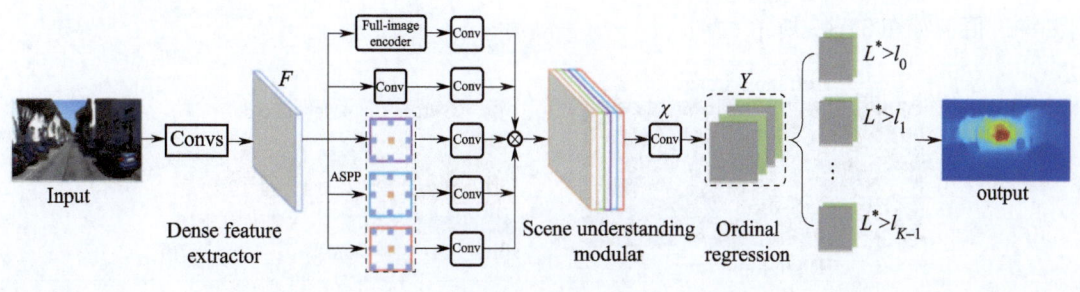

图 3-40　DORN 算法流程示意图

3. 双目3D感知

单目3D感知依赖于先验知识和几何约束；深度学习的算法非常依赖于数据集的规模、质量以及多样性；双目系统解决了透视变换带来的歧义性；双目感知不依赖于物体检测的结果，对任意障碍物均有效。双目3D感知存在的主要劣势是：摄像头需要精确配准，车辆运行过程中也要始终保持配准的正确性，软件算法需要同时处理来自两个摄像头的数据，计算复杂度较高。

双目深度估计的几何原理如图3-41所示。

图3-41中，B为基线长度（两个相机之间的距离），f为相机的焦距，f和B是固定的，要求解深度z，只需要估计视差（左右两张图像上同一个3D点之间的距离）$d = x_l - x_r$。

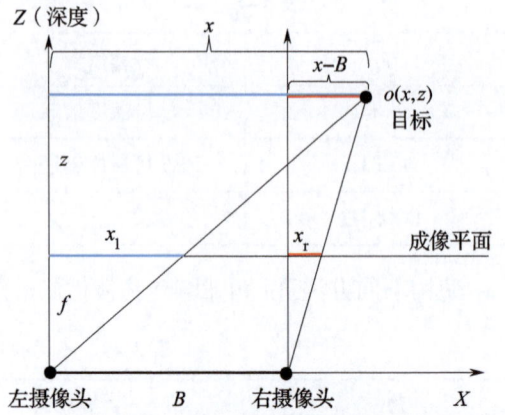

图3-41 双目深度估计几何原理图

$$z = \frac{fB}{d}$$

根据相似三角形，可以得到
$$\begin{cases} \dfrac{f}{z} = \dfrac{x_l}{x} \\ \dfrac{f}{z} = \dfrac{x_r}{x-B} \end{cases} \Rightarrow z = \frac{fB}{x_l - x_r} = \frac{fB}{d}$$

只有x和z是未知变量　　求解方程组，得到z

双目视觉基于视差估计，对于左图中的每个像素点，需要找到右图中与其匹配的点。对于每一个可能的视差（范围有限），计算匹配误差，因此得到的三维的误差数据称为 Cost Volume，计算匹配误差时考虑像素点附近的局部区域，比如对局部区域内所有对应像素值的差进行求和，通过 Cost Volume 可以得到每个像素处的视差（对应最小匹配误差的d），从而得到深度值，如图3-42所示。

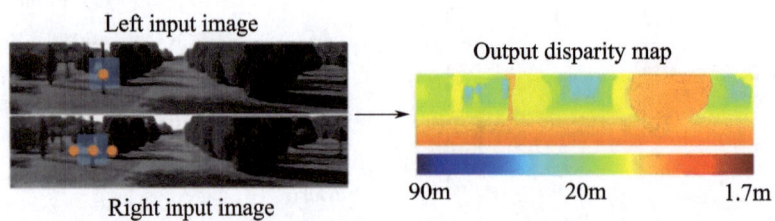

图3-42 双目深度估计深度值估算原理图

双目深度估计的关键是计算匹配误差，计算匹配误差的关键是特征提取。基于深度学习的双目深度估计算法可使用 Chang 和 Chen 等人于 2018 年发布的 PSMNet 算法。该算法将左、右摄像头的图像采用共享的卷积网络进行特征提取，包含下采样、金字塔结构和空洞卷积来提取多分辨率的信息并且扩大感受野。通过左、右特征图构建 Cost Volume，3D 卷积提取左、右特征图以及不同视差级别之间的信息，上采样到原始分辨率，找到匹配误差最小的视差值。该算法流程如图 3-43~图 3-46 所示。

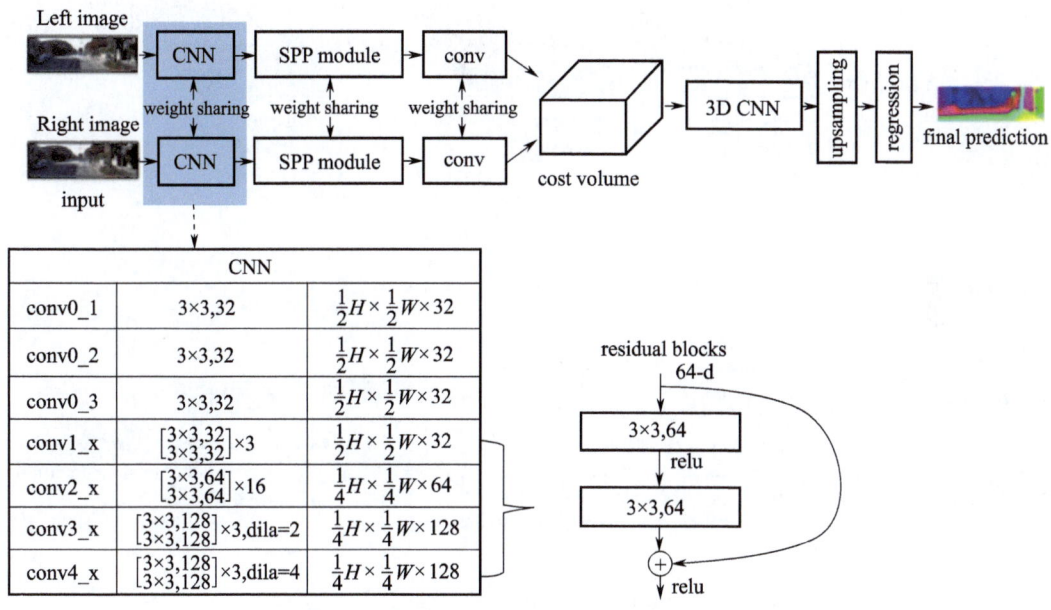

图 3-43　PSMNet 算法流程图

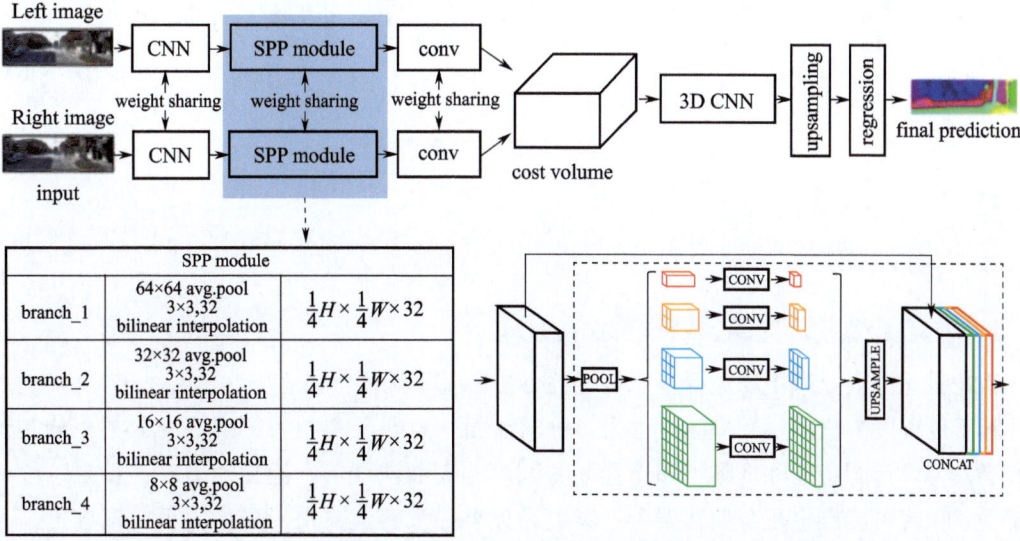

图 3-44　PSMNet SPP module 原理图

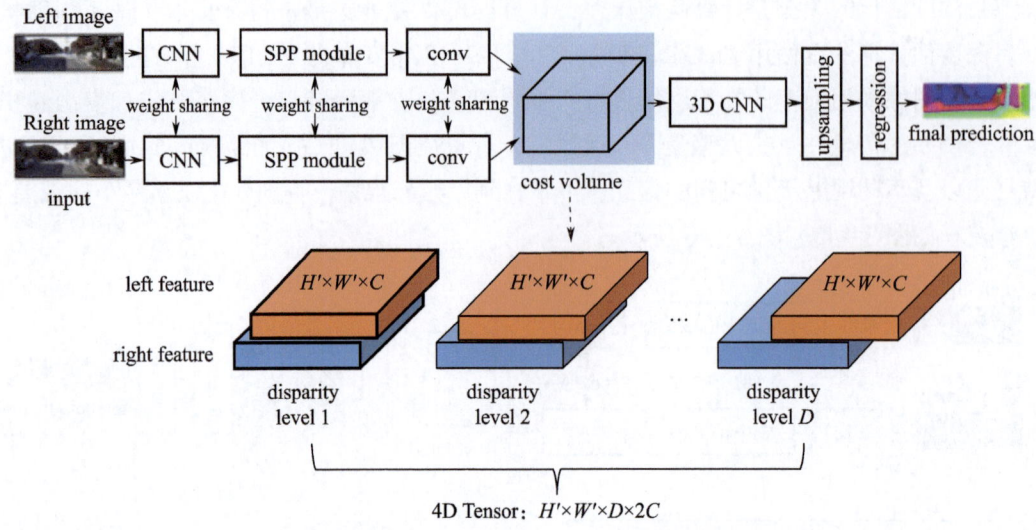

图3-45　PSMNet Cost Volume 原理图

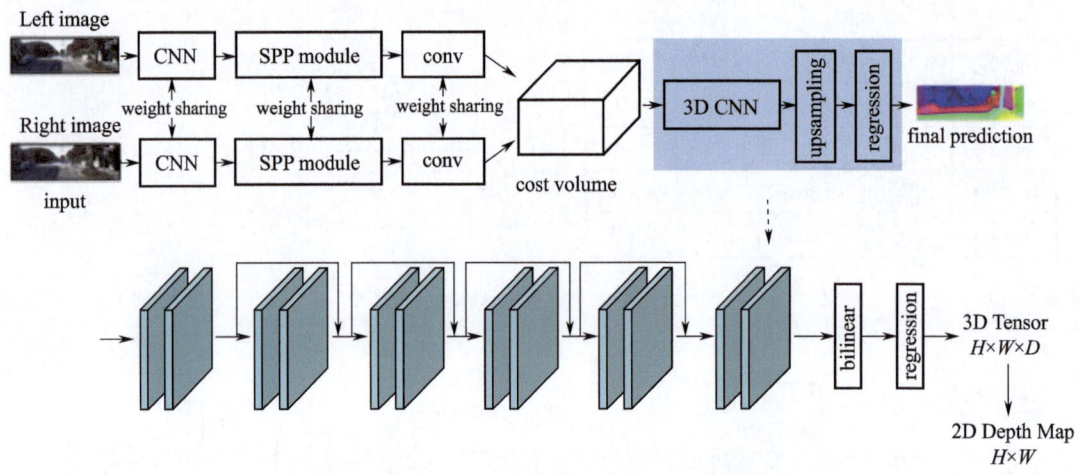

图3-46　PSMNet 3D CNN 及后处理原理图

三、激光雷达

1. 激光雷达点云数据预处理算法

激光雷达点云处理主要包括基于传统的方法和基于深度学习的方法。

基于传统的方法的目标检测过程为：分割地面→点云聚类→特征提取→分类。分割地面依赖于人为设计的特征和规则，如设置一些阈值、表面法线等，泛化能力差，且多阶段的处理流程意味着可能产生复合型错误——聚类和分类并没有建立在一定的上下文基础上，目标周围的环境信息缺失。基于传统的方法对于单帧激光雷达扫描的计算时间和精度是不稳定的，这和自动驾驶场景下的安全性要求（稳定、小方差）相悖。

基于深度学习的方法使用非结构化数据，且点云具有无序性，点云数量变化大；图像中像素数量是常数，点云的数量较多（例如等效 128 线激光雷达点云数量会超过 10 万），点云表现形式变化大，如果缺少足够的数据，使用深度学习的效果一般。

目前点云的基本处理过程如图 3-47 所示。

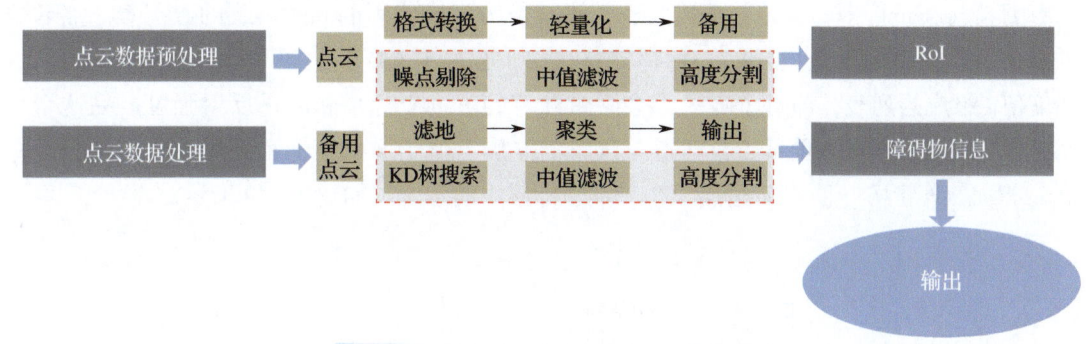

图 3-47　激光雷达点云基本处理过程示意图

（1）点云数据的接收

激光雷达的原始点云数据都会被存放在一个数据包（pcap）里，此时数据包里面的数据是一连串的字节符号，无法直接使用。

以 Velodyne 的 16 线激光雷达为例，原始点云数据的接收主要是通过 UDP（用户数据报协议）的形式向网络发送数据。具体来说，在激光雷达的 web 端进行设置或通过命令行进行设置后，在接收端匹配激光雷达的 IP 地址与自身的 UDP 端口号，从而接收原始点云数据。

从数据的内容来看，该型号的激光雷达在垂直方向上（-15°到+15°）有 16 线的激光束，其每帧的数据长度固定为 1248 字节，这些字节包括前 42 字节的前数据包标识、12 组数据包、4 字节时间戳和最后两字节雷达型号参数。激光雷达数据结构示意图如图 3-48 所示。

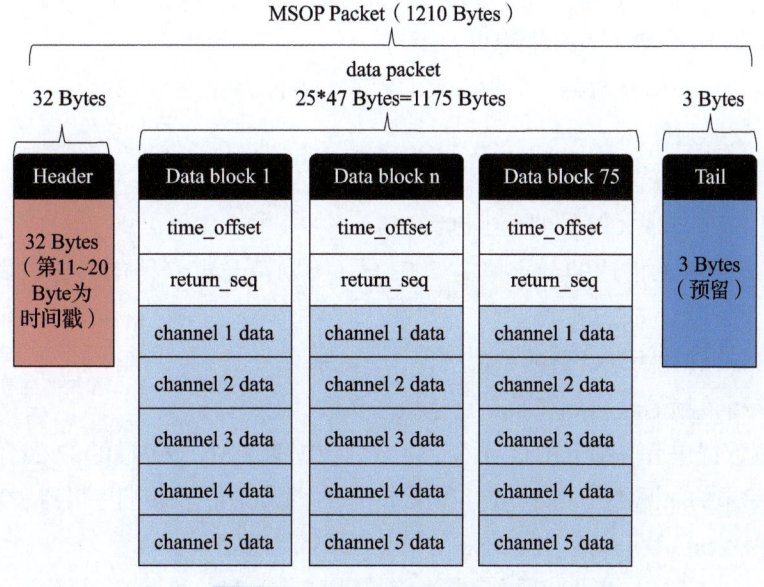

图 3-48　激光雷达数据结构示意图

每个数据包中的数据都包含了激光光束的旋转角度、距离值、反射强度的信息。例如，"B6 07"代表了激光雷达的探测距离，"2A"代表了激光的反射强度，但这些信息都是以两字节表示，需要进一步解析这些数据。

(2) 点云数据（pcd）的解析

数据包（pcap）中的原始数据需要进一步转换为可被使用的 pcd 格式的数据集。点云数据的 pcd 格式文件是激光点云的一种存储格式，pcd 文件主要是由笛卡尔坐标（X, Y, Z）和强度值 i 组成的列表，即每个点云都会附带独有的三维坐标系和能量反射强度。在这个坐标系中，X 轴指向汽车的前部，Y 轴指向汽车的左侧。由于这个坐标系采用右手定则，坐标系 Z 轴指向汽车上方。激光雷达点云在三维坐标系中的示意图如图 3-49 所示。

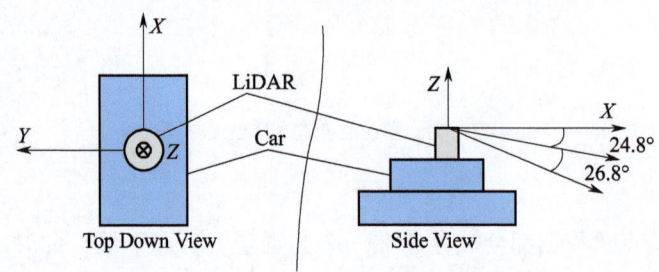

图 3-49 激光雷达点云在三维坐标系中的示意图

为了阐述点云数据的解析过程，以 Velodyne 16 线激光雷达的某帧点云数据包为例。

第一步，计算激光线的旋转角度值。

例如，数据包前一部分的第一行的旋转角度为 0xE0、0x63。

1）反转两个字节变成十六进制 63 E0。

2）把 63 E0 变成无符号的十进制为 25568。

3）再把 25568 除以 100 得到 255.68，那么得到的值 255.68 就是当前的旋转角度值。

第二步，计算 16 线激光束分别测得的距离。

例如，数据包前一部分的第一个激光束的距离，其值为 "B6 07 2A"，其中 "B6 07" 为距离，"2A" 为反射强度。

1）反转两个距离字节 "B6 07"，将其变成 "07 B6"。

2）把 "07 B6" 变成无符号的十进制为 1974。

3）由于该型号激光雷达的分辨率为 2.0mm，所以激光束测得的目标物距离为 1974 × 2mm = 3948mm。

4）将 3948mm 转化为米计量的单位，即 3.948m。

第三步，获得该帧的时间戳和激光雷达型号参数。

例如，上图数据包后一部分的最后六个字节的数据为 "6D 69 94 0F 37 22"。

1）前四个字节的数据 "6D 69 94 0F" 为该帧的时间戳，然后反转顺序得到 "0F 94 69 6D"。

2）将 "0F 94 69 6D" 转换为十进制的值 261384557 微秒（μs）。

3）把 261384557 除以 1000000 可获得当前的时间，即 261.384557 秒（s）。

4) 后两个字节 "37 22" 表示雷达的型号和参数。

第四步,把角度和距离信息转化为三维坐标 XYZ 值。

三维坐标 XYZ 值可通过旋转角度 α(已在第一步中求得)、垂直角度 ω(每束激光线对应的固定值)和距离值 R(已在第二步中求得)来综合求出,具体的坐标换算如图 3-50 所示。

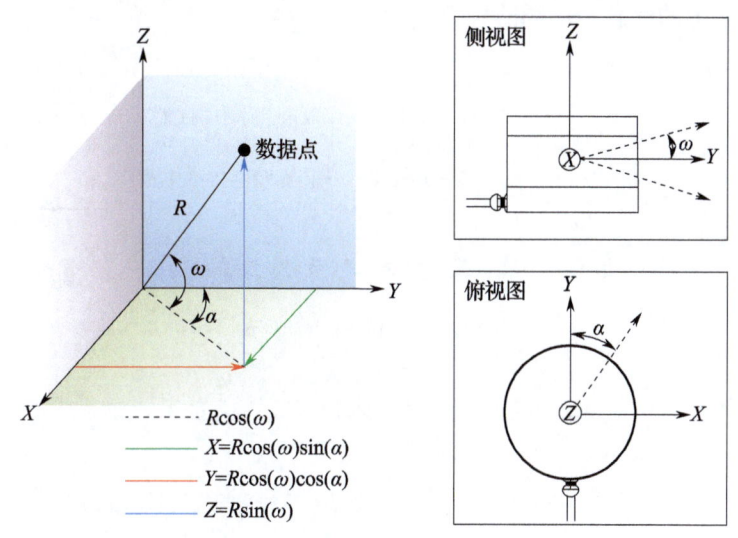

图 3-50　激光雷达三维坐标换算图

(3) 运动畸变补偿

运动畸变是指在一帧时间内,激光雷达或者其载体在发生运动后,产生的点云位置不一样的问题。要理解运动畸变补偿,首先要知道自动驾驶车端的激光雷达点云为什么会产生运动畸变。

激光雷达发射的一帧激光点云由多个激光点组成,而这些激光点云是由扫描器件经过一次扫描后才形成的。在静止的场景中,车辆处于静止状态且场景中的目标物也处于相对静止状态,采集到的一帧点云是没有畸变的,每条激光线束最终会形成闭合的圆形。静止状态下激光雷达线束扫描结果示意图如图 3-51 所示。

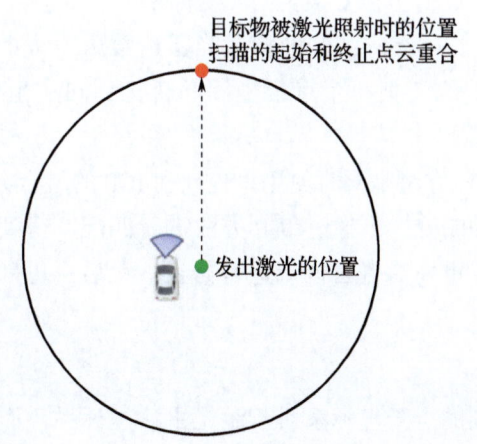

图 3-51　静止状态下激光雷达线束扫描结果示意图

在运动场景下，如车辆高速行驶或者转弯时，一帧点云中的起始点云和终止点云只能在不同坐标系下获得测量结果，从而导致了三维环境信息产生畸变。如图 3-52 所示，车辆在运动过程中，车端的激光雷达在扫描完一圈后，在最后一束激光照射到目标物时，跟第一束激光照射到目标时相比，目标物的空间位置发生了相对位移——该物体在两个不同时刻的点云，显示在坐标系中的信息是不同的。

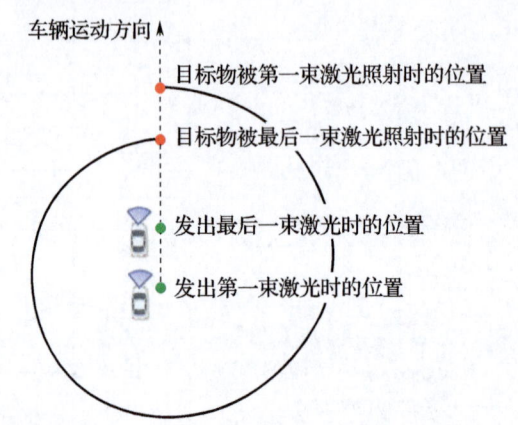

图 3-52　车辆运动过程中激光雷达点云线束扫描结果示意图

运动畸变补偿就是为了解决上述问题——把激光在采集过程中的运动轨迹计算出来，并在对应的激光点云上补偿这部分运动位移带来的变化，将同一帧的点云统一到同一时刻的坐标系下。

常见的运动畸变补偿的方法包括：

1）纯估计方法（ICP/VICP）。迭代最近点（ICP）方法是采用 ICP 算法来匹配两个点云，通过不断地算法迭代后，将点云之间的误差缩至最小。VICP 方法是 ICP 算法的变种形式，模型假设车辆是在匀速运动，在进行匹配点云的同时估计车辆的自身速度。

2）传感器辅助方法（IMU/ODOM）。惯性测量单元（IMU）方法是在 IMU 队列中查找相邻两帧 IMU 的数据，然后通过球面线性插值的方式计算扫描点所在时刻的激光雷达位姿，并应用齐次坐标系变化将两个点云坐标变换至同一坐标系下。

轮式里程计（ODOM）方法是求解当前帧激光雷达数据中每个点云对应的坐标系下的里程计位姿后，再根据求得的位姿把每个点云坐标都转化到同一坐标系下（需要转化两次），最后重新封装该帧点云数据。

3）基于融合的方法。该方法是同时使用里程计和 ICP 的融合方案，先利用里程计方法进行矫正，去除大部分的运动畸变，再通过 ICP 方法进行匹配，得到里程计的误差值，再把误差值均摊到每个点云上，并重新对点云位置进行修正。最后，再利用 ICP 方法进行迭代，直至误差收敛为止。

（4）外参变化

点云数据通过解析得到的点云坐标系属于激光雷达坐标系，而在实际的自动驾驶技术应用中，仍需要将激光雷达的坐标系转化为车辆的坐标系，这个建立联系的过程称之为点云的外参变化。

由于激光雷达与车体是刚性连接，所以在车辆运动过程中，两者之间的相对姿态和位移是固定不变的，只需要建立两者相对坐标系之间的位置关系，通过旋转或者平移的方式，就能将这两个三维坐标系统一到一个三维坐标系下（也称为全局坐标系或世界坐标系）。

（5）滤波处理

在激光雷达获取点云数据的过程中，由于受到产品自身系统、待测物体表面及扫描环境等因素的影响，点云数据中会不可避免地夹杂着一些噪点（离群点），需要将其直接剔除或者以平滑的方式进行处理。这些噪点（离群点）会在后续的点云处理环节中（如点云分割、特征提取、点云配准等）让模型结果产生一定的误差。因此，在实际的点云处理流程中，工作人员会对点云进行滤波处理。噪点是指对模型处理无用的点云数据。离群点是指远离主观测区域的点云数据。

（6）点云组帧

在完成点云的运动畸变补偿后，激光雷达发送的点云数据包中的点云数量其实非常少，完全无法用来进行后续感知和定位层面的处理工作，因此需要对这些数据包进行点云组帧的处理。

以单激光雷达为例，常规做法是把多个点云数据包叠加到同一帧上，让这一帧上的点云数据能包含上万个点云，以便后续感知和定位流程的处理。若车端有多个激光雷达，可以分别解析这几个激光雷达的点云数据包，随后把解析后的点云数据集合在同一时刻上，让其变成一个完整的点云数据包。不同的点云组帧方法及优劣势对比见表3-10。

表3-10 不同的点云组帧方法及优劣势对比

算法	算法介绍	优点	缺点
平均值滤波算法	采集N个周期的数据，计算N个周期采样值的平均值	算法简单，对周期性干扰有良好的抑制作用，平滑度高，适用于高频振动的系统	对异常信号的抑制作用差，无法消除脉冲干扰的影响
中位值滤波算法	采集N个周期的数据，去掉N个周期数据中的最大值和最小值，取剩下的数据的平均值	相比于平均值滤波算法，中位值滤波算法能够有效滤除偶然的脉冲干扰	与平均值滤波算法相同，中位值滤波算法也存在反应速度慢、滞后的问题
一阶滤波算法	将新的采样值与上次的滤波结果计算一个加权平均值	对周期干扰有良好的抑制作用，适用于波动频率比较高的场合，不用记录历史数据	滞后、灵敏度低
卡尔曼滤波算法	用上一个状态预测下一个状态的方法	占用内存少（除了前一个状态，不需要保留任何历史数据），而且速度非常快	仅能对线性的过程模型和测量模型进行精确的估计，在非线性的场景中并不能达到最优的估计效果

2. 激光雷达点云数据传统处理算法

（1）地面点云分割

在进行目标检测后，点云数据中会有很大一部分属于地面点云数据，并呈现出一定的纹理状，这会对后续目标物的点云处理流程产生影响。一方面，若不将这些地面点云数据进行分割及去除，这些无效的点云数据就会对位于地面上的物体点云数据造成干扰，会降低目标障碍物分割算法的准确性和鲁棒性；另一方面，由于点云数据量过大，会增加模型对计算量的需求。

由于卷积神经网络模型一般以滑窗的方式对每一块局部区域提取特征，然后做分类回归，所以深度学习的方法往往不需要预先分割出地面点云。在自动驾驶领域，考虑到硬件性能的占用、开发周期、模型成熟度等因素，一般会采用传统算法来进行地面点云分割。

1）平面栅格法。

主要思路：平面栅格法通常根据设定好的尺寸建立平面网格（也可以做多层网格或者三维体素），然后将原始点云投影到各自的网格中，对每个网格中的点云集合提取特征，比如平均高度、最大高度、高度差、密度等。

技术亮点：不考虑矢量特征，让后续规划控制更易于实现。

存在的问题：当激光雷达线束比较少的时候，比如 16 线激光雷达，在采集道路数据时，车辆前方 20m 以外的地面上，能够打到的激光点较少，而且打到障碍物上的激光线束一般也只有一条。如果在栅格中采用高度特征进行地面过滤，低矮的障碍物很容易会被当成地面点过滤掉。

2）点云法向量。

主要思路：点云的法向量是指通过设置点云的角度阈值来分割地面的点云，一般地面点云的法向量是垂直方向，只需要通过模型来求解点云法向量与地面法向量的夹角，并与设定好的阈值进行对比和分类。该方法需要其邻域点做支持，而邻域的大小一般由邻域半径值或临近点个数来表示。过大的邻域会抹平三维结构细节使得法向量过于粗糙，而过小的邻域由于包含了太少的点，受噪声干扰程度较强。

技术亮点：该方法可以较好地提取出道路两旁法向量突变的点云集合构成路沿，从而配合栅格化将道路区域、非道路区域、障碍物进行划分。

存在的问题：

①根据法向量方法的假设，该方法一定要先对点云进行校正，如果不进行校正，那么很可能出现某一帧没有地面点被分割出来的极端情况（激光雷达倾斜角度过大）。

②法向量方法对于平台类型障碍物（如路沿边上的长方形花坛）生成的点无法有效区分。

3）模型拟合法——平面拟合（RANSAC）。

主要思路：RANSAC 平面拟合是指通过随机选取的三个点云来建立平面方程，并将点云数据依次代入平面方程内，然后根据设置好的距离阈值来判定，该点是否为平面内的点。例如，阈值范围内的点为内点，而阈值范围外的点为外点。迭代次数最多的平面方程即为地面方程，而方程内的内点为地面点集，反之为障碍物的点云集。

技术亮点：当数据中有大量的异常数据时，该方法也能高精度地估计模型参数——能从大规模点云数据中，更容易地估计出地面点云集。

存在的问题：

①考虑到排水的因素，交通道路通常是中间凸起、两边低洼，类似于拱桥形状。虽然曲率不大，但是通过随机采样的一致性算法计算地平面，可能会得到倾斜于一侧的平面作为地面方程。

②在上下坡的时候，由于地面非绝对平面，该方法计算出的地面方程，会出现把前方地面点集作为障碍物点的情况。

③由于 RANSAC 是在点云空间随机选取三个点构建平面，场景中存在大块墙面时，会出现将墙面作为地面方程的情况。

4）面元网格法。

主要思路：基于面元的分割可以分为局部类型或者表面类型，常采用区域增长的方式进行地面分割。其核心是基于点法线之间角度的比较，将满足平滑约束的相邻点合并在一起，以一簇点集的形式输出，每簇点集被认为属于相同平面。

技术亮点：该方法能够较好地应对地面存在曲率的情况，对于比较平缓的曲面或者平面能够达到较好的分割效果。

存在的问题：

①实际道路中的噪声点太多，直接使用区域增长的方式分割地面，会出现较多零星的地面点被当成障碍物点云集合的情况。

②区域增长算法的耗时较大，对于实时性要求较高的感知算法模块，需要进一步优化。比如将平面的区域增长降为到边缘，或者划分区域，在小范围内进行分割等。

（2）目标物的点云分割

在去除地面点云后，需要将目标物点云进行有效的分割、分块，从而便于对目标物进行单独处理，即点云分割。目标障碍物的点云分割是根据空间、几何和纹理等特征对点云进行划分。

1）基于边缘的方法。

主要思路：基于边缘的方法是指由物体的形状尤其是边缘来描述，所以通过定位目标物边缘点云快速变化的点，来寻找靠近目标物边缘区域的点并进行分割。

技术亮点：该方法采用了可重构多环网络的算法优化机制，提高了算法运行的效率。

存在的问题：

①该方法较适用于简单场景（如低噪声、均匀密度），不适用于拥有大量三维点云的数据集。

②面对存在不连续边缘的目标物点云数据，若不采用点云填充，就不能直接用于识别检测。

2）基于区域增长的方法。

主要思路：基于区域增长的方法是指通过使用邻域信息来将具有相似属性的附近点归类，以获得分割区域，并区分出不同区域之间的差异性。该方法主要分为两类：种子区域方法和非种子区域方法。其中，种子区域方法是通过选择多个种子点来开始分割，以这些种子点为起始点，通过添加种子的邻域点的方式逐渐形成点云区域；非种子区域方法是将所有点都分为一个区域，然后将其划分为更小的区域。

技术亮点：相比于边缘的方法，该方法的分割准确度会更高。

存在的问题：方法依赖于选取的起始种子点或者区域细分位置，若选取的不恰当，就会导致分割过度或不足等问题。

3）基于属性的方法。

主要思路：基于属性的方法是先计算目标物点云的属性，例如距离、密度、水平或垂直方向的点云分布等，并以此来定义测量点之间的领域，然后将每个方向上的法向量的斜率和点邻域的数据之差作为聚类的属性。

技术亮点：相比于前两个方法，基于属性的方法可以消除异常值和噪点的影响。

存在的问题：该方法依赖于点之间邻域的定义和点云数据的点密度，在处理大量输入点的多维属性时，会导致模型对计算量的需求过大。

(3) 目标物聚类分析

在目标物点云分割完后，需要将点云图中各个已分割的点云聚类成若干个整体，即把相似程度较高的点云组成一组，以便降低后续模型的计算量。

1）k-means。

主要思路：k-means 聚类算法是指将整个点云数据集分为 k 个具有某种统一特征的点云簇。首先，从每个点云簇中随机选择 k 个点作为点云簇的中心点。然后，分别计算每个点云簇与上述 k 个点之间的实际距离，依据距离值最小的原则将其聚类到该点云簇。之后再对聚类的点云簇计算形心坐标，并更新点云簇中心点。最后，重复上述步骤，直到点云簇中心点不再变化。

技术亮点：准确定性高、可处理较大数据量、运算速度快。

存在的问题：该方法需要预先设定 k 值和初始聚类中心，实时性差。

2）DBSCAN。

主要思路：DBSCAN 引入密度的概念，即要求聚类空间中的一定区域内所包含对象的数据量不小于某一给定阈值。该方法能够在具有噪声的空间数据库中发现任意形状的簇，可将密度足够大的相邻区域连接，能够有效地处理异常数据，主要用于对空间数据的聚类。

技术亮点：

①可以聚类任意形状点云。

②可以有效去除噪声点。

存在的问题：

①对内存资源消耗大。

②对处理器的要求高。

③需要预先设定聚类区域的半径和触发的阈值。

3）欧式聚类。

主要思路：欧式聚类（也称为欧几里得聚类）是指基于欧式距离聚类的方法。在激光雷达的点云数据中，同一个物体的点云簇中两点之间的距离小于一定的值，而不同物体的点云簇之间的距离大于一定的值。欧式聚类算法就是根据此种原理，将欧几里得距离小于设定距离阈值的点合并成一类，从而完成聚类过程。

技术亮点：该方法运算速度快，且具有良好通用性。

存在的问题：该方法需要预设固定距离的阈值，这会导致近处的目标物聚类效果较好，而远处的聚类会出现欠分割或者截断的问题。

在 PCL 中，可使用 PCL 自带的基于 k-d 树的邻域搜索聚类法，可大幅度降低运算量。代码如下所示：

```
pcl::search::KdTree<pcl::PointXYZ>::Ptr tree(new pcl::search::KdTree<pcl::PointXYZ>);
tree->setInputCloud(cloud_filtered);
std::vector<pcl::PointIndices> cluster_indices;
pcl::EuclideanClusterExtraction<pcl::PointXYZ> ec;
ec.setClusterTolerance(0.02);
ec.setMinClusterSize(100);
ec.setSearchMethod(tree);
ec.setInputCloud(cloud_filtered);
ec.extract(cluster_indices);
```

聚类后的效果如图 3-53 所示。

图 3-53 使用 PCL 自带的基于 k-d 树的邻域搜索聚类效果

3. 激光雷达目标检测算法

在自动驾驶领域中，随着点云的数据量越来越大，传统的目标检测算法已经无法满足实际需求。当前点云 3D 目标检测主要采用深度学习模型。

常用的基于深度学习的目标检测算法如下。

（1）PointNet

主要思路：PointNet 首先为点云中的每一个点计算特征，然后通过一个与点云顺序无关的操作将这些特征组合起来，得到属于全体点云的特征，这个特征可以直接用于任务识别。

技术亮点：

①直接将点云数据输入网络，而不是将其规范化。

②对旋转不变性和置换不变性的利用。旋转不变性：所有的点做相同的变换（旋转平移），不影响对形状的表达。置换不变性：任意交换各点的位置，不影响对形状的表达。

存在的问题：无法获得局部特征，这使得 PointNet 方法很难对复杂场景进行分析。

PointNet 网络结构如图 3-54 所示。

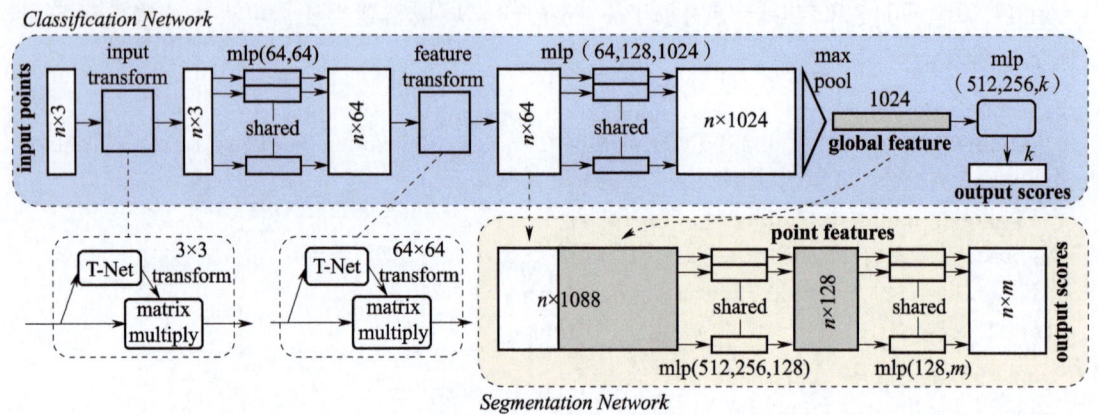

图 3-54　PointNet 网络结构

（2）PointNet++

主要思路：PointNet++ 是基于 PointNet 方法得出，主要借鉴了 CNN 的多层感受野的思想。CNN 通过分层不断地使用卷积核扫描图像上的像素并做内积，使得越到后面的特征图感受野越大，同时每个像素包含的信息也越多。PointNet++ 就是仿照了这样的结构，先在整个点云的局部采样并划一个范围，将里面的点作为局部的特征，用 PointNet 进行一次特征提取。

技术亮点：

①没有量化带来的信息损失，也无须调节量化超参数。

②忽略空白区域，避免了无效的计算。

存在的问题：

①无法利用成熟的基于空间卷积的 2D 物体检测算法。

②虽然避免了无效计算，但是 GPU 对于点云的处理效率远低于对网格数据的处理效率。

PointNet++ 网络结构如图 3-55 所示。

（3）VoxelNet

主要思路：VoxelNet 主要是将三维点云转化为 voxel 结构，然后以鸟瞰图的方式来处理这个结构。此处的 voxel 结构就是利用相同尺寸的立方体来划分三维空间，其中每个立方体称为 voxel（体素）。

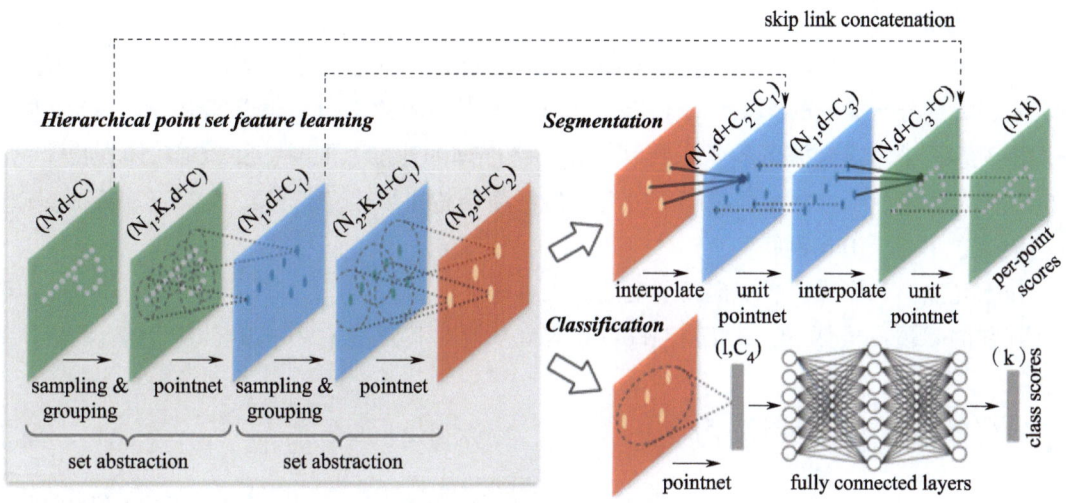

图 3-55 PointNet++网络结构

VoxelNet 有两个主要过程，第一个被称为 VFE（Voxel Feature Extraction），是 voxel 的特征提取过程，第二个是类似 YOLO 的目标检测过程。

技术亮点：

①可以直接在稀疏的点云数据上进行任务检测，并避免了人工特征工程带来的信息瓶颈。

②可以更有效地利用 GPU 的并行运算优势。

③存在的问题：VoxelNet 对于数据表示（为适应模型运算而重建的一种新数据结构）比较低效，并且中间层的 3D 卷积对计算量的需求太大，导致其运行速度只有大约 2 FPS，远低于实时性的要求。

VoxelNet 网络结构如图 3-56 所示。

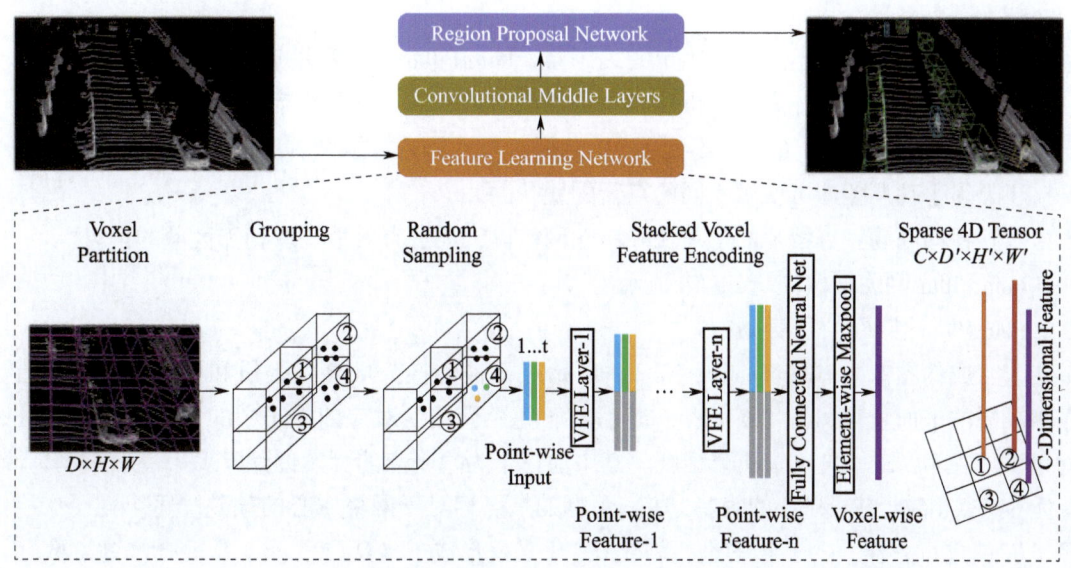

图 3-56 VoxelNet 网络结构

(4) SECOND

主要思路：SECOND 是一种基于 VoxelNet 方法优化后的点云检测方法，其网络的整体结构和实现大部分与原先的 VoxelNet 相近，同时在 VoxelNet 的基础上改进了中间层的 3D 卷积，采用稀疏卷积来完成，提高了训练的效率和网络推理的速度。同时，SECOND 还提出了一个新的损失函数与点云数据增强策略。SECOND 网络结构主要由三部分组成：VFE 特征提取阶段、稀疏卷积层、RPN 网络。

技术亮点：利用稀疏卷积提高了模型的推理速度。

存在的问题：虽然 SECOND 相比 VoxelNet 来说，其速度有所提升，但仍然保留了 3D 卷积。

SECOND 网络结构如图 3-57 所示。

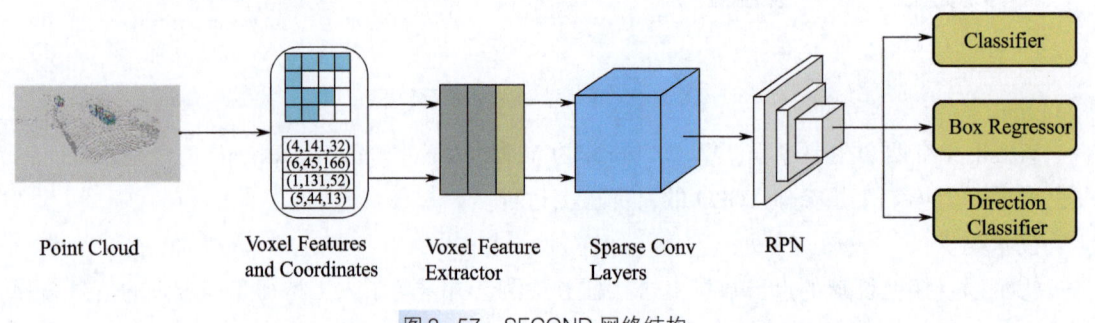

图 3-57 SECOND 网络结构

(5) PointPillar

主要思路：PointPillar 把落到每个网格内的点直接叠放在一起，形象地称其为柱子（Pillar），然后利用与 PointNet 相似的方式来学习特征，最后再把学到的特征向量映射回网格坐标上，得到与图像类似的数据。

技术亮点：

①通过学习特征而不是依赖固定的编码器，PointPillar 可以利用点云表示的全部信息。

②通过对柱而不是体素进行操作，不需要手动调整垂直方向的装箱。

③网络中只使用 2D 卷积，不使用 3D 卷积，对计算量的需求小，运行高效。

④无须手动调整即可使用不同的点云配置。

⑤存在的问题：点特征的学习被限制在网格内，无法有效地提取相邻区域的信息。

PointPillar 网络结构如图 3-58 所示。

PointPillar 主要包括三部分：

①生成伪图像（Pillar Feature Net）。原始点云被转换为堆叠柱张量和柱索引张量。首先在俯视图的平面上打网格（$H \times W$）；然后对于每个网格所对应的柱子中的每一个点都取（x, y, z, r, x_c, y_c, z_c, x_p, y_p）9 个维度。其中前三个为每个点的真实位置坐标，r 为反射率，带 c 下标的是点相对于柱子中心的偏差，带 p 下标的是点相对于网格中心的偏差。每个柱子中，点多于 N 的进行采样，少于 N 的进行填充 0。于是就形成了（D, N, P），$D=9$，N 为点数（设定值），P 为 $H \times W$。然后学习特征，用一个简化的 PointNet 从 D 维中学出 C 个 channel，变为

第三章 智能网联汽车环境感知技术原理与应用

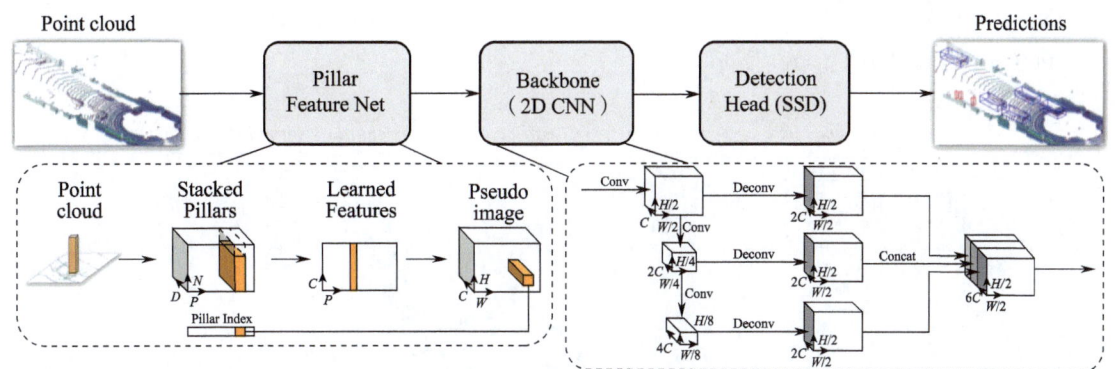

图 3-58 PointPillar 网络结构

(C, N, P)，然后对 N 进行最大化操作变为 (C, P)，又因为 P 是 $H \times W$，再展开成一个伪图像形式 $[H, W, C]$，H、W 为宽、高，C 为通道数。

②基础网络（Backbone）。基础网络包含两个子网络：top-down 网络、second 网络。top-down 网络结构为了捕获不同尺度下的特征信息，主要由卷积层、归一化、非线性层构成，second 网络用于将不同尺度特征信息融合，主要由反卷积来实现将伪图像处理成高维特征表示。

③检测头部（Detection Head）。对类别预测和对 3D 检测框的位置进行回归，将三维独有的高度和 z 位置当成回归。

PointPillar 检测结果如图 3-59 所示。

图 3-59 PointPillar 检测结果

（6）PCT

主要思路：PCT 主要利用 Transformer 固有的顺序不变性，避免定义点云数据的顺序，并通过注意力机制进行特征学习。网络结构整体分为三部分：输入嵌入、注意力层和点云的分类与分割。

技术亮点：

①PCT 具有固有的置换不变性，更适合点云学习。

②相比于主流的 PointNet 网络，PCT 的分割边缘更加清晰。

存在的问题：PCT 是一种有效的全局特征提取网络，然而它忽略了点云深度学习中同样重要的局部邻域信息。

PCT 网络结构如图 3-60 所示。

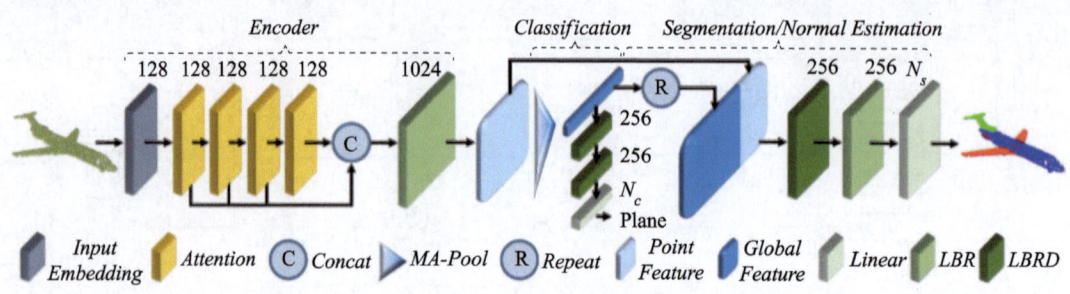

图 3-60　PCT 网络结构

4. 激光雷达点云语义分割算法

语义分割主要有三个任务：语义分割（Semantic Segmentation），给点云中的每个点指定一个类别标签，比如车辆、行人、道路、建筑物等；实例分割（Instance Segmentation），类似于物体检测，但输出的不是物体框，而是每个点的类别标签和实例标签；全景分割（Panoramic Segmentation）是语义分割和实例分割的结合，对于静态背景，需要知道其语义类别，以确定可行驶区域，对于动态物体，需要知道每个实例的位置、大小和运动信息。

语义分割任务，每个点的预测标签与人工标注的标签进行对比。每个类别统计三个指标：TP（True Positive）、FP（False Positive）和 FN（False Negative），使用准确率指标 mean IoU（mIoU）。

$$mIoU = \frac{1}{C} \sum_{c=1}^{C} \frac{TP_c}{TP_c + FP_c + FN_c}$$

实例分割任务与物体检测类似，但是以点为单位计算 Precision 和 Recall，采用 Average Precision（AP）作为性能指标。

全景分割任务中，对于非物体类别，采用语义分割的指标 mIoU；对于物体类别，算法给每个点分配语义标签和实例标签，常用的评测指标为全景质量（Panoptic Quality，PQ），见下式：

$$PQ = \frac{\sum_{(p,g) \in TP} IoU(p,g)}{|TP| + \frac{1}{2}|FP| + \frac{1}{2}|FN|} = \underbrace{\frac{\sum_{(p,g) \in TP} IoU(p,g)}{|TP|}}_{\text{分割准确度}} \times \underbrace{\frac{|TP|}{|TP| + \frac{1}{2}|FP| + \frac{1}{2}|FN|}}_{\text{检测准确度}}$$

式中，g 和 p 分别表示标注和预测的实例点集，当两个集合的 IoU 大于阈值时（比如 0.5），则认为是 TP，FP 和 FN 也可以通过类似的方式得到。对于每个类别单独计算 PQ，然后取其均值作为最终的指标。

语义分割主要分为如下几种：

1）点视图：PointNet，PointNet + +，RandLA – Net*。

2）俯视图：FCPN，LatticeNet。

3）前视图：SqueezeSeg，RangeNet + +。

实例分割主要分为如下几种：

1）自顶向下：LiDARSeg。

2）自底向上：SPGN。

全景分割主要分为如下几种：

1）Panoptic-PolarNet。

2）Panoptic RangeNet。

3）4D Panoptic Seg。

PointNet 也可以用于分割，如图 3 – 61 所示。通过提取点特征 + 全局特征进行语义分割，点特征是 MLP（多个全连接层），将点特征由 3 维（x, y, z）提升到 1024 维。MaxPooling 后得到 1024 维全局特征。点特征与全局特征进行拼接，MLP 对每个点进行分类，分配一个语义标签。

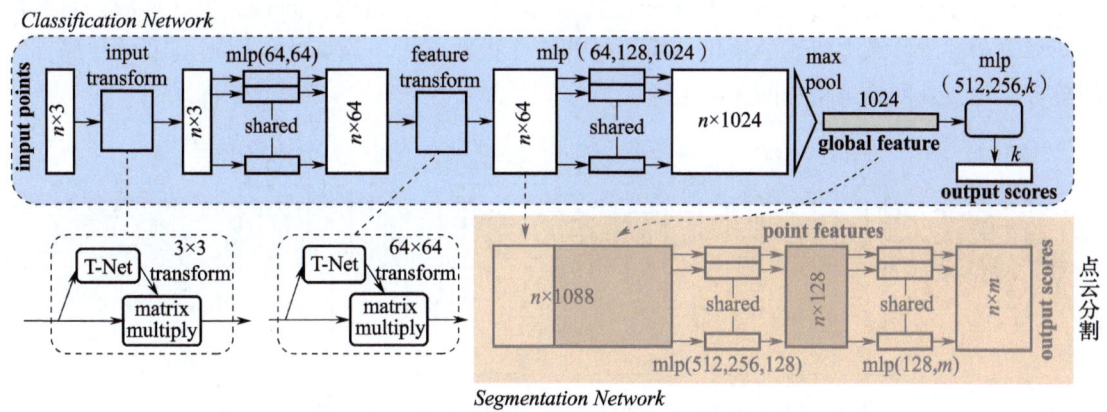

图 3 – 61　PointNet 语义分割示意图

PointNet 存在的问题：点特征提取没有用到邻域信息。

PointNet + +用聚类生成多个点云子集，在每个子集内采用 PointNet 提取子集特征，并作为下一步的输入"点"。点特征具有较大的感受野，包含了局部邻域内丰富的上下文信息。对于语义分割任务，需要将聚类后的点集和特征映射回原始的点云，与特征提取类似，也是迭代的过程。

在语义分割任务中，对于 $L – 1$ 层的每个点，从 L 层的点中选取其 k 近邻，通过插值得到映射后的点特征，将映射后的点特征与 $L – 1$ 层原始的特征进行拼接和特征提取，作为 $L – 1$ 层新的点特征，如图 3 – 62 所示。

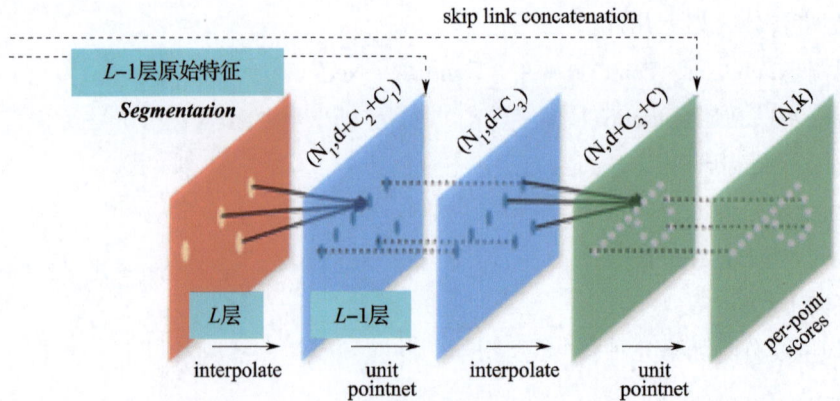

图 3-62　PointNet++语义分割点特征图层

PointNet++的优点是可以提取多尺度的邻域特征，缺点是聚类算法对点云规模的可扩展性较差，只适用于小规模的点云，对于小规模室内场景：比如 10m×10m 的范围，每帧几千个点；对于大规模室外场景：比如 200m×200m 的范围，每帧约 10 万个点，处理时间需要几十秒。通过聚类提取邻域特征的方式比较简单，特征提取能力有限。

2020 年 Hu 等人提出了 RandLA-Net（Random Sampling and Effective Local Feature Aggregator）算法。该算法使用随机采样代替聚类，降低点云密度，同时减少计算量，对局部空间编码和基于注意力机制的池化，提高局部特征提取能力。该算法使用随机采样和局部特征整合结构，其网络结构如图 3-63 所示。

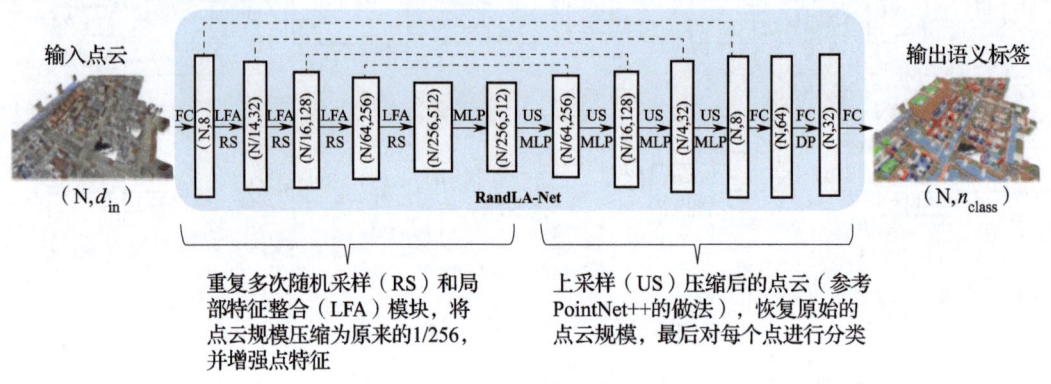

图 3-63　RandLA-Net 网络结构示意图

不同算法在 SemanticKITTI 数据库上的对比见表 3-11。

表 3-11　不同算法在 SemanticKITTI 数据库上的对比

	PointNet	PointNet++	RandLA-Net
准确度（mIoU）	14.6%	20.1%	53.9%
速度（FPS）	21	0.4	22

RandLA-Net 提高了采样的效率，同时增强了点特征的提取，因此在准确度和速度上都大幅超过 PointNet++。RandLA-Net 在不同类别上的 IoU 如图 3-64 所示。

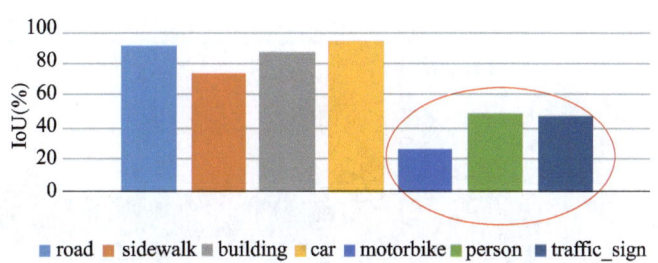

图 3-64　RandLA-Net 在不同类别上的 IoU

RandLA-Net 在小目标上的准确率相对较低，在其他目标上效果较好。俯视图可以采用类似于图像语义分割的算法，包括全卷积网络、U 型网络、编码 - 解码网络等。FCPN（Fully Convolutional Point Networks）是一种稠密的网络，稀疏网络 3D 空间均匀采样，每个采样位置生成固定大小的网格，网格内点的数量不固定；稠密网络 3D 空间均匀采样，每个采样位置收集邻域内固定数量的点，网格大小不固定。FCPN 的网络结构如图 3-65 所示。

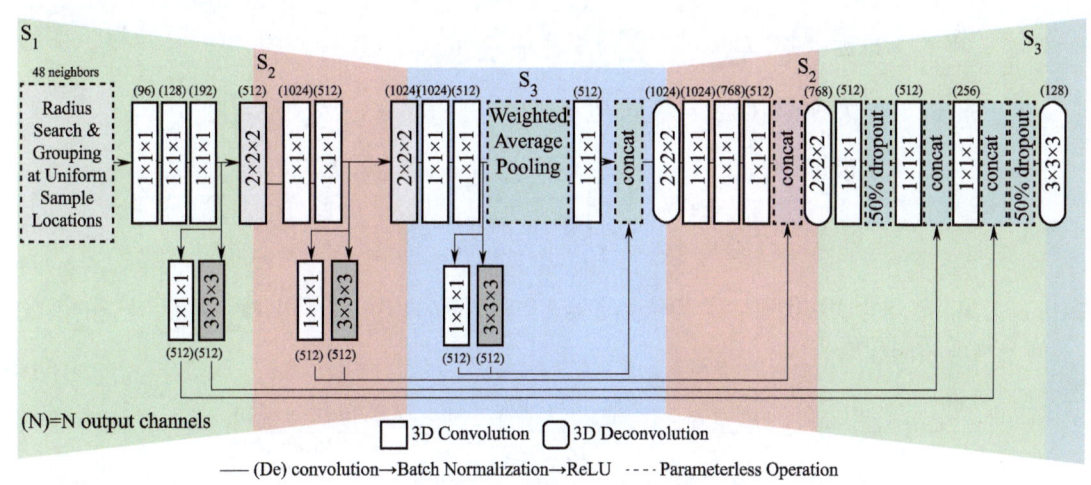

图 3-65　FCPN 的网络结构

3D 卷积 + U 型网络提取不同尺度的特征，最终得到原始尺度下的分割结果，每个网格被分配一个类别标签，网格中所有的点共享此标签。

LatticeNet 的网格采用稀疏结构存储，网格坐标 + 网格特征、卷积、反卷积、池化等操作均在稀疏数据上进行。该算法与物体检测不同，点云语义分割是以点为评测单元的任务，基于俯视图网格的方法在点云语义分割任务上没有优势。不同算法之间的性能对比见表 3-12。

表 3-12　不同算法之间的性能对比

	ShapeNet 准确度（mIoU）	SemanticKITTI 准确度（mIoU）	SemanticKITTI 速度（FPS）
PointNet++	85.1%	20.1%	0.4
RandLA-Net	—	53.9%	22
FCPN	84.0%	—	0.3
LatticeNet	83.9%	52.9%	7

SqueezeSeg 算法是一种基于前视图的深度学习语义分割算法。该算法输入为 64×512×5（3D 点坐标+距离+反射强度）的卷积层，算法的 backbone 为轻型的卷积网络 SqueezeNet（参数数量是 AlexNet 的 1/50，但精度相当），输出为条件随机场进行后处理。该算法的结构如图 3-66 所示。

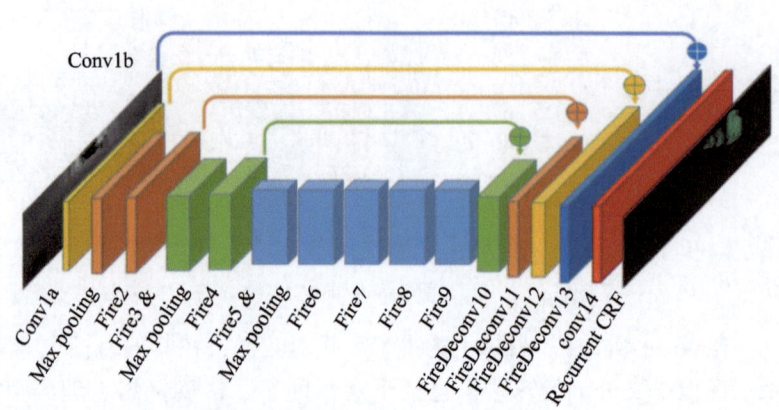

图 3-66 SqueezeSeg 算法结构

SqueezeSeg 可提高分割结果的局部一致性，方法如下所示：

目标函数：$E(\boldsymbol{c}) = \sum_i u_i(c_i) + \sum_{i,j} b_{i,j}(c_i, c_j)$

一元项：$u_i(c_i) = -\log P(c_i)$

平滑项：$b_{i,j}(c_i, c_j) = \mu(c_i, c_j) \sum_{m=1}^{M} w_m k^m(f_i, f_j)$

$$\mu(c_i, c_j) = \begin{cases} 1, & \text{if } c_i \neq c_j \\ 0, & \text{otherwise} \end{cases}$$

式中，c_i 为第 i 个点的预测类别；k^m 为依赖于点 i 和 j 特征 f 的第 m 个高斯核；w_m 为对应的系数。

两个高斯核函数取为

$$w_1 \exp\left(-\frac{\|p_i - p_j\|^2}{2\sigma_\alpha^2} - \frac{\|x_i - x_j\|^2}{2\sigma_\beta^2}\right) + w_2 \exp\left(-\frac{\|p_i - p_j\|^2}{2\sigma_\gamma^2}\right)$$

式中，p_i 为第 i 个点的前视图坐标；x_i 为第 i 个点的 3D 坐标。

RangeNet++ 算法是一种基于前视图的深度学习语义分割算法。该算法采用 U 型卷积网络结构，下采样提取上下文信息，上采样和 Skip 连接来恢复原始分辨率。相对于 SqueezeSeg 所做的改进，主干网络包含更多卷积层（DarkNet53）且将 CRF 替换为可以在 GPU 中实现的 k 近邻算法。RangeNet++ 算法流程如图 3-67 所示。

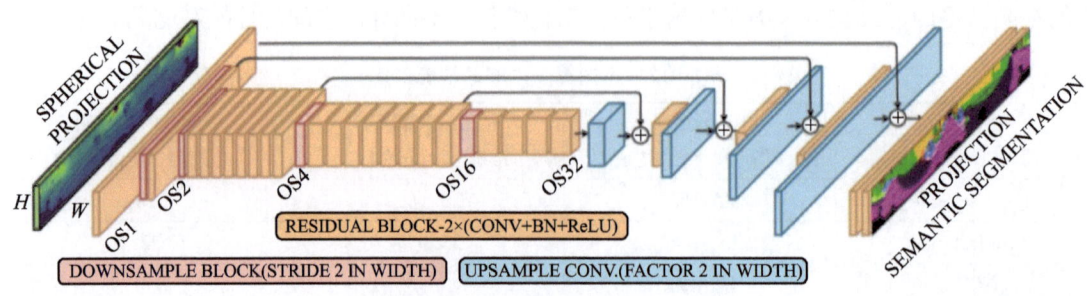

图 3-67 RangeNet++ 算法流程

不同视图的算法在 SemanticKITTI 数据库上的对比见表 3-13。

表 3-13 不同视图的算法在 SemanticKITTI 数据库上的对比

	视图	不同类别 mIOU					平均 mIOU	速度（FPS）
		Building	Road	Car	Person	Bicyclist		
RandLA-Net	点视图	86.9%	90.7%	94.2%	49.2%	48.2%	53.9%	22
LatticeNet	俯视图	88.2%	90.0%	92.9%	35.6%	43.0%	52.9%	7
SqueezeSeg	前视图	73.8%	88.5%	82.7%	20.2%	24.3%	39.6%	40
RangeNet++	前视图	87.4%	91.8%	91.4%	38.3%	38.8%	52.2%	12

SqueezeSeg 采用了轻型的主干网络，因此速度最快，但是准确度较差。

RangeNet++增强了主干网络，大幅提高了准确度，但是速度也降低很多。

基于俯视图和前视图的方法在小目标上准确度相对较差。

点视图和前视图更加适合点云分割任务，点云分割是点级别的任务，物体检测是目标级别的任务；基于点视图的方法在小目标的分割上优势明显，完全保留点云的3D信息；基于前视图的方法运行效率较高，输入是结构化的网格数据，全卷积网络的结构易于并行优化。

5. 激光雷达点云实例分割算法

实例分割算法与语义分割相比，除了语义标签，还需要区分点所属的物体。与物体检测相比，输出物体分割的掩码（Mask），而不是物体框。实例分割可以看作语义分割和物体检测的结合。主要有自顶向下的方式和自底向上的方式，自顶向下先做物体检测，后做语义分割；自底向上先做语义分割，后做物体检测。

自顶向下的基本流程为物体检测模型给出场景中的候选物体框，语义分割模型确定属于物体的所有点。自顶向下的基本流程如图 3-68 所示。

图 3-68 实例分割自顶向下的基本流程

物体检测是至关重要的一步，检测结果的质量直接影响分割的效果，考虑到运行效率，一般采用基于俯视图网格的物体检测算法（比如 VoxelNet）。

2020 年 Zhang 等人提出了基于深度学习的自顶向下实例分割算法 LiDARSeg。该算法分为物体检测模块和语义分割模块，物体检测模块输入的点云量化为 2D 网格结构，避免计算量很大的 3D 卷积操作；每个网格包含了固定数量的点（k近邻），避免数据过于稀疏的问题，与 VoxelNet 类似的点特征提取，但是采用注意力机制来合并网格内的点（加权求和）。物体检测模块流程如图 3-69 所示。

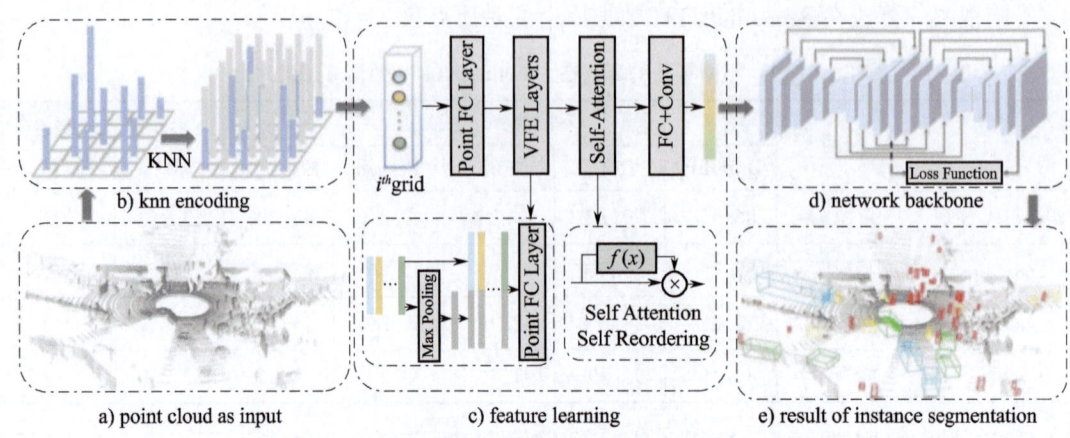

图 3-69　LiDARSeg 算法流程

语义分割模块中物体检测模块对网格进行分类（前景/背景，以及物体类别），每个前景网格输出物体中心点位置和高度范围，根据前景网格预测的中心点位置进行聚类后按照网络预测的高度过滤 Outlier。语义分割模块示意图如图 3-70 所示。

自底向上的基本流程为语义分割模型区分前景点和背景点，前景点上聚类得到不同的实例。如何学习可以区分不同实例的点特征和如何将点组合成物体实例是关键。相关算法流程如图 3-71 所示。

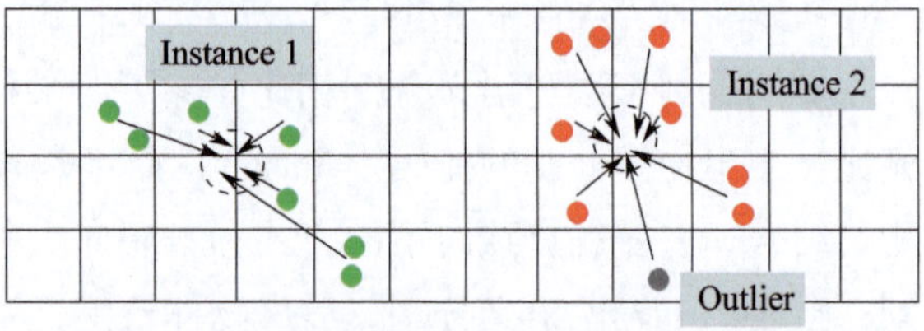

2018 年 Wang 等人提出了基于深度学习的自底向上实例分割算法 SGPN（Similarity Group Proposal Network）。使用 PointNet++ 学习点特征，并进行语义分割，其点特征同时也用来生成：

1）相似度矩阵，用于点聚类。

2）点的置信度，用于过滤背景点。

3）点的语义类别，用于确定实例的类别。

相关算法流程如图 3-72 所示。

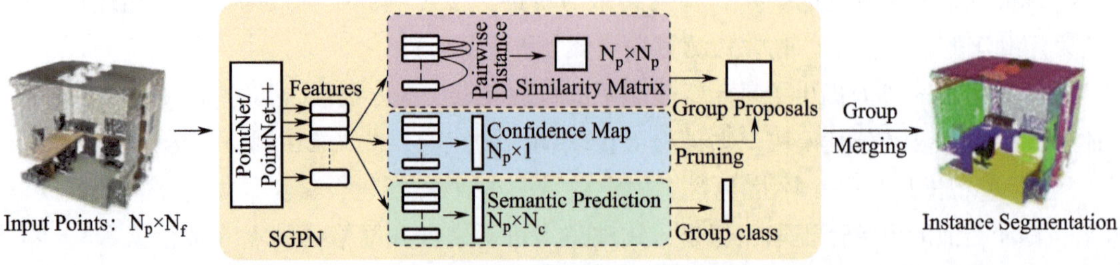

图 3-70　LiDARSeg 算法中语义分割模块示意图

图 3-71　实例分割自底向上的基本流程

图 3-72　SGPN 算法流程

该算法的关键步骤是相似度矩阵的建立。需要学习更具有区分性的点特征，然后以此为基础生成相似度矩阵。其损失函数分为三个部分，分别对应三种不同的点对：

1) 属于相同语义且相同实例的点对。
2) 属于相同语义但是不同实例的点对。
3) 不属于相同语义的点对。

点特征学习的目标是使第一类点对的特征相似度较高，第二类和第三类则相对较低。

自底向上和自顶向下算法在 SemanticKITTI 数据库上的对比见表 3-14。

表 3-14 自底向上和自顶向下算法在 SemanticKITTI 数据库上的对比

算法	方式	不同类别 AP					平均 AP
		Car	Large Vehicle	Person	Bicyclist	Traffic Cone	
SGPN	自底向上	83.9%	62.8%	33.2%	24.0%	34.7%	44.5%
LiDARSeg	自顶向下	89.0%	74.9%	62.4%	45.1%	61.8%	62.4%
变化率		+5.1%	+12.1%	+29.2%	+21.1%	+27.1%	+17.9%

观察表中数据，LiDARSeg 的准确度远超 SGPN，尤其是在小目标的分割上（SGPN 中的聚类算法没有充分利用上下文信息）。SGPN 需要计算相似度矩阵，复杂度为 $O(N^2)$，不适合大规模点云。在自动驾驶场景中，通常会采用自顶向下的方式。

物体检测和实例分割在 SemanticKITTI 数据库上的对比见表 3-15。

表 3-15 物体检测和实例分割在 SemanticKITTI 数据库上的对比

算法	方式	不同类别 AP					平均 AP
		Car	Large Vehicle	Person	Bicyclist	Traffic Cone	
VoxelNet	物体检测	87.1%	70.2%	47.2%	29.0%	46.5%	51.5%
PointPillar	物体检测	87.7%	71.9%	51.2%	33.7%	44.7%	53.9%
LiDARSeg	实例分割	89.0%	74.9%	62.4%	45.1%	61.8%	62.4%

实例分割的准确度显著优于物体检测，小目标上的优势更加明显，物体检测在目标较小时很难给出精确的物体框，导致前景点和背景点混淆。

6. 激光雷达点云全景分割算法

全景分割是语义分割和实例分割的结合，对非物体目标进行语义分割。这种方法首先对点云进行语义分割，然后通过聚类或者 3D 物体检测来得到实例分割，与自底向上的实例分割类似，但是实例分割对于背景点并不区分具体的类别，而全景分割要对背景点分类。该种算法的技术难点在于自动驾驶场景中，点云的空间覆盖范围和数量规模较大，顺序进行语义分割和物体检测导致大量冗余计算。

2021 年 Zhou 等人提出了基于深度学习的全景分割算法 Panoptic-PolarNet。该算法分为特征提取模块、主干网络模块、全景分割模块，该算法可以精简网络结构，降低计算复杂度，其结构如图 3-73 所示。

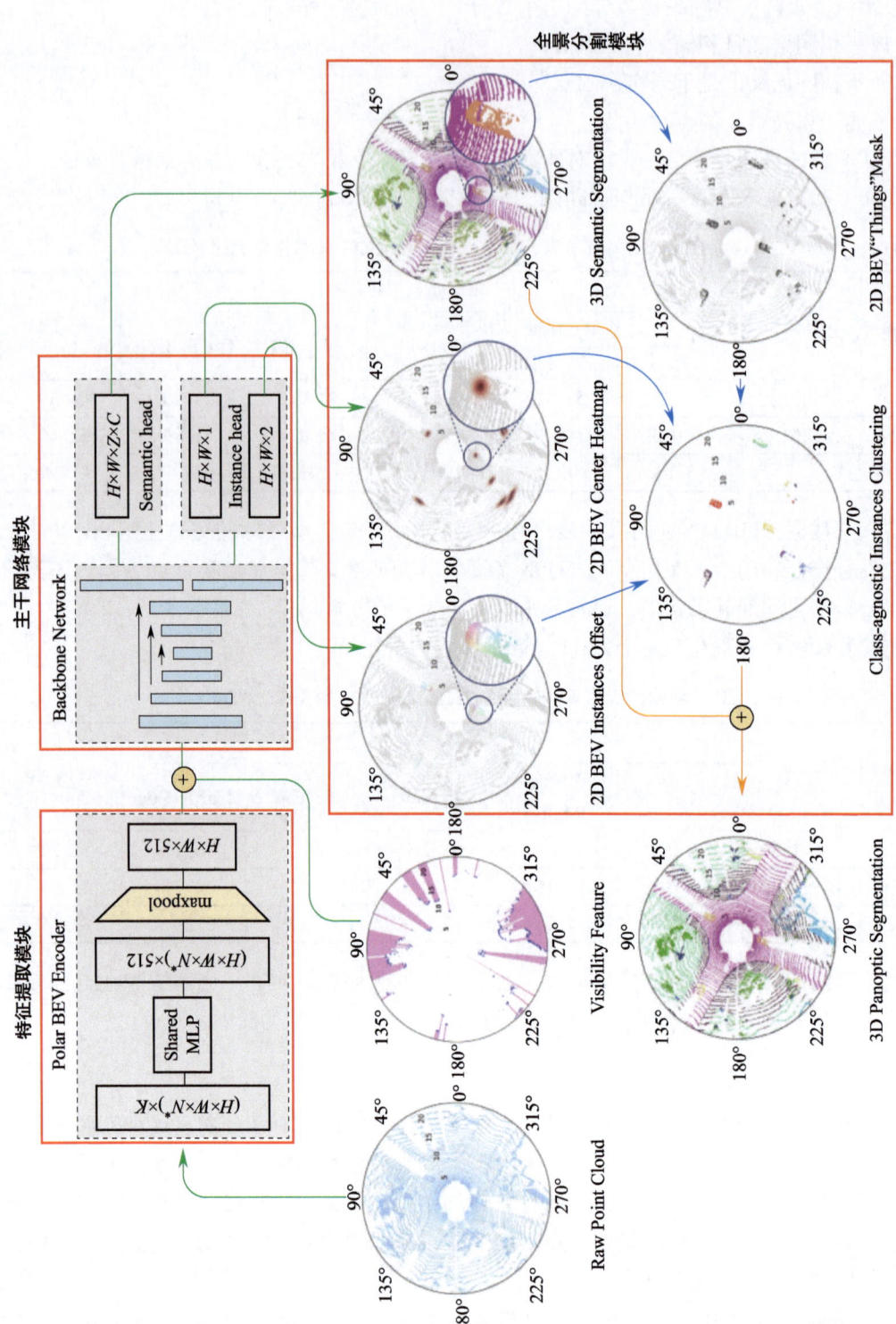

图3-73 Panoptic-PolarNet算法结构

特征提取模块将原始点云量化为俯视图下的2D网格，避免3D卷积，采用极坐标表示，在近距离区域降低量化误差。网格内的点通过MLP和MaxPooling得到定长的向量，并使用Visibility（可见度）特征表征网格区域是否可见。特征提取模块结构如图3-74所示。

主干网络模块采用结构简洁的U型网络，且语义分支和实例分支共享大部分特征，语义分支在每个2D网格位置输出多个预测，包含高度和类别信息，实例分支类似于CenterNet结构，在每个2D网格处输出物体中心出现的置信度（heatmap）和中心点相对于网格中心位置的偏移（offset）。主干网络模块结构如图3-75所示。

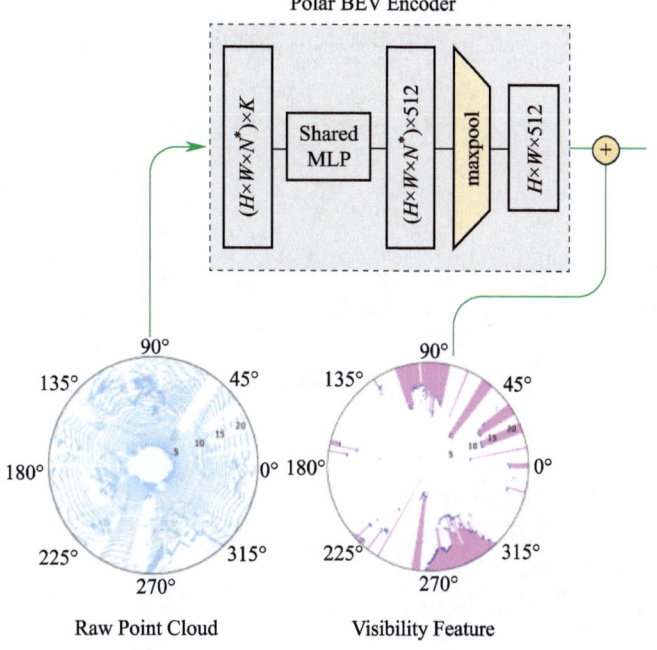

图3-74 Panoptic-PolarNet特征提取模块结构

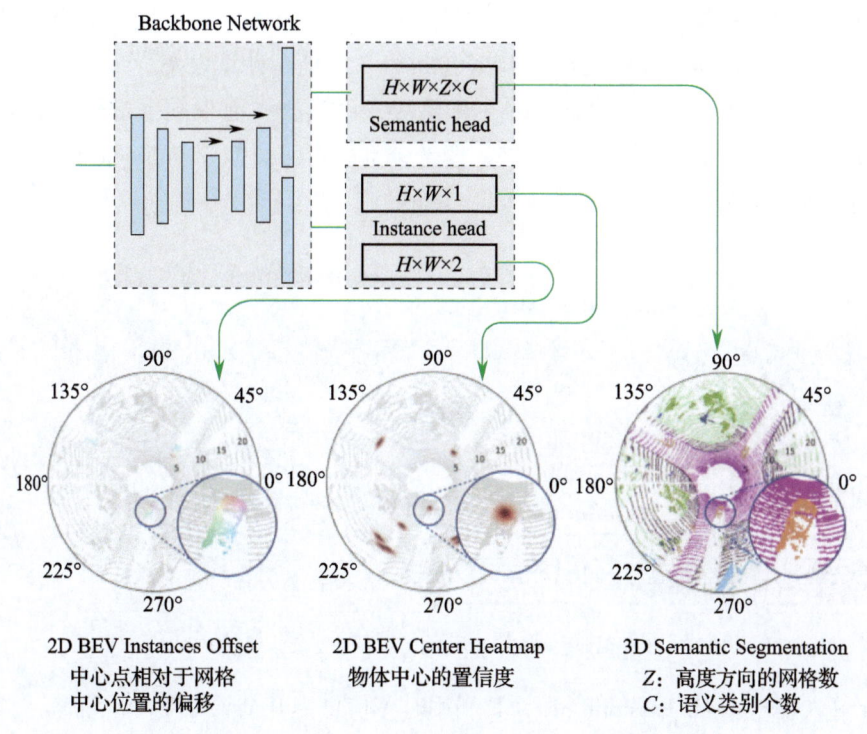

图3-75 Panoptic-PolarNet主干网络模块结构

全景分割模块在 Heatmap 上通过 NMS 得到 K 个物体中心点，通过 Offset 来确定中心的精确位置，在语义分割结果上提取物体的 Mask。其以物体中心为基准点，对所有前景点聚类，聚类的语义类别由其中多数点的类别来决定。全景分割模块结构如图 3-76 所示。

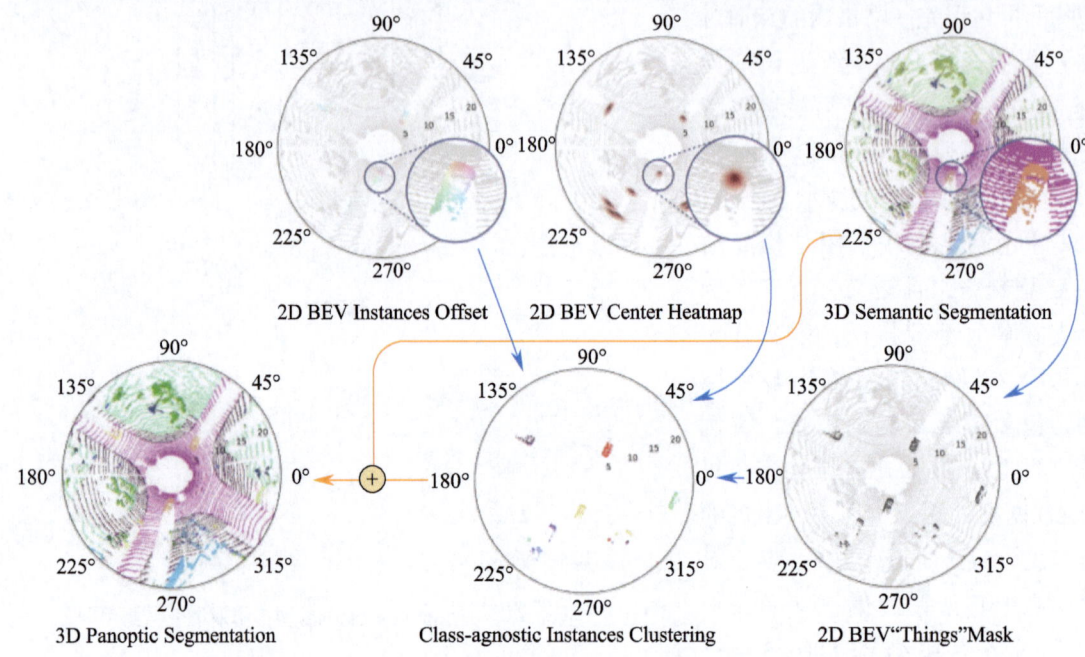

图 3-76 Panoptic-PolarNet 全景分割模块结构

语义分支为每个点提供一个语义标签，实例分支提供物体中心位置，使用语义标签和物体中心进行实例分割。所有操作均可在 GPU 中进行，以提高计算效率。

Milioto 等人提出了 Panoptic RangeNet++ 算法，该算法在前视图上进行全景分割。该算法是 RangeNet++ 在全景分割方向的扩展，全景分割的思路类似于 Panoptic-PolarNet，只是点云视图不同。该算法结构如图 3-77 所示。

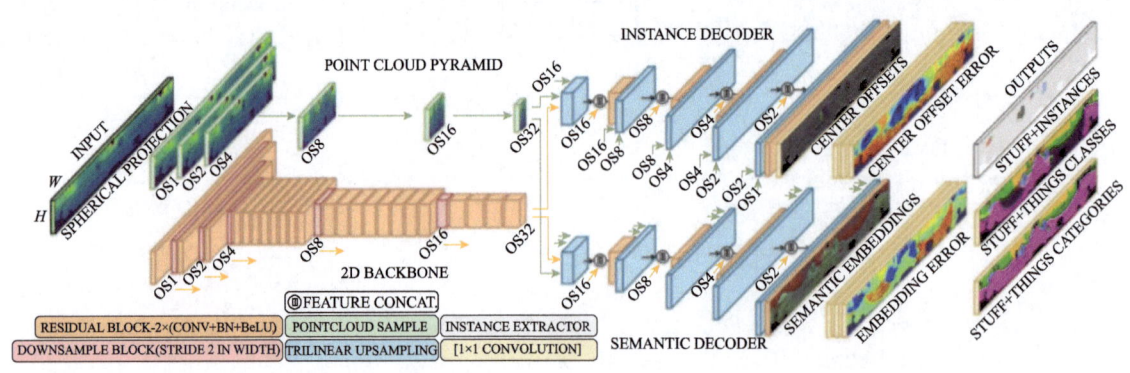

图 3-77 Panoptic RangeNet++ 算法结构

Aygun 等人提出了 4D Panoptic Seg，其利用时序信息提升全景分割的准确率。该算法将多帧 3D 点云融合为 4D 点云，利用时序信息提升分割准确率［PTQ（全景分割指标 PQ 在时序上的扩展）从47.8%提升到51.2%〕，时序信息的利用对自动驾驶场景来说非常重要。该算法结构如图3-78所示。

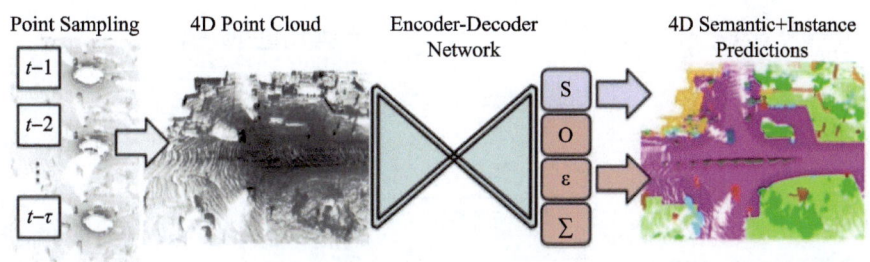

图3-78 4D Panoptic Seg 算法结构

不同全景分割算法在 SemanticKITTI 上的结果对比见表3-16。

表3-16 不同全景分割算法在 SemanticKITTI 上的结果对比

算法	特点	物体分割 PQ	非物体分割 mIoU	速度（FPS）
RangeNet++ + PointPillar	语义分割+物体检测	37.1%	52.4%	2.5
Panoptic-PolarNet	语义分割+实例分割	54.1%	59.5%	12
Panoptic RangeNet++	前视图	38.0%	50.9%	12
4D Panoptic Seg	时序信息	50.3%	61.3%	—

观察不同的算法结果，可得到如下结论：

1）实例分割+物体检测作为基准方法，其分割准确度比较低，说明物体框作为一种粗略的表示并不能直接用于精细的实例分割。

2）Panoptic-PolarNet 将语义和实例分割融合到一个网络，通过共享特征来降低计算量，达到了很好的速度和精度平衡。

3）基于前视图的方法准确率较低，尤其是对于面积较小的物体类别。

未来激光雷达点云分割任务的发展方向：多视图融合进行语义分割+与实例分支共享网络参数+时序信息。

四、毫米波雷达

传统毫米波雷达运动目标检测和跟踪算法主要流程为：点云数据处理→静态点过滤→点云聚类→目标跟踪→目标参数输出。算法流程如图3-79所示。

1. 基于传统算法的运动目标检测

聚类算法包括 DBSCAN（Density-Based Spatial Clustering of Applications with Noise）、k-means 等算法。DBSCAN 是基于密度的聚类算法，对样本分布的适应能力比 k-means 更好。DBSCAN 的基本思路是假定类别可以通过样本分布的紧密程度决定，通过将紧密相连的样本分为一类，得到不同的聚类类别。

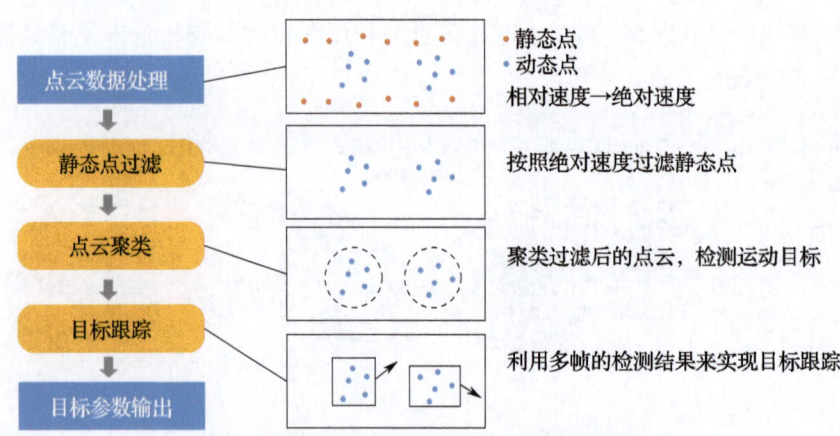

图 3-79　传统毫米波雷达运动目标检测和跟踪算法流程

DBSCAN 中使用（ϵ，MinPts）来描述邻域的密度，ϵ 描述了某一样本的邻域距离阈值，MinPts 描述了 ϵ-邻域中的最小样本数。其核心对象为对于任一样本，其 ϵ-邻域至少包含 MinPts 个样本。该算法示意图如图 3-80 所示。

该算法流程为：

1）找到所有的核心对象。

2）对于每一个未处理的核心对象，生成新的聚类。

3）搜索其 ϵ-邻域，将 ϵ-邻域中的点加入该聚类。

4）如果 ϵ-邻域中包含新的核心样本，则重复步骤 3，直到找不到新的核心样本。

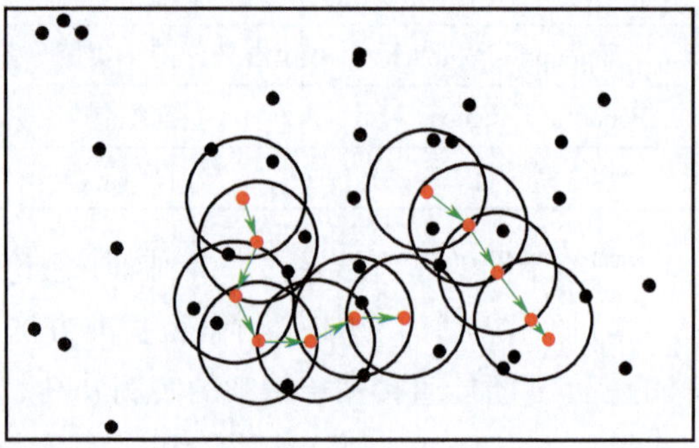

2. 基于传统算法的运动目标跟踪

图 3-80　DBSCAN 算法示意图

基于传统算法的运动目标跟踪算法主要为卡尔曼滤波算法。关于卡尔曼滤波的原理，读者可参考：https://www.kalmanfilter.net/。以一维雷达测距为例，假设速度恒定，进行如下定义：

系统状态 x_t：t 时刻飞机的航程。

测量值 z_t：雷达测距结果。

系统状态的估计值 $\hat{x}_{t,t}$：t 时刻 x 的估计值（根据 z_t 估计）。

系统状态的预测值 $\hat{x}_{t+1,t}$：$t+1$ 时刻 x 的预测值（根据速度预测）。

状态更新模型：

$$\hat{x}_{t,t} = \hat{x}_{t,t-1} + K_t(z_t - \hat{x}_{t,t-1}) = (1 - K_t)\hat{x}_{t,t-1} + K_t z_t$$

式中，K_t 称作卡尔曼增益，用来衡量系统的不确定性。

系统动态模型：

$$\hat{x}_{t,t-1} = \hat{x}_{t-1,t-1} + v\Delta t$$

式中，v 是飞机的速度，Δt 是两次测量之间的时间间隔。

系统原理示意图如图 3-81 所示。

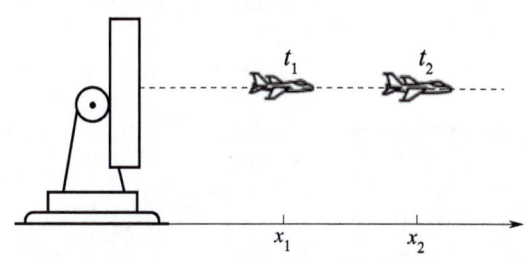

图 3-81　运动目标跟踪系统原理示意图

（1）单目标跟踪

系统状态 x_t、v_t：t 时刻目标的位置和速度（均为向量）。

测量值 z_{x_t}、z_{v_t}：t 时刻目标的位置和速度的测量值（z_{x_t} 来自点云聚类的中心点，z_{v_t} 来自聚类点的速度值）。

聚类示意图如图 3-82 所示。

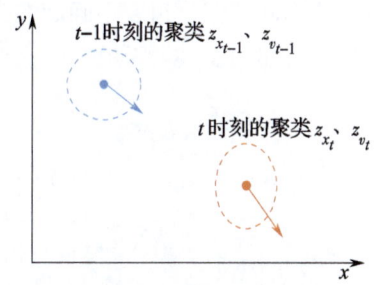

图 3-82　单目标跟踪聚类示意图

卡尔曼增益：

$$K_t = p_{t,t-1} / (p_{t,t-1} + r_t)$$

估计的不确定性：

$$p_{t,t} = (1 - K_t) p_{t,t-1}, \quad p_{t+1,t} = p_{t,t}$$

状态更新模型：

根据 $t-1$ 时刻状态对 t 时刻的估计值　　t 时刻的测量值

$$[\hat{x}_{t,t},\ \hat{v}_{t,t}] = (1 - K_t)[\hat{x}_{t,t-1},\ \hat{v}_{t,t-1}] + K_t[z_{x_t},\ z_{v_t}]$$

系统动态模型：

$$\hat{x}_{t,t-1} = \hat{x}_{t-1,t-1} + \hat{v}_{t-1,t-1} \Delta t$$
$$\hat{v}_{t,t-1} = \hat{v}_{t-1,t-1}$$

其中，需要对速度测量值进行处理：从径向相对速度得到实际相对速度（根据 $t-1$ 时刻实际速度的方向）；根据雷达自身的速度，得到目标的绝对速度（对地速度），如图 3-83 所示。

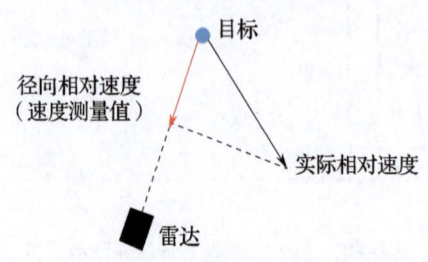

图 3-83　目标速度测量原理图

初始值可以根据经验设定，作为算法参数。

测量的不确定性 r_t 来自雷达系统参数：距离和角度的不确定性。

距离测量不确定性：根据距离分辨率来估计，比如距离分辨率是 40cm，距离不确定性可以设置为 20cm。

角度测量不确定性：相对雷达的不同位置，角度不确定性也不同。

相对雷达不同位置的角度不确定性如图 3-84 所示。

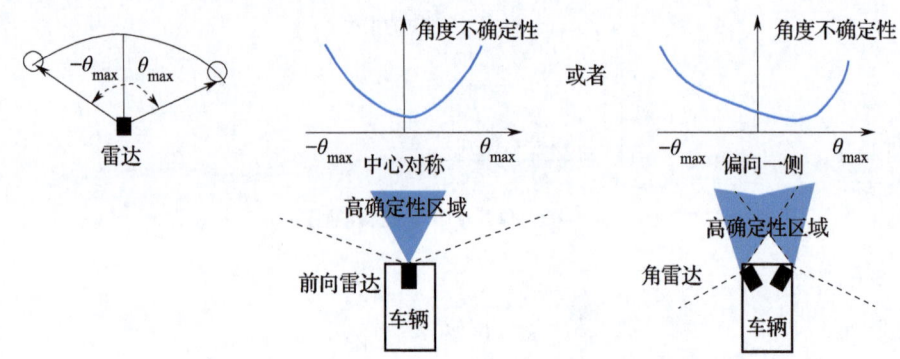

图 3-84　相对雷达不同位置的角度不确定性示意图

(2) 多目标跟踪

1) 由聚类算法在单帧点云得到目标输出。

2) 提取目标的特征，包括统计特征（如点位置的均值、方差等）和运动特征（如速度和加速度等）。

3) 根据特征计算当前帧的检测目标（detections）与已跟踪的多个目标（tracks）的相似度。

4) 按照相似度将 detections 分配给 tracks。

5) 卡尔曼滤波更新 tracks 的状态参数（位置、速度等）。

在卡尔曼滤波中，detection 对应每一帧的测量值，track 对应系统状态。

3. 基于稀疏点云+深度学习的目标检测与跟踪算法

基于深度学习算法的毫米波雷达感知主要包括稀疏点云+深度学习和稠密数据块+深度学习两种方法。

稀疏点云方式可分为直接处理点云和点云转换为俯视图网络两种策略，直接处理点云通过聚类得到目标物体的候选后，利用深度神经网络进行特征提取和分类。点云转换为俯视图网络将点云量化为 2D 网格结构后，利用深度神经网络完成物体检测。

直接处理点云的主要流程为：候选生成→特征提取→候选分类，深度学习主要应用于特征提取和候选分类两个过程。

2017 年 Schumann 等人提出了将深度学习应用于候选分类的算法，该算法利用 DBSCAN 对点云聚类得到目标物体的候选，随后对每个聚类提取手工设计的特征，特征包括位置、速度、反射强度等统计值共 34 维，最后利用深度学习对每个聚类进行分类，其中分类器可使用 LSTM 算法，需要将聚类分为 6 个类别：轿车、公交车、自行车、行人、行人队列、垃圾桶。LSTM 的输入为来自连续 8 帧的 34 维特征向量，需要 tracker 的辅助。该算法的流程如图 3-85 所示。

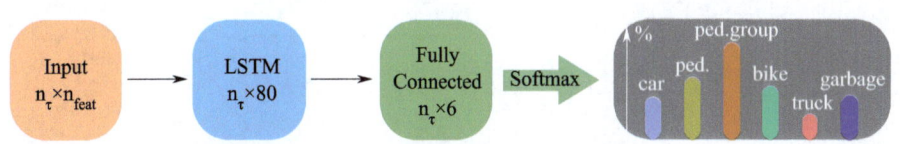

图 3-85 LSTM 应用于分类器的算法流程

2021 年 Danzer 等人提出了特征提取和候选分类均使用深度学习的算法，该算法将毫米波雷达感知的每个点生成一个候选，候选大小由先验知识确定，每个候选采样 n 个点，每个点包括 x 坐标、y 坐标、速度、反射强度 4 个特征。在特征提取部分采用 PointNet 提取特征并对候选进行分类，PointNet 同时给出点云分割的结果，前景点坐标变换为相对候选中心的坐标，根据前景点估计 Bbox 大小和朝向。该算法流程如图 3-86 所示。

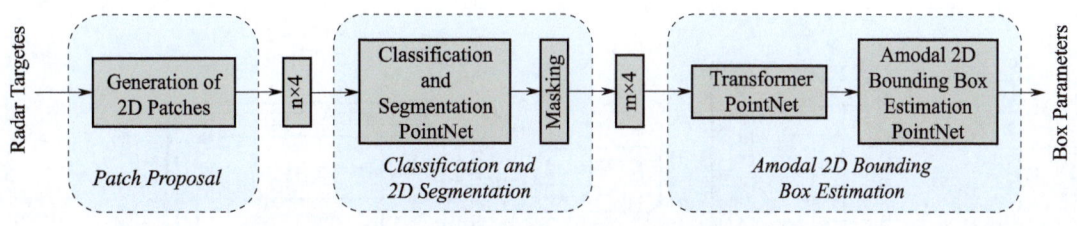

图 3-86 基于 PointNet 的毫米波雷达目标检测与跟踪算法

候选分类的过程如图 3-87 所示。

点云转换为俯视图网格的主要流程为：网格数据→端到端检测，深度学习主要应用于端到端检测。2022 年 Dreher 等人提出了这种方法，在点云转换为俯视图网格过程中，每个网格最多保留一个点，在网格中对速度和反射强度进行特征表征。可使用 YOLOv5 进行端到端物体检测，相关算法原理如图 3-88 所示。

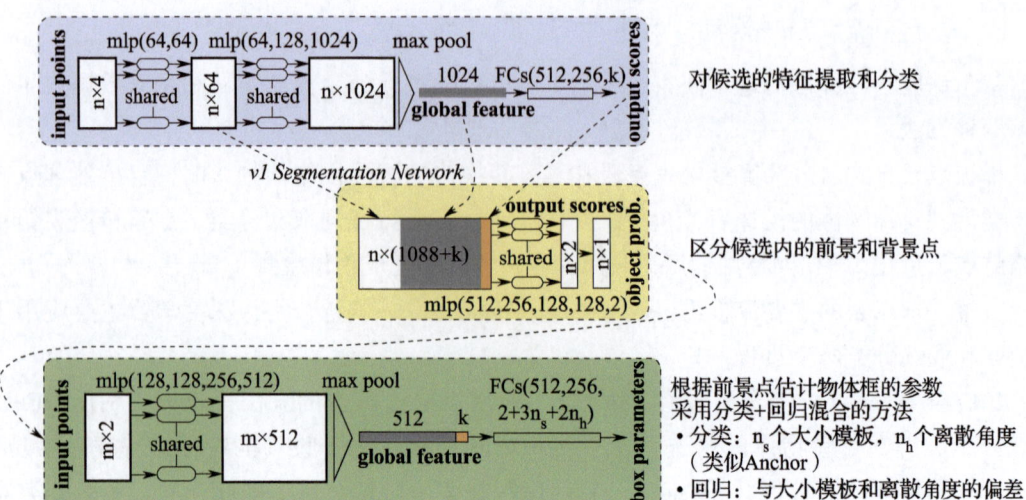

图3-87 候选分类的过程

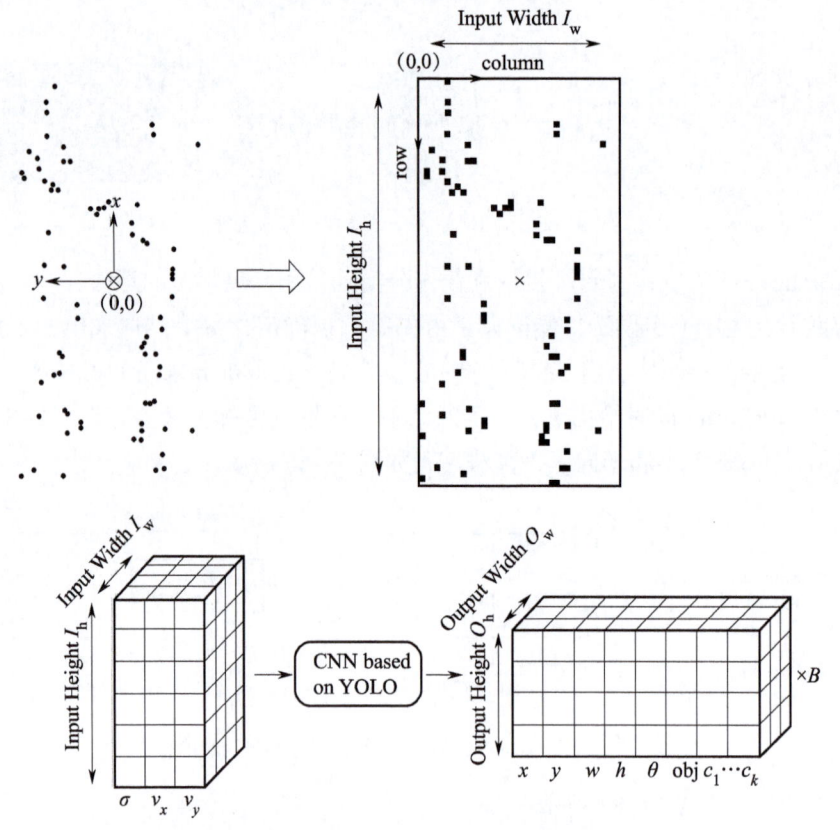

图3-88 毫米波雷达点云转换为俯视图网格算法原理

基于稀疏点云和基于网格的算法在 NuScenes 数据库上的试验结果如图 3-89 所示。

Class Name	NuScenes Categories
Pedestrian	human.*(7) , animal
Object	moveable_object.*(4) , bycicle_rack
Two-Wheeler	motorcycle , bicycle
Car	car , emergency.*(2)
Truck	truck , trailer , bus.* (2) , construction

Data Subset	mAP (with IoU 0.3)	
	Grid-based	Point cloud-based
Entire dataset	0.03%	15.30%
Only vehicles	4.19%	16.28%
Only moving vehicles	7.87%	16.21%

速度：Grid (6.27 FPS) vs. Point (0.27 FPS)

图 3-89　基于稀疏点云和基于网格的算法在 NuScenes 数据库上的试验结果

可以看到直接处理点云和转换成网格的检测结果都不太理想，基于网格的方法在小物体上的效果更差。原因为：雷达点云过于稀疏，大量信息在信号处理阶段丢失，单帧点云噪声较大，需要有效的时序融合。针对上述问题，最佳解决方案为使用深度神经网络直接处理底层数据并利用循环神经网络融合时序信息。

4. 基于稠密数据块＋深度学习的目标检测与跟踪算法

毫米波雷达的数据块主要分为 3 类，如图 3-90 所示。

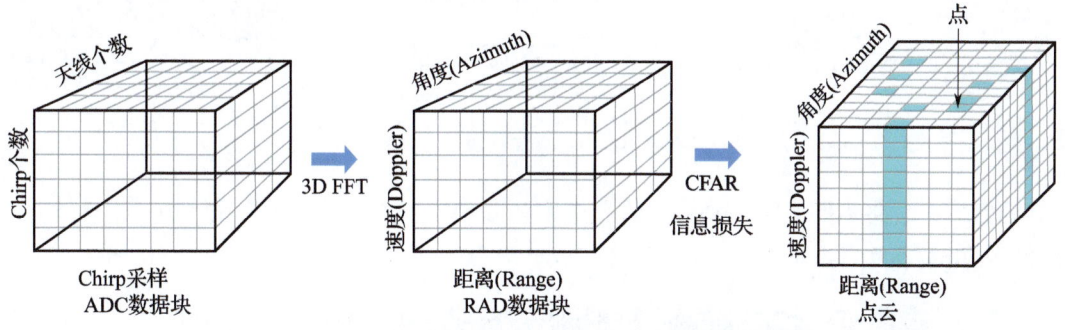

图 3-90　毫米波雷达 3 类数据块示意图

其中，ADC 数据块是毫米波雷达 ADC 模块输出的最原始数据信息，RAD 数据块是经过 3D 快速傅里叶变换得到的结果，经过恒定虚警率（CFAR）检测后生成点云。稠密数据块＋深度学习主要处理 ADC 数据块和 RAD 数据块。

（1）直接处理 RAD 数据块

方法 1：RA 模型。

1）沿着多普勒（Doppler）维度进行压缩：均值池化。

2）得到 Range-Azimuth 特征图。

某雷达 Range-Azimuth（RA）特征图如图 3-91 所示。

方法 2：RAD 模型。

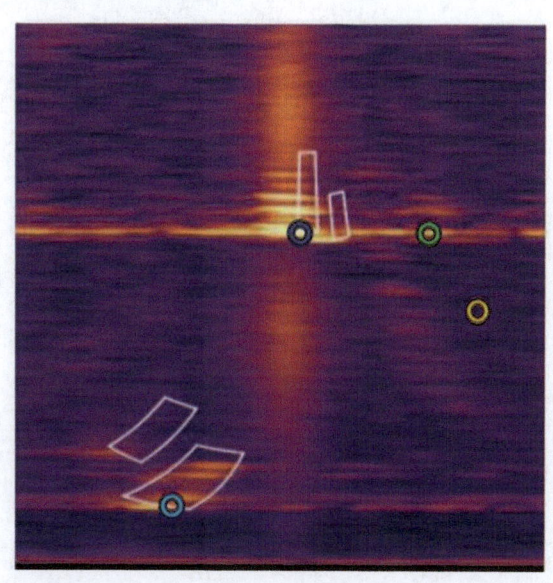

图 3-91　某雷达 Range-Azimuth（RA）特征图

1）沿着 D、A、R 三个维度分别处理。
2）得到 RA、RD、AD 三个 2D 特征图。
3）扩展为同一尺寸后合并为三维 RAD 数据。
4）通过 3D 卷积和池化将多普勒图压缩到一维。
5）与原始的 RA 特征图进行合并（U-Net 结构）。

对 RA Tensor 的进一步处理：传感器的极坐标系到车辆笛卡尔坐标系的转换。
RAD 算法模型结构如图 3-92 所示。

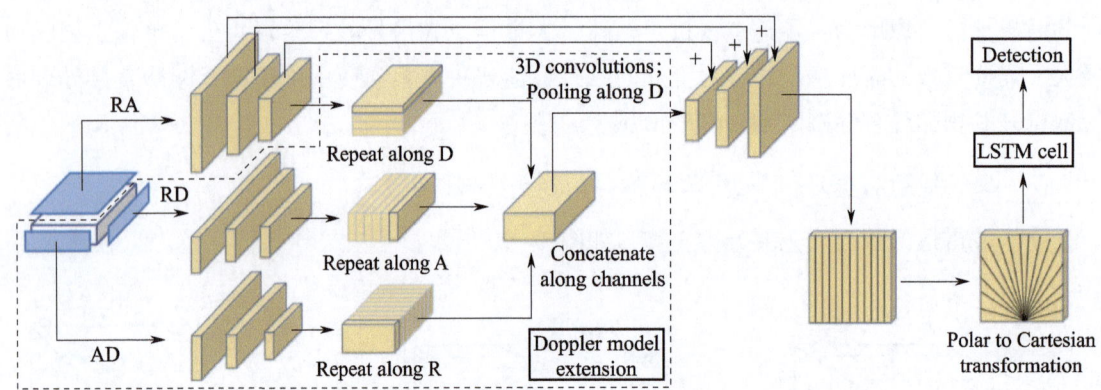

图 3-92　RAD 算法模型结构图

采用高速公路场景下采集并标注的一个中等规模数据库（约 10 万帧、39 万个标注）对比 RA 和 RAD 的效果，如图 3-93 所示。

图 3-93　高速公路场景下中等规模数据库 RA 和 RAD 的效果对比图

相关结果见表 3-17。

表 3-17　高速公路场景下 RA 和 RAD 的效果对比

Input	LSTM	mAP（%）	Velocity L_1 error/(m/s)
RA	No	86.34±0.30	2.47±0.06
RA	Yes	88.00±0.37	1.49±0.11
RAD	Yes	87.59±0.56	1.50±0.11

没有 LSTM 的情况下，RAD 效果稍好；有 LSTM 的情况下，RA 和 RAD 效果基本相同。LSTM 对目标检测的帮助不大，因为测试场景里大部分都是高速运动目标。LSTM 可以辅助学习速度信息，对速度估计有明显帮助。

2021 年 Gao 等人提出了 RAMP-CNN 算法。该算法将 RAD 数据块分解成 3 部分处理，再合并到一起，RA 特征图的处理更加复杂，在合并之前进行多帧数据的时序融合，并使用 3D 自编码器（AutoEncoder）处理多帧数据，算法的相关原理如图 3-94 所示。

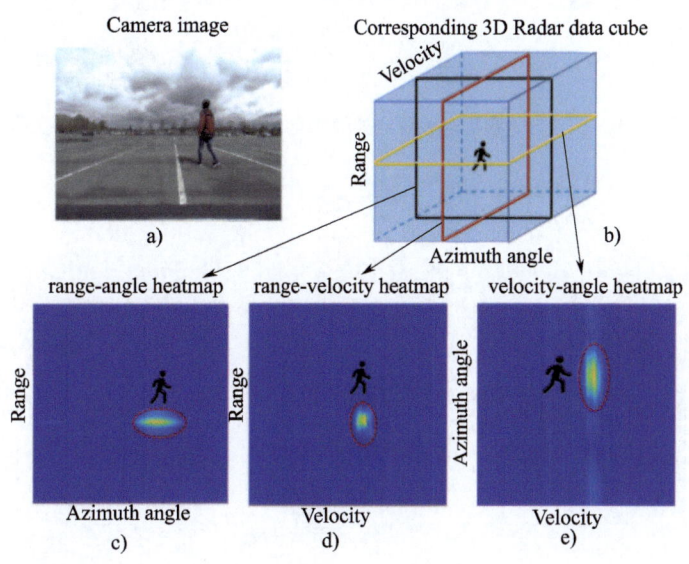

图 3-94　RAMP-CNN 原理图

该算法基于 RAD 模型，在 RA 分支处理 FFT 之后的复数值。每帧数据只在任意一个 Chirp 上得到 RA 特征图（而不是 FFT 处理多个 Chirp），采用 3D 卷积在多帧数据上提取多普勒信息。RD、AD 分支处理 FFT 之后的幅值。算法流程如图 3-95 所示。

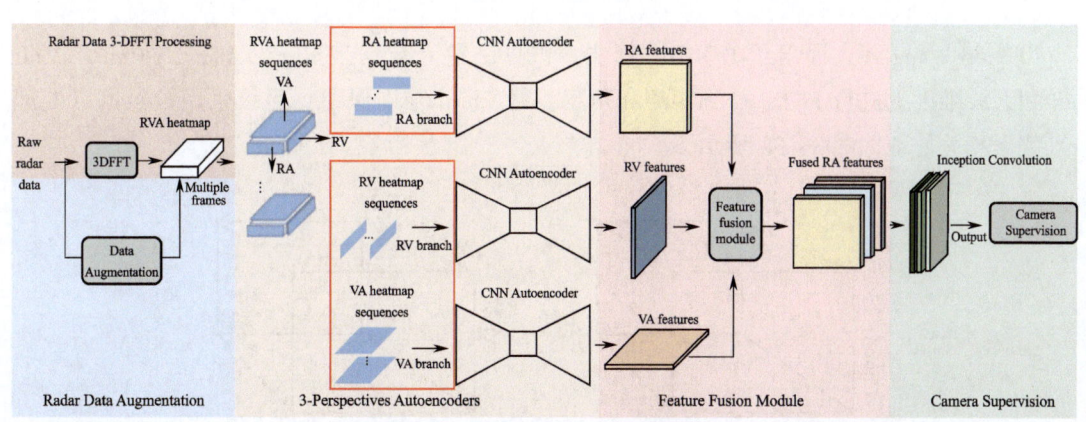

图 3-95　RAMP-CNN 算法流程图

使用 3D 卷积自编码器处理来自多帧的 RA、RD、AD 特征图，如图 3-96 所示。最后将 RA、RD 和 AD 特征进行融合，如图 3-97 所示。

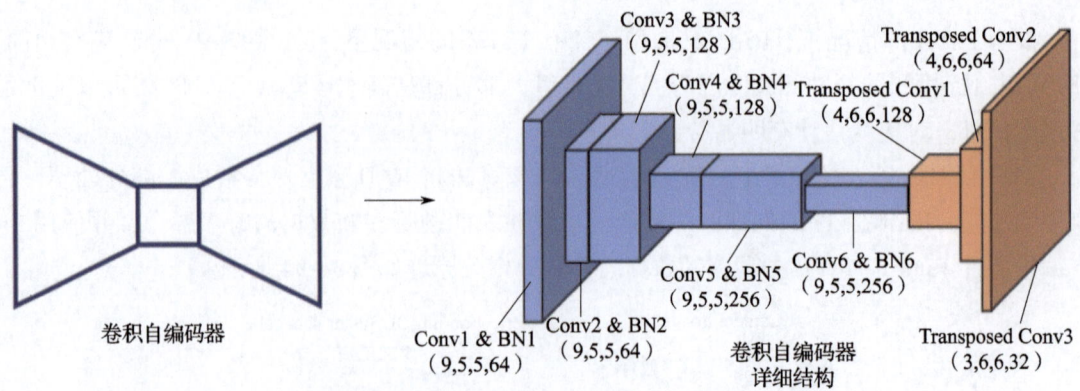

图 3-96　使用 3D 卷积自编码器处理来自多帧的 RA、RD、AD 特征图

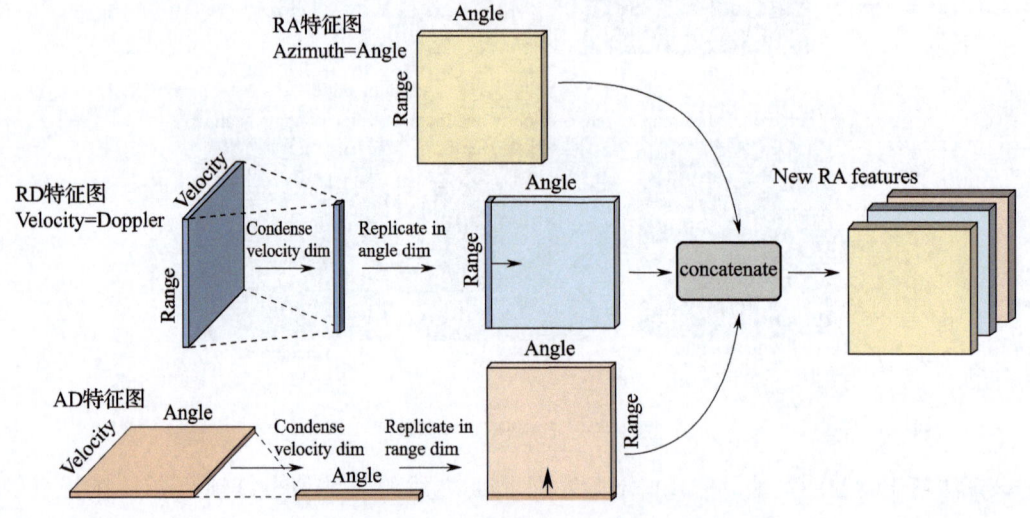

图 3-97　RA、RD 和 AD 特征融合示意图

（2）处理 ADC 数据块

2023 年 Wang 等人提出了 RODNet 算法，该算法输入数据是 Range-Azimuth-Chirp，Chirp 采样和天线维度上进行 FFT，得到距离和角度，将 Chirp 维度保留，后续采用神经网络处理。输入数据相关处理如图 3-98 所示。

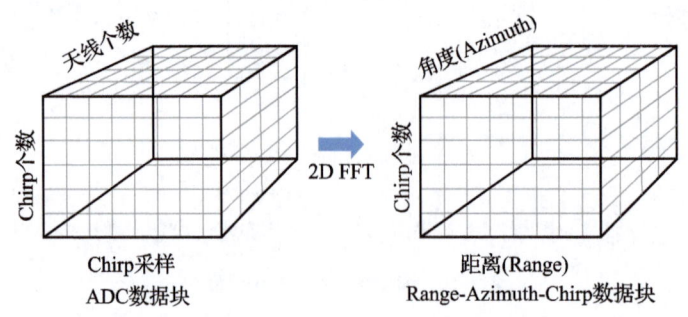

图 3-98　RODNet 输入数据相关处理方法

RODNet 的总体结构如图 3-99 所示。

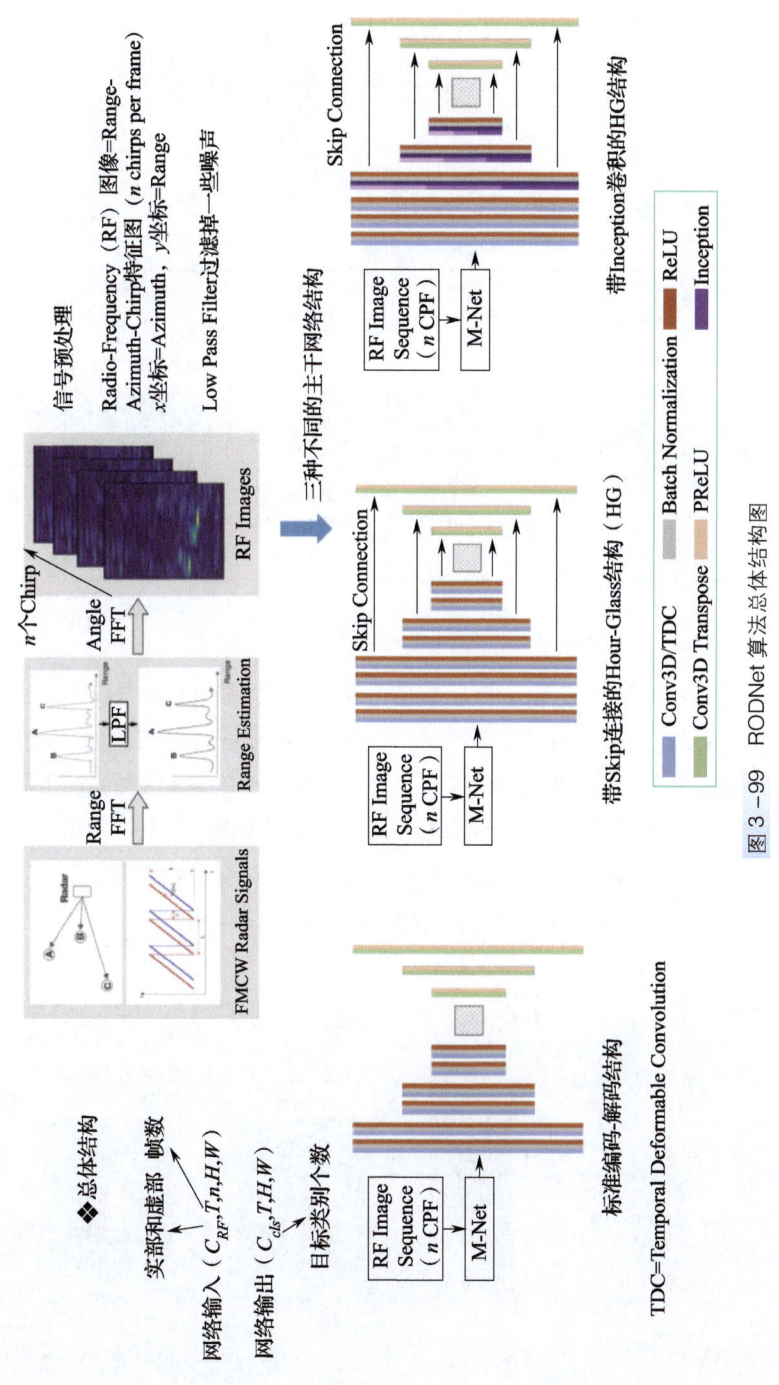

图 3-99 RODNet 算法总体结构图

其中关键的 M-Net 网络结构如图 3-100 所示。

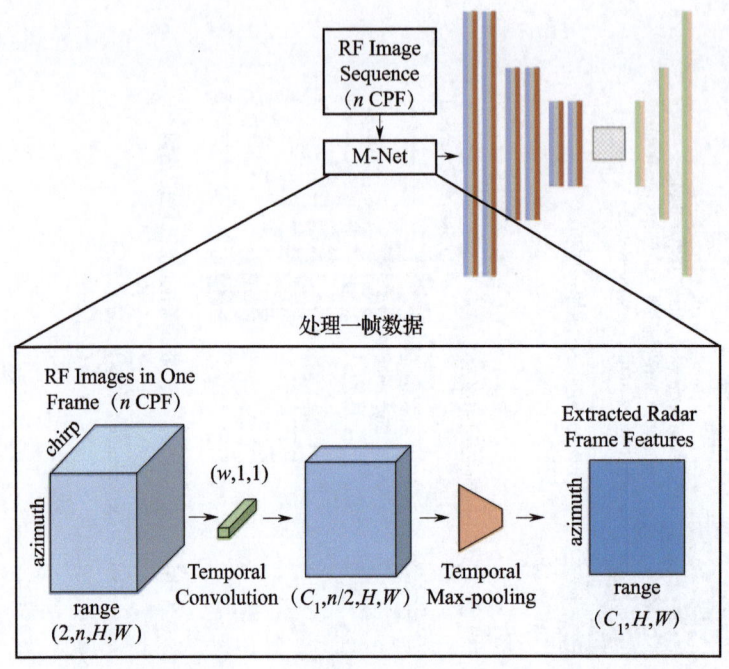

图 3-100　RODNet 中 M-Net 网络结构

3D 卷积（w, 1, 1）从 n 个 Chirp 的复数信号中提取运动信息；Max-Pooling 将 Chirp 压缩到 1 维，得到 Range-Azimuth 特征图；对每一帧雷达信号都进行相同的 M-Net 处理。

其时序融合算法使用 3D 可变形卷积，同一空间位置在不同帧时刻的卷积采样位置不同，可以更好地适应目标在多帧时间内的空间移动。其算法结构如图 3-101 所示。

可变形卷积可在同一位置、不同时刻覆盖同一运动目标，标准卷积在同一位置、不同时刻的卷积无法覆盖同一运动目标。可变形卷积相关原理如图 3-102 所示。

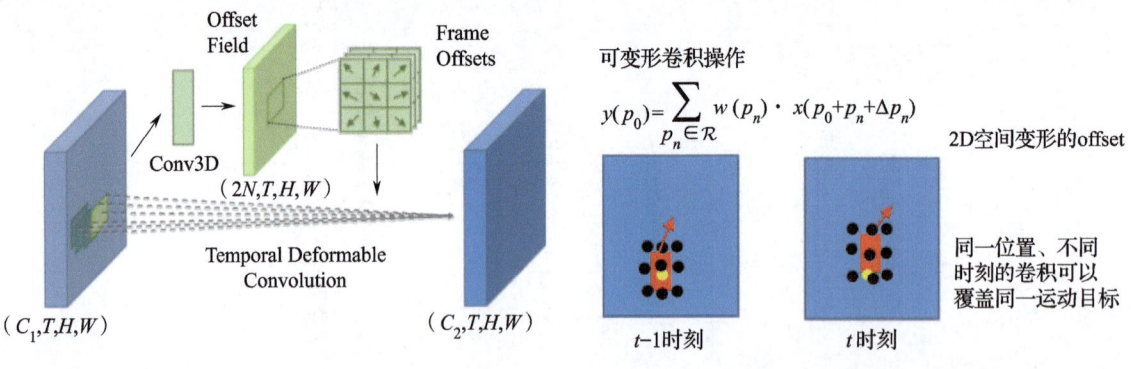

图 3-101　3D 可变形卷积 RODNet 时序融合算法结构　　图 3-102　可变形卷积相关原理示意图

除 3D 可变形卷积外，时序模型还使用了 3D Inception 模型，如图 3-103 所示。

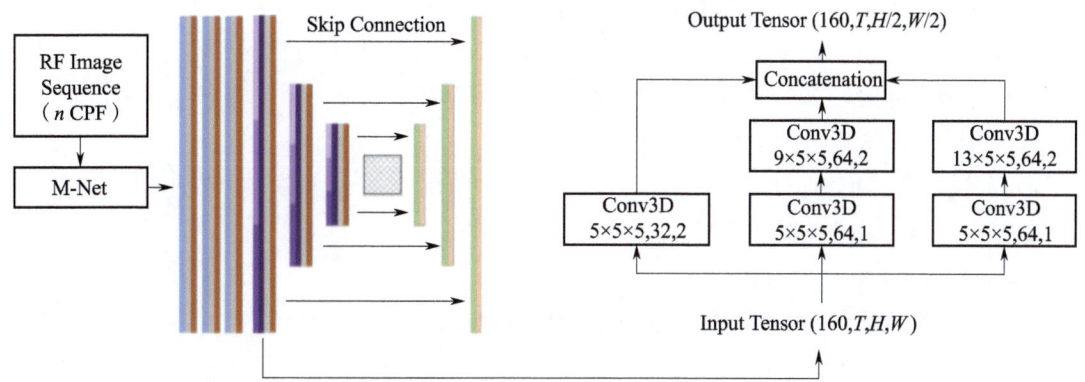

图 3-103　3D Inception 模型结构

RODNet 在 CRUW 数据库中与其他算法的试验对比（mAP）见表 3-18。

表 3-18　RODNet 在 CRUW 数据库中与其他算法的试验对比

方法	Overall	Easy	Medium	Hard
Point + Decision Tree	4.70%	6.21%	4.63%	3.21%
Point + ResNet	40.49%	78.92%	11.00%	6.84%
Point + VGG-16	40.73%	85.24%	47.21%	10.97%
RODNet	85.98%	96.97%	76.11%	67.28%

RODNet 不同模块对性能的影响（mAP）见表 3-19。

表 3-19　RODNet 不同模块对性能的影响

方法	Overall
标准编码-解码结构	79.86%
HG 结构 + Skip 连接	84.38%
HG 结构 + 3D Inception	85.95%

对基于深度学习的毫米波雷达算法，可做如下总结：

1）深度学习适于处理底层数据：

①Range-Azimuth-Doppler 数据。

②Range-Azimuth-Chirp 数据。

2）融合多帧数据以提高鲁棒性：

①3D 可变形卷积。

②循环神经网络。

3）极坐标（RA）到笛卡尔坐标（XY）转换：

①标注信息位于 XY 坐标。

②运动信息在 XY 坐标下易于建模。

4）与激光雷达感知算法对比：

①点云相对稀疏，直接采用激光雷达领域的算法效果不好。
②底层数据类似于俯视图网格，可以采用 VoxelNet 之类的方法进行处理。
③单帧数据噪声较大，比激光雷达数据更加依赖于时序融合。

毫米波雷达感知算法的未来发展趋势：

1) 底层数据的使用：
①Range-Antenna-Doppler 数据。
②Range-Antenna-Chirp 数据。
③采用神经网络代替 FFT，提取角度和速度信息。

2) 时序信息融合：
①同时考虑车辆自身和目标的运动。
②简单的策略：补偿车辆自身的位移 + 可变形卷积。
③复杂的策略：采用神经网络学习不同的运动，从而对齐不同时间下的特征图。

3) 多个雷达传感器融合：
①每个雷达单独在自身坐标系（RA）下提取特征。
②将 RA 坐标下的特征图转换到统一的车辆坐标系（XY）下。
③可以采用基于池化或者注意力的机制融合重叠区域。

4) 挖掘更多的应用场景：
①在强光或者夜间环境下，补充可见光相机的感知能力。
②在恶劣天气环境下，补充激光雷达的感知能力。

5) 提高水平角度和高度方向的分辨率：
①提高对静态目标的识别能力。
②区分不同高度的目标，识别可行驶道路。

6) 进行更多基准测试，对比其他传感器：
①基于稀疏雷达点云的方法效果较差。
②基于雷达底层数据和深度学习的方法，已经可以与相机和激光雷达性能进行对比，见表 3-20。

表 3-20 基于雷达底层数据和深度学习的方法与相机和激光雷达性能对比

方法	Precision	Recall
毫米波雷达 + 传统方法	82%	74%
毫米波雷达 + 深度学习	94%	86%
激光雷达（32 线）+ 深度学习	96%	88%
方法	目标测距误差	
可见光相机 + 深度学习	约为 3m	
毫米波雷达 + 深度学习	约为 0.6m	

第四章
智能网联汽车多传感器融合定位技术原理与应用

一、惯性导航基础

1. 惯性导航技术及器件概述

1687年，英国科学家牛顿提出力学三大定律，为惯性导航技术奠定了理论基础，近代惯性导航发展路线如图4-1所示。

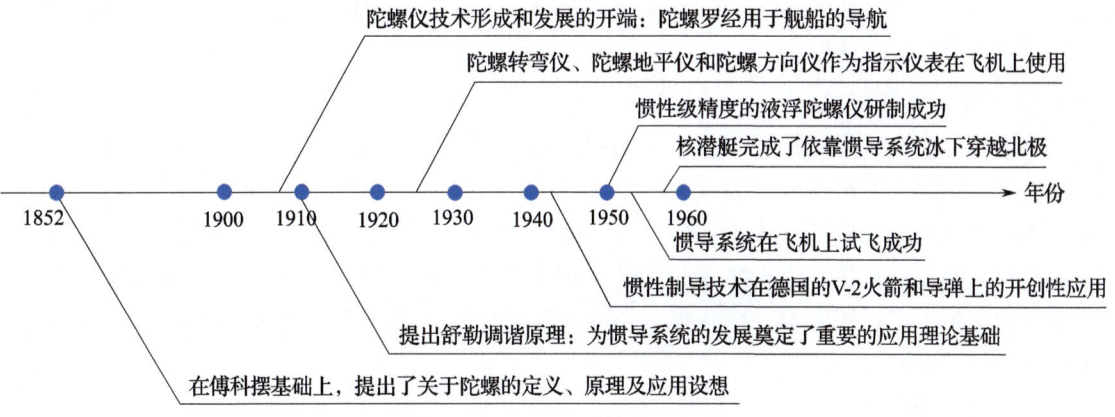

图4-1 近代惯性导航发展路线

自20世纪60年代起，出现了挠性陀螺仪和动力调谐陀螺仪，同时，平台式惯导系统发展迅速，并大量装备于各种飞机、舰船、导弹和航天飞行器，现代惯性导航发展路线如图4-2所示。

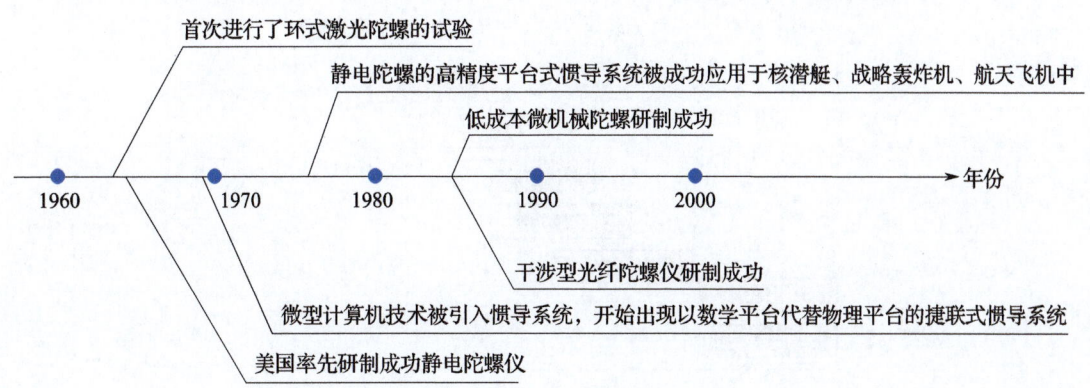

图4-2 现代惯性导航发展路线

在自动驾驶领域，惯性器件主要包括陀螺仪和加速度计，目前主流使用的惯性器件几乎均为 MEMS 形式，陀螺仪和加速度计经历了几代的技术进步。

(1) 第 1 代陀螺仪

20 世纪 60 年代以前的陀螺仪都是基于牛顿力学的，具体来讲就是陀螺的定轴性，这一代的惯导系统也被称为"平台式惯导系统"。所谓"平台式"，是指陀螺处在一个三轴随动平台上，载体运动过程中，陀螺由于定轴性，保持方向不变，那么平台就要往载体运动的反方向旋转，此时便可根据平台感测到的信息计算姿态角。早期是机械陀螺，陀螺由结械结构支撑，后期发展的液浮式陀螺和静电式陀螺使精度进一步提高，同时也增加了系统复杂性。

(2) 第 2 代陀螺仪

第 2 代是光学陀螺的时代，包括激光陀螺和光纤陀螺。光学陀螺的出现使惯导领域发生了根本性的变化，因为它改变了惯导系统的工作方式。由于光学陀螺自身可以感测角度变化，所以它不需要随动平台，惯导系统可以直接固联在载体上，利用陀螺输出的角度变化量直接计算姿态。这种和载体固联的惯性导航系统被叫作"捷联式惯导"。从这一代开始，后面的几十年，"捷联式惯导"越来越成为惯导系统的主流方式，"平台式惯导"就逐渐被限制在极高精度领域，只有一些战略性的军用设备上还在使用。而且后面几代的惯性器件，也都是在捷联式惯导系统中工作的。

(3) 第 3 代陀螺仪

第 3 代是 MEMS 陀螺的时代，由于 MEMS 精度范围宽、选择多，所以扩展了惯导技术的使用领域。MEMS 陀螺仪主要基于科里奥利力对旋转体系（比如自转的地球、旋转的圆盘等）中进行直线运动的质点由于惯性相对于旋转体系产生的直线运动的偏移进行测量。从这一代开始，惯导系统的算法也发生了分化。由于 MEMS 的存在极大拉宽了陀螺仪精度范围，高精度光学陀螺和低精度 MEMS 陀螺的精度甚至可以差 7 至 8 个数量级，这使导航算法发生了从量变到质变的转化。

(4) 第 4 代陀螺仪

第 4 代是量子陀螺等新技术的时代，还处在基础研究阶段。半球谐振陀螺在专业领域目前是热议的话题，它将是下一代主流的惯性器件。

陀螺仪的技术发展阶段如图 4-3 所示。

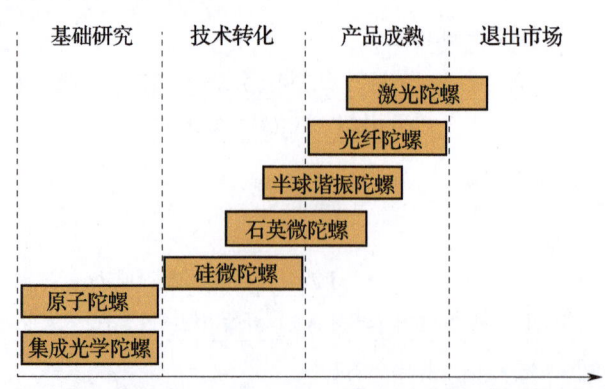

图 4-3　陀螺仪的技术发展阶段示意图

加速度计通过检测物体在空间中的运动状态来确定其加速度，当载体相对惯性空间做加减速运动时，仪表壳体也随之做相对运动，质量块保持惯性，朝着与加速度方向相反的方向产生位移（拉伸或压缩弹簧）。当位移量达到一定值时，弹簧给出的力使质量块以同一加速度相对惯性空间做加速运动，加速度的大小与方向影响质量块相对位移的方向及拉伸量。加速度计虽然也是惯导系统的核心部件，但是在惯导系统领域的重视程度上一直处在次要地位。它的划分没那么复杂，而且用来做陀螺的新技术有些也可以用来做加速度计，比如 MEMS 加速度计、量子加速度计等，目前主流使用的器件为 MEMS 加速度计。加速度计的技术发展阶段如图 4-4 所示。

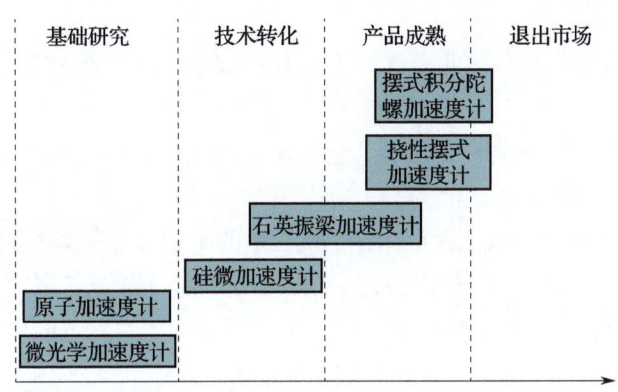

图 4-4 加速度计的技术发展阶段示意图

2. 惯性器件的误差分析

惯性传感器误差主要为信号误差，分为如下几类。

（1）量化噪声

一切量化操作所固有的噪声，是数字传感器必然出现的噪声。

产生原因：通过 A/D 采集把连续时间信号采集成离散信号的过程中，精度会损失，精度损失的大小和 A/D 转换的步长有关，步长越小，量化噪声越小。

（2）角度随机游走

宽带角速率白噪声：陀螺输出角速率噪声中的白噪声成分。

产生原因：计算姿态的本质是对角速率做积分，这必然会对噪声也做了积分。白噪声的积分并不是白噪声，而是一个马尔可夫过程，即当前时刻的误差是在上一时刻误差的基础上累加一个随机白噪声得到的。角度误差中所含的马尔可夫性质的误差，称为角度随机游走。

（3）角速率随机游走

与角度随机游走类似，角速率误差中所含的马尔可夫性质的误差，称为角速率随机游走。而马尔可夫性质的误差是由宽带角加速率白噪声累积的结果。

（4）零偏不稳定性噪声

零偏：即常说的 bias，一般不是一个固定参数，而是在一定范围内缓慢随机漂移。

零偏不稳定性：零偏随时间缓慢变化，其变化值无法预估，需要假定一个概率区间描述它有多大的可能性落在这个区间内。时间越长，区间越大。

（5）速率斜坡

该误差是趋势性误差，而不是随机误差。

随机误差，是指无法用确定性模型去拟合并消除它，最多只能用概率模型去描述它，这样得到的预测结果也是概率性质的。

趋势性误差，是可以直接拟合消除的，在惯性器件里产生这种误差最常见的原因是温度引起零位变化，可以通过温补来消除。

（6）零偏重复性

多次启动时，零偏不相等，因此会有一个重复性误差。在实际使用中，需要每次上电都重新估计一次。

以上误差在实际工程应用中需要使用误差消除方法进行处理，本书介绍目前在工程领域应用较多的 Allan 方差分析方法。

随机信号 Allan 方差的物理意义及应用在本质上来源于它与功率谱之间的关系。功率谱是单位频带内的信号功率，它表示信号功率随着频率的变化情况，即信号功率在频域的分布状况。

假设把随机过程 X_α 的功率谱表示为

$$\mathrm{PSD}[X_\alpha] = h_\alpha f_\alpha$$

其中，f_α 是频率，h_α 为相应的系数。若多个随机过程相互独立，则其满足线性相加性质，即

$$X = \sum X_\alpha$$

此时，其功率谱也同样可以线性相加：

$$\mathrm{PSD}[X] = \sum \mathrm{PSD}[X_\alpha]$$

在惯性器件随机误差分析中，以上提到的前 5 种误差相互独立，且 α 值不同，因此若绘制"时间间隔 – 方差双对数曲线"（时间间隔是频率的倒数，方差是功率谱的积分），则得到的曲线斜率必不相同。根据曲线斜率识别出各项误差，并计算出对应的误差强度。

5 种误差的数学表达式如下所示，其中，τ 为时间间隔：

量化噪声 Q 满足下式

$$\log_{10}\sigma_{\mathrm{QN}}(\tau) = \log_{10}(\sqrt{3}Q) - \log_{10}\tau$$

角度随机游走 N 满足下式

$$\log_{10}\sigma_{\mathrm{ARW}}(\tau) = \log_{10}N - \frac{1}{2}\log_{10}\tau$$

角速率随机游走 K 满足下式

$$\log_{10}\sigma_{\mathrm{RRW}}(\tau) = \log_{10}(K/\sqrt{3}) + \frac{1}{2}\log_{10}\tau$$

零偏不稳定性 B 满足下式

$$\log_{10}\sigma_{\mathrm{BI}}(\tau) = \log_{10}(2B/3)$$

速率斜坡 R 满足下式

$$\log_{10}\sigma_{RR}(\tau) = \log_{10}(R/\sqrt{2}) + \log_{10}\tau$$

根据以上公式,可知惯性器件 5 种随机误差时间间隔 – 方差双对数曲线的形状如图 4 – 5 所示。

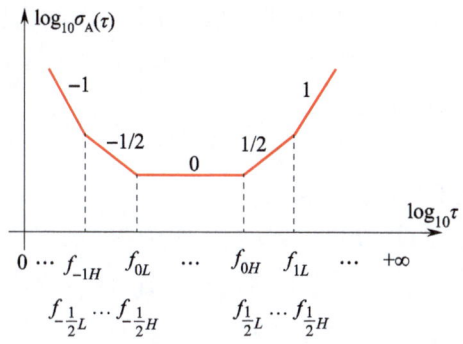

图 4 –5　惯性器件 5 种随机误差时间间隔 – 方差双对数曲线

各随机噪声对应的斜率分别为 –1、–1/2、0、1/2、1。同时,令 $\tau = 1$,则 $\log_{10}(\tau) = 0$,其含义是求曲线与 $\tau = 1$ 的交点,此时惯性器件 5 种随机误差的噪声值见表 4 – 1。

表 4 – 1　惯性器件 5 种随机误差在 $\tau = 1$ 时刻的交点值

噪声类型	与 $\tau=1$ 的交点
量化噪声	$\sqrt{3}Q$
角度随机游走	N
角速率随机游走	$K/\sqrt{3}$
零偏不稳定性	$2B/3$
速率斜坡	$R/\sqrt{2}$

此时可以求出 Q、N、K、B、R。

Allan 方差识别误差的方式是画"方差 – 时间间隔"双对数曲线,这包含三方面:方差、时间间隔、双对数。在工程应用中,按照一定的周期 T 采集了多时间数据,根据这些离散的数据,便能计算其方差。这个周期 T 和方差在二维坐标系中便构成了一个点的横纵坐标。为了得到曲线,需要拉长周期得到更多这样的点,如果对每两个相邻的数取平均便构成了周期为 $2T$ 的离散数据,同样也可以得到它的方差。按照这样的方法,循环下去,可以得到周期为 $4T$、$8T$、$16T$ 对应的点,直到数据少到无法再合并为止,可直接使用所有点绘制曲线,图 4 – 6 是单个惯性器件陀螺仪的 Allan 方差曲线。

读者可以使用下方的数据仿真程序和代码自行进

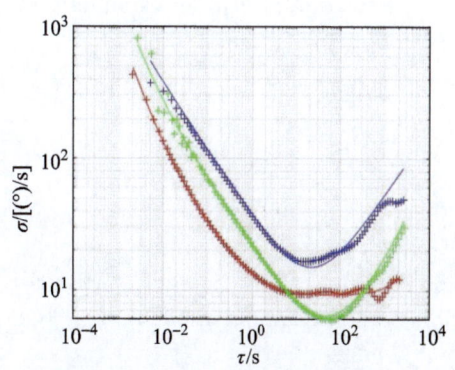

图 4 – 6　单个惯性器件陀螺仪的 Allan 方差曲线

行拟合试验，观察效果。

IMU 数据仿真程序地址：https://github.com/Aceinna/gnss-ins-sim。

Allan 方差分析代码地址：https://github.com/gaowenliang/imu_utils。

3．惯性器件的内参标定

标定的本质是参数辨识。首先要明确哪些参数可辨识，其次需要使用合理的辨识方法进行辨识。系统辨识常用的方法主要包括解析法、最小二乘法、滤波法、梯度下降迭代优化法等。

常见标定方法与辨识方法的对应关系为：

1）分立级标定：解析法、最小二乘法。

2）半系统级标定：梯度下降迭代优化法。

3）系统级标定：Kalman 滤波、最小二乘法。

在惯性器件中，辨识参数包括陀螺仪和加速度计各自的零偏、标度因数、安装误差。

（1）零偏

误差解释：陀螺仪或加速度计输出中的常值偏移，即常说的 bias。

误差特性：由于零偏存在不稳定性，因此零偏并不是固定不变的。

解决办法：实际使用中，只能一段时间内近似为常值。

加速度计的零偏表示为

$$\nabla = \begin{bmatrix} \nabla_x & \nabla_y & \nabla_z \end{bmatrix}$$

陀螺仪的零偏表示为

$$\boldsymbol{\varepsilon} = \begin{bmatrix} \varepsilon_x & \varepsilon_y & \varepsilon_z \end{bmatrix}$$

（2）刻度系数误差

误差解释：器件的输出往往为脉冲值或模/数转换得到的值，需要乘以一个刻度系数才能转换成角速度或加速度值，若该系数不准，便存在刻度系数误差。

误差特性：不一定是常值，它会随着输入大小的不同而发生变化，这就是标度因数的非线性。

解决办法：如果非线性程度比较大，则需要在标定之前先拟合该非线性曲线，并补偿成线性再去做标定。

加速度计的标度因数表示如下：

$$\boldsymbol{K}_a = \begin{bmatrix} K_{ax} & & \\ & K_{ay} & \\ & & K_{az} \end{bmatrix}$$

陀螺仪的标度因数表示为

$$\boldsymbol{K}_g = \begin{bmatrix} K_{gx} & & \\ & K_{gy} & \\ & & K_{gz} \end{bmatrix}$$

（3）安装误差

安装误差示意如图 4-7 所示。

b 坐标系是正交的 IMU 坐标系，g 坐标系的三个轴分别对应三个陀螺仪。由于加工工艺原因，陀螺仪的三个轴并不正交，而且和 b 坐标系的轴不重合，二者之间的偏差即为安装误差。

误差特性：实际系统中，由于硬件结构受温度影响，安装误差也会随温度发生变化。

解决办法：在不同温度下做标定，补偿温度变化量。

陀螺仪的安装误差表示如下：

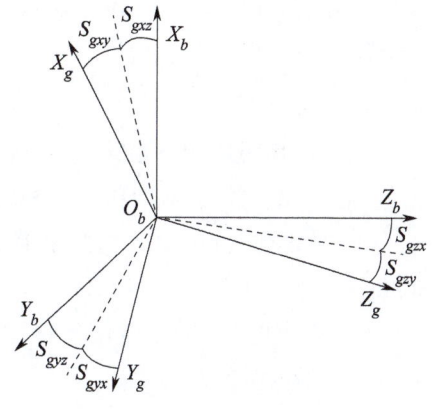

图 4-7 安装误差示意图

$$S_g = \begin{bmatrix} 0 & S_{gxy} & S_{gxz} \\ S_{gyx} & 0 & S_{gyz} \\ S_{gzx} & S_{gzy} & 0 \end{bmatrix}$$

加速度计的安装误差表示为

$$S_a = \begin{bmatrix} 0 & S_{axy} & S_{axz} \\ S_{ayx} & 0 & S_{ayz} \\ S_{azx} & S_{azy} & 0 \end{bmatrix}$$

利用下面公式（以陀螺仪为例），可以把各项误差综合在一起：

$$W = K_g(I + S_g)\omega + \varepsilon \approx (K_g + S_g)\omega + \varepsilon$$

陀螺仪的输出可以展开为

$$\begin{bmatrix} W_x \\ W_y \\ W_z \end{bmatrix} = \begin{bmatrix} K_{gx} & S_{gxy} & S_{gxz} \\ S_{gyx} & K_{gy} & S_{gyz} \\ S_{gzx} & S_{gzy} & K_{gz} \end{bmatrix} \begin{bmatrix} \omega_x \\ \omega_y \\ \omega_z \end{bmatrix} + \begin{bmatrix} \varepsilon_x \\ \varepsilon_y \\ \varepsilon_z \end{bmatrix}$$

加速度计的输出可以展开为

$$\begin{bmatrix} A_x \\ A_y \\ A_z \end{bmatrix} = \begin{bmatrix} K_{ax} & S_{axy} & S_{axz} \\ S_{ayx} & K_{ay} & S_{ayz} \\ S_{azx} & S_{azy} & K_{az} \end{bmatrix} \begin{bmatrix} a_x \\ a_y \\ a_z \end{bmatrix} + \begin{bmatrix} \nabla_x \\ \nabla_y \\ \nabla_z \end{bmatrix}$$

4. 惯性导航解算基础

惯性导航解算是指从惯性器件原始的角速度（陀螺仪采集）和加速度（加速度计采集）数据得到它的导航结果（位置、速度、姿态），即位置解算、速度解算和姿态解算。

在导航定位领域，物体的姿态常用的描述有欧拉角、旋转矩阵和四元数。本书使用的坐标系均为右手坐标系。

(1) 欧拉角

欧拉角是用来唯一地确定定点转动刚体位置的三个一组独立角参量，一般使用中，它包括俯仰角、横滚角、航向角。三种欧拉角如图 4-8 所示。

1) 俯仰角（pitch）。俯仰角描述载体"抬头"的角度大小，一般以抬头（向上）为正，低头（向下）为负。

2) 横滚角（roll）。横滚角描述载体"侧身"的角度大小，一般以朝向正前方逆时针旋转为正，顺时针旋转为负。

3) 航向角（yaw）。航向角描述载体的朝向，一般以逆时针旋转为正，顺时针旋转为负。

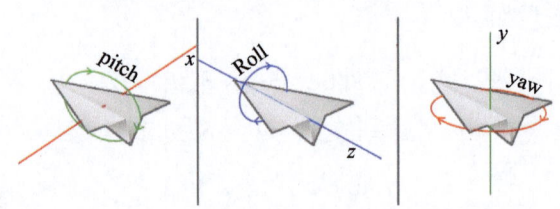

图 4-8 欧拉角示意图

(2) 旋转矩阵

旋转矩阵是一种姿态描述和计算手段，使用旋转矩阵可以很方便地对坐标系中的矢量进行计算。

假设旋转前，载体系（b 系）的单位正交基为 $[e_1, e_2, e_3]$，旋转后对应的单位正交基为 $[e_1', e_2', e_3']$，在世界坐标系（w 系，不随载体的旋转而旋转）下有向量 a，它在旋转前后两个坐标系中的坐标分别为 $[a_1, a_2, a_3]^T$ 和 $[a_1', a_2', a_3']^T$，那么有

$$[e_1, e_2, e_3]\begin{bmatrix}a_1\\a_2\\a_3\end{bmatrix} = [e_1', e_2', e_3']\begin{bmatrix}a_1'\\a_2'\\a_3'\end{bmatrix}$$

由此可以得到

$$a = \begin{bmatrix}a_1\\a_2\\a_3\end{bmatrix} = \begin{bmatrix}e_1^T e_1' & e_1^T e_2' & e_1^T e_3'\\ e_2^T e_1' & e_2^T e_2' & e_2^T e_3'\\ e_3^T e_1' & e_3^T e_2' & e_3^T e_3'\end{bmatrix}\begin{bmatrix}a_1'\\a_2'\\a_3'\end{bmatrix} \overset{\text{def}}{=} Ra'$$

其中，R 是旋转矩阵。

(3) 等效旋转矢量

等效旋转矢量的定义是物体绕空间中某一个轴旋转一次，就可以达到现在的姿态。即把旋转当作绕空间一个固定轴转过一个角度。直接用向量表示，其方向即为转轴方向，对应的

单位向量记为 $\boldsymbol{u}$,它的长度即为转角:

$$\boldsymbol{\phi} = \phi \boldsymbol{u}$$

等效旋转矢量的指数形式,可以表示为

$$\exp(\boldsymbol{\phi}\times) = \exp(\boldsymbol{\phi u}\times) = \sum_{n=0}^{\infty}\frac{1}{n!}(\boldsymbol{\phi u}\times)^n$$

上式包含高次幂,为了便于后续计算,需要对高次幂进行化简,由于反对称矩阵具有如下性质:

$$(\boldsymbol{\phi}\times)^i = \begin{cases} (-1)^{(i-1)/2}\phi^{i-1}(\boldsymbol{\phi}\times), & i=1,3,5,\cdots \\ (-1)^{(i-2)/2}\phi^{i-2}(\boldsymbol{\phi}\times)^2, & i=2,4,6,\cdots \end{cases}$$

指数形式可以化简为

$$\exp(\boldsymbol{\phi}\times) = I + \phi(\boldsymbol{u}\times) + \frac{1}{2!}\phi^2(\boldsymbol{u}\times)^2 + \frac{1}{3!}\phi^3(\boldsymbol{u}\times)^3 + \frac{1}{4!}\phi^4(\boldsymbol{u}\times)^4 + \cdots$$

$$= I + \phi(\boldsymbol{u}\times) + \frac{1}{2!}\phi^2(\boldsymbol{u}\times)^2 - \frac{1}{3!}\phi^3(\boldsymbol{u}\times) - \frac{1}{4!}\phi^4(\boldsymbol{u}\times)^2 + \cdots$$

$$= I + (\boldsymbol{u}\times)^2 + \underbrace{\left(\phi - \frac{1}{3!}\phi^3 + \frac{1}{5!}\phi^5 - \cdots\right)}_{\sin\phi}(\boldsymbol{u}\times) - \underbrace{\left(1 - \frac{1}{2!}\phi^2 + \frac{1}{4!}\phi^4 - \cdots\right)}_{\cos\phi}(\boldsymbol{u}\times)^2$$

$$= I + \sin\phi(\boldsymbol{u}\times) + (1-\cos\phi)(\boldsymbol{u}\times)^2$$

$$= I + \frac{\sin\phi}{\phi}(\boldsymbol{\phi}\times) + \frac{1-\cos\phi}{\phi^2}(\boldsymbol{\phi}\times)^2$$

(4)旋转矩阵、欧拉角、四元数、等效旋转矢量之间的关系

1)欧拉角与旋转矩阵。按照汽车前(x)-左(y)-上(z)的坐标系定义,并令横滚角为 α、俯仰角为 β、航向角为 γ,假设旋转矩阵是按照 $z-y-x$ 的顺序旋转得来,那么旋转矩阵可以表示为

$$\boldsymbol{R}_{wb} = (\boldsymbol{R}_x(\alpha)\boldsymbol{R}_y(-\beta)\boldsymbol{R}_z(\gamma))^{\mathrm{T}}$$

其中:

$$\boldsymbol{R}_x(\alpha) = \begin{bmatrix} 1 & 0 & 0 \\ 0 & \cos(\alpha) & \sin(\alpha) \\ 0 & -\sin(\alpha) & \cos(\alpha) \end{bmatrix}$$

$$\boldsymbol{R}_y(-\beta) = \begin{bmatrix} \cos(\beta) & 0 & \sin(\beta) \\ 0 & 1 & 0 \\ -\sin(\beta) & 0 & \cos(\beta) \end{bmatrix}$$

$$R_z(\gamma) = \begin{bmatrix} \cos(\gamma) & \sin(\gamma) & 0 \\ -\sin(\gamma) & \cos(\gamma) & 0 \\ 0 & 0 & 1 \end{bmatrix}$$

最终，旋转矩阵和欧拉角最终可表述为

$$\alpha = \arctan2(R_{wb}(3,2), R_{wb}(3,3))$$
$$\beta = \arcsin(R_{wb}(3,1))$$
$$\gamma = \arctan2(R_{wb}(2,1), R_{wb}(1,1))$$

2) 四元数与旋转矩阵。由四元数转旋转矩阵的公式为

$$R_{wb} = \begin{bmatrix} q_w^2 + q_x^2 - q_y^2 - q_z^2 & 2(q_xq_y - q_wq_z) & 2(q_xq_z + q_wq_y) \\ 2(q_xq_y + q_wq_z) & q_w^2 - q_x^2 + q_y^2 - q_z^2 & 2(q_yq_z - q_wq_x) \\ 2(q_xq_z - q_wq_y) & 2(q_yq_z + q_wq_x) & q_w^2 - q_x^2 - q_y^2 + q_z^2 \end{bmatrix}$$

由旋转矩阵转四元数的公式为

$$q_w = \frac{\sqrt{1 + R_{wb}(1,1) + R_{wb}(2,2) + R_{wb}(3,3)}}{2}$$

$$q_x = \frac{R_{wb}(3,2) - R_{wb}(2,3)}{4q_w}$$

$$q_y = \frac{R_{wb}(1,3) - R_{wb}(3,1)}{4q_w}$$

$$q_z = \frac{R_{wb}(2,1) - R_{wb}(1,2)}{4q_w}$$

3) 旋转矩阵与等效旋转矢量。由旋转矢量得到旋转矩阵的公式为

$$R_{wb} = I + \frac{\sin\phi}{\phi}(\phi^\wedge) + \frac{1-\cos\phi}{\phi^2}(\phi^\wedge)^2$$

此公式也被称为罗德里格斯公式，并且与等效旋转矢量的指数运算结果相同。由旋转矩阵得到旋转矢量的公式为

$$\phi = \arccos\frac{\mathrm{tr}(R_{wb}) - 1}{2}$$

$$u = \frac{(R_{wb} - (R_{wb})^\mathrm{T})^\vee}{2\sin\phi}$$

4) 四元数与等效旋转矢量关系如下：

$$Q = \cos\frac{\phi}{2} + \frac{\phi}{\phi}\sin\frac{\phi}{2}$$

5. 惯性导航解算方法

1) 基于旋转矩阵的姿态更新。设动坐标系（b 系）到参考坐标系（i 系）的转换矩阵为 C_b^i，旋转矩阵的微分方程为

$$\dot{C}_b^i = C_b^i (\omega_{ib}^b \times)$$

根据微分方程的求解方法，可以写出由 $m-1$ 时刻求解 m 时刻旋转矩阵的公式为

$$C_{b(m)}^i = C_{b(m-1)}^i \mathrm{e}^{\int_{t_{m-1}}^{t_m} (\omega_{ib}^b \times) \mathrm{d}\tau}$$

指数上的积分结果其实就是 $m-1$ 时刻到 m 时刻之间的相对旋转对应的等效旋转矢量形成的反对称矩阵，上式可写为

$$C_{b(m)}^i = C_{b(m-1)}^i C_{b(m)}^{b(m-1)}$$

其中：

$$C_{b(m)}^{b(m-1)} = I + \frac{\sin\phi}{\phi}(\phi \times) + \frac{1-\cos\phi}{\phi^2}(\phi \times)^2$$

2) 基于四元数的姿态更新。设动坐标系（b 系）到参考坐标系（i 系）的转换矩阵为 Q_b^i，四元数的微分方程为

$$\dot{Q}_b^i = \frac{1}{2} Q_b^i \circ \omega_{ib}^b$$

根据微分方程的求解方法，对指数项进行积分，可以写出由 $m-1$ 时刻求解 m 时刻四元数的公式为

$$Q_{b(m)}^i = \mathrm{e}^{\frac{1}{2}\Theta} Q_{b(m-1)}^i$$

其中，Θ 为等效旋转矢量构成的第二反对称矩阵：

$$\Theta = \begin{bmatrix} 0 & -\phi_x & -\phi_y & -\phi_z \\ \phi_x & 0 & \phi_z & -\phi_y \\ \phi_y & -\phi_z & 0 & \phi_x \\ \phi_z & \phi_y & -\phi_x & 0 \end{bmatrix} = (\phi *)_2$$

因此有

$$\begin{aligned} Q_{b(m)}^i &= \left[I\cos\frac{\phi}{2} + \frac{\Theta}{\phi}\sin\frac{\phi}{2} \right] Q_{b(m-1)}^i \\ &= \left[I\cos\frac{\phi}{2} + \left(\left(\frac{\phi}{\phi}\sin\frac{\phi}{2}\right) * \right)_2 \right] Q_{b(m-1)}^i \\ &= Q_{b(m-1)}^i \circ \begin{bmatrix} \cos\dfrac{\phi}{2} \\ \dfrac{\phi}{\phi}\sin\dfrac{\phi}{2} \end{bmatrix} \end{aligned}$$

令 $\boldsymbol{Q}_{b(m)}^{b(m-1)} = \begin{bmatrix} \cos\dfrac{\phi}{2} \\ \dfrac{\boldsymbol{\phi}}{\phi}\sin\dfrac{\phi}{2} \end{bmatrix}$，则

$$\boldsymbol{Q}_{b(m)}^{i} = \boldsymbol{Q}_{b(m-1)}^{i} \circ \boldsymbol{Q}_{b(m)}^{b(m-1)}$$

以上两种方式均可进行姿态的更新，其数值计算过程如图 4-9 所示。

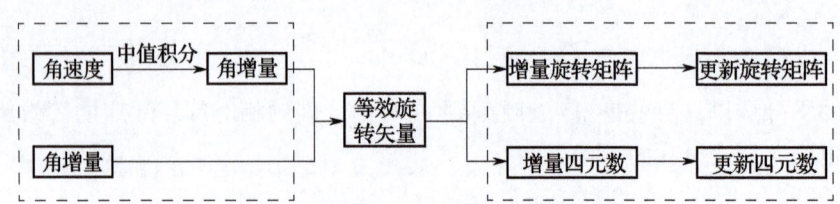

图 4-9 姿态更新数值计算过程示意图

图 4-9 中，左边使用角速度或角增量取决于器件数据的输出形式，使用增量旋转矩阵或增量四元数进行姿态更新，目前工程应用一般使用四元数。

3）速度解算。由于速度的微分方程为

$$\dot{\boldsymbol{V}} = \boldsymbol{C}_b^n \boldsymbol{f}^b + \boldsymbol{g}^n$$

其中，$\boldsymbol{f}^b$ 为加速度计感测到的值，$\boldsymbol{g}^n$ 为地球重力矢量：

$$\boldsymbol{g}^n = \begin{bmatrix} 0 & 0 & -g \end{bmatrix}^T$$

其中，g 为重力加速度。因此，速度更新方程为

$$\boldsymbol{V}_{t_m} = \boldsymbol{V}_{t_{m-1}} + T\left[\dfrac{1}{2}(\boldsymbol{C}_{t_{m-1}}\boldsymbol{f}_{t_{m-1}} + \boldsymbol{C}_{t_m}\boldsymbol{f}_{t_m}) + \boldsymbol{g}^n\right]$$

4）位置解算。位置解算的微分方程为

$$\dot{\boldsymbol{P}} = \boldsymbol{V}$$

因此，位置更新方程为

$$\boldsymbol{P}_{t_m} = \boldsymbol{P}_{t_{m-1}} + \dfrac{1}{2}T(\boldsymbol{V}_{t_m} + \boldsymbol{V}_{t_{m-1}})$$

二、同步定位与建图技术

同步定位与建图技术（Simultaneous Localization and Mapping，SLAM）最早在机器人领域提出，它指的是：机器人从未知环境的未知地点出发，在运动过程中通过重复观测环境特征定位自身位置和姿态，再根据自身位置构建周围环境的增量式地图，从而达到同步定位和地图构建的目的。由于 SLAM 的重要学术价值和应用价值，一直以来都被认为是实现全自主移

动机器人的关键技术。

在智能网联汽车中，SLAM 技术指的是智能网联汽车在位置环境中从未知位置出发，在运动过程中通过环境信息，进行车体位置以及航向的确定，同时创建环境地图并对地图进行实时更新，或在已知环境中通过环境信息对车体位置和航向进行确定。

自 20 世纪 80 年代 SLAM 概念的提出到现在，SLAM 技术已经发展了近 40 年。SLAM 系统使用的传感器在不断拓展，从早期的声呐，到后来的 2D/3D 激光雷达，再到单目、双目、RGBD、ToF 等各种相机，以及与惯性测量单元（IMU）等传感器的融合；SLAM 的算法也从开始的基于滤波器的方法（EKF、PF 等）向基于优化的方法转变，技术框架也从开始的单一线程向多线程演进。当前主要应用的 SLAM 技术主要有激光雷达 SLAM 技术和视觉 SLAM 技术。本书主要讲解激光雷达 SLAM。

激光雷达 SLAM 点云地图的构建流程如图 4-10 所示。

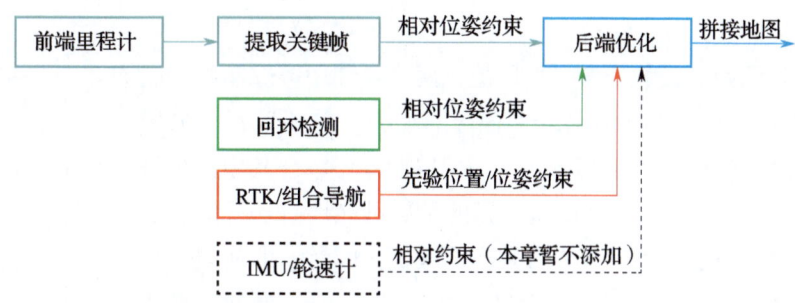

图 4-10 激光雷达 SLAM 点云地图的构建流程图

前端里程计是指在 SLAM 技术中由原始点云信息求解得到两个关键帧之间的相对位姿约束的技术。目前主要有基于直接匹配、基于特征、多传感器融合里程计、基于栅格、基于面元、基于语义几种方式，如图 4-11 所示。本章重点讲解基于直接匹配和基于特征两种方法的前端里程计。

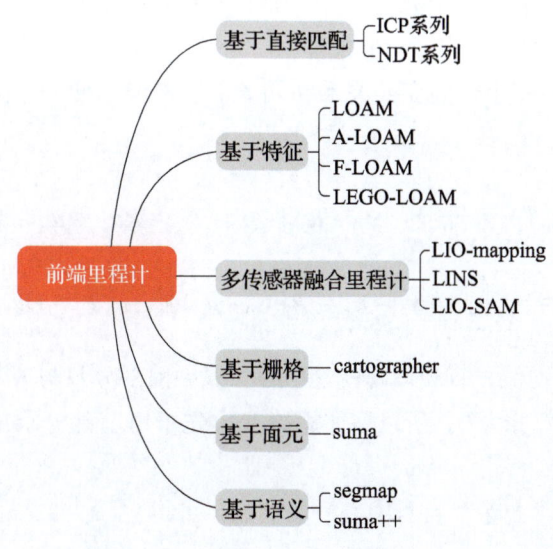

图 4-11 不同技术路线的前端里程计算法

1. ICP 算法

ICP（Iterative Closest Point），即最近点迭代算法，是最经典的数据配准算法。其特征在于，通过求取源点云和目标点云之间的对应点对，基于对应点对构造旋转平移矩阵，并利用所求矩阵，将源点云变换到目标点云的坐标系下，估计变换后源点云与目标点云的误差函数，若误差函数值大于阈值，则迭代进行上述运算直到满足给定的误差要求。

ICP 算法采用最小二乘估计计算变换矩阵，原理简单且具有较好的精度，但是由于采用了迭代计算，导致算法计算速度较慢，而且采用 ICP 进行配准计算时，其对待配准点云的初始位置有一定要求，若所选初始位置不合理，则会导致算法陷入局部最优。

3D 激光雷达点集为

$$X = \{x_1, x_2, \cdots, x_{N_x}\}$$
$$Y = \{y_1, y_2, \cdots, y_{N_y}\}$$

其中，X 和 Y 是原始点云的子集，选取的是两个点集中能够互相关联的那些点，即 $N_x = N_y$，该项为前端里程计的输入。前端里程计的输出是两个时刻之间的位姿关系矩阵 $P = [R \quad T](4 \times 4)$，其中，$R$ 是旋转矩阵，T 为平移矩阵。匹配的最终目的是尽可能地将相近的点进行特征匹配，因此前端里程计最终可转变为最优化问题。即前端里程计的主流流程为：点云预处理（提取特征）→建立 Loss 模型→最优化模型求解→得到位姿（P）矩阵，其算法流程如图 4-12 所示。

优化目标：

$$\min E(R, T) = \min \frac{1}{N_y} \sum_{i=1}^{N_y} \|x_i - Ry_i - T\|^2$$

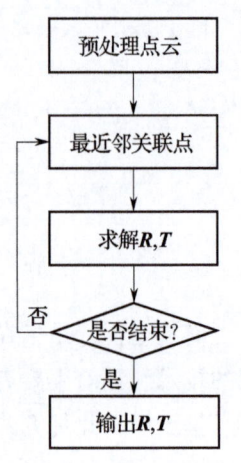

图 4-12 ICP 算法流程图

其中，N 表示点云预处理后点云个数；X、Y 为前后两个关键帧的点云，其中假设 x_1 和 y_1 为最邻近点。

Loss 模型的思路：找一个位姿变换关系（用 R、T 体现）使两个点云中各对对应点尽可能重合，也就是让 $E(R, T)$ 最小。将上式转换为

$$E(R, T) = \frac{1}{N} \sum_{i=1}^{N} \|x_i - Ry_i - T - u_x + Ru_y + u_x - R_y\|^2$$

$$E(R, T) = \frac{1}{N} \sum_{i=1}^{N} (\|x_i - u_x - R(y_i - u_y)\|^2 + \|u_x - Ru_y - T\|^2)$$

其中，u_x 表示 X 点云的均值，直观理解就是中心，式中前部分只与 R 有关，后部分当已知 R 总可以找到一个 T 使该部分为 0，所以整体思路变成先求解前部分求出 R，然后用已知 R 令后部分为 0 求出 T。

令 $x'_i = x_i - u_x$ 表示"去除"自身中心后的点云，可得

$$E_1(\boldsymbol{R},\boldsymbol{T}) = \frac{1}{N}\sum_{i=1}^{N}\|\boldsymbol{x}'_i - \boldsymbol{R}(\boldsymbol{y}'_i)\|^2$$

使用 SVD 进行分解，可得

$$\begin{aligned}
\min(E_1(\boldsymbol{R},\boldsymbol{T})) &= \min\left(\frac{1}{N}\sum_{i=1}^{N}\|\boldsymbol{x}'_i - \boldsymbol{R}(\boldsymbol{y}'_i)\|^2\right) \\
&= \min\left(\frac{1}{N}\sum_{i=1}^{N}(\boldsymbol{x}_i'^{\mathrm{T}}\boldsymbol{x}'_i - \boldsymbol{y}_i'^{\mathrm{T}}\boldsymbol{R}^{\mathrm{T}}\boldsymbol{R}\boldsymbol{y}'_i - 2\boldsymbol{x}_i'^{\mathrm{T}}\boldsymbol{R}\boldsymbol{y}'_i)\right) \\
&= \max\left(\frac{1}{N}\sum_{i=1}^{N}(2\boldsymbol{x}_i'^{\mathrm{T}}\boldsymbol{R}\boldsymbol{y}'_i)\right) \\
&= \max\left(\sum_{i=1}^{N}(\boldsymbol{x}_i'^{\mathrm{T}}\boldsymbol{R}\boldsymbol{y}'_i)\right) \\
&= \max\left(\sum_{i=1}^{N}\mathrm{Trace}(\boldsymbol{x}_i'^{\mathrm{T}}\boldsymbol{R}\boldsymbol{y}'_i)\right) \\
&= \max\left(\sum_{i=1}^{N}\mathrm{Trace}(\boldsymbol{R}\boldsymbol{y}'_i\boldsymbol{x}_i'^{\mathrm{T}})\right) \\
&= \max(\mathrm{Trace}(\boldsymbol{R}\boldsymbol{H}))
\end{aligned}$$

$$\boldsymbol{H} = \sum_{i=1}^{N}\boldsymbol{y}'_i\boldsymbol{x}_i$$

至此，问题转化为找到一个 $\boldsymbol{R}$ 使得 Trace($\boldsymbol{RH}$) 最大，对 $\boldsymbol{H}$ 进行 SVD 分解，可得

$$\boldsymbol{H} = \boldsymbol{U}\boldsymbol{\Sigma}\boldsymbol{V}^{\mathrm{T}}$$

令 $\boldsymbol{R} = \boldsymbol{V}\boldsymbol{U}^{\mathrm{T}}$，则有

$$\boldsymbol{RH} = \boldsymbol{V}\boldsymbol{U}^{\mathrm{T}}\boldsymbol{U}\boldsymbol{\Sigma}\boldsymbol{V}^{\mathrm{T}} = \boldsymbol{V}\boldsymbol{\Sigma}\boldsymbol{V}^{\mathrm{T}} = \boldsymbol{V}\boldsymbol{\Sigma}^{\frac{1}{2}}\boldsymbol{\Sigma}^{\frac{1}{2}}\boldsymbol{V}^{\mathrm{T}} = \boldsymbol{V}\boldsymbol{\Sigma}^{\frac{1}{2}}(\boldsymbol{V}\boldsymbol{\Sigma}^{\frac{1}{2}})^{\mathrm{T}}$$

上述为旋转矩阵，同理可得平移为

$$\boldsymbol{T} = \boldsymbol{u}_x - \boldsymbol{R}\boldsymbol{u}_y$$

2. NDT 算法

正态分布变换（Normal Distributions Transform，NDT）算法是一个配准算法，它应用于三维点的统计模型，使用标准最优化技术来确定两个点云间的最优匹配。

NDT 算法的整体思路为：点云预处理→空间划分栅格，计算每个栅格内点云的均值+协方差→由联合概率构建损失函数→求解 $\boldsymbol{R}$、$\boldsymbol{T}$。NDT 的整体思路也是找到一个位姿关系 $\boldsymbol{R}$、$\boldsymbol{T}$，使得 Y 点云在 $\boldsymbol{R}$ 旋转、$\boldsymbol{T}$ 平移后和 X 点云尽可能地重合，与 ICP 不同的是描述重合的损失函数，NDT 用点云分布的概率密度来描述，将联合概率作为损失函数，其算法流程如图 4-13 所示。

3D 激光雷达点集为

$$X = \{x_1, x_2, \cdots, x_{N_x}\}$$
$$Y = \{y_1, y_2, \cdots, y_{N_y}\}$$

优化目标函数为

$$\max \Psi = \max \prod_{i=1}^{N_y} f(X, T(p, y_i))$$

2D 和 3D 模型对应函数分别为 p_3 和 p_6:

$$p = p_3 = [t_x \quad t_y \quad \phi_z]^T$$
$$p = p_6 = [t_x \quad t_y \quad t_z \quad \phi_x \quad \phi_y \quad \phi_z]^T$$

均值和协方差函数分别为

$$\mu = \frac{1}{N_x} \sum_{i=1}^{N_x} x_i$$

$$\Sigma = \frac{1}{N_x - 1} \sum_{i=1}^{N_x} (x_i - \mu)(x_i - \mu)^T$$

根据预测的位姿,对点进行旋转和平移:

$$y'_i = T(p, y_i) = Ry_i + T$$

旋转和平移后的点与目标点集中的点在同一坐标系下,此时可计算各点的概率:

$$f(X, y'_i) = \frac{1}{\sqrt{2\pi}\sqrt{|\Sigma|}} \exp\left(-\frac{(y'_i - \mu)^T \Sigma^{-1} (y'_i - \mu)}{2}\right)$$

所有点的联合概率:

$$\Psi = \prod_{i=1}^{N_y} f(X, T(p, y_i))$$
$$= \prod_{i=1}^{N_y} \frac{1}{\sqrt{2\pi}\sqrt{|\Sigma|}} \exp\left(-\frac{(y'_i - \mu)^T \Sigma^{-1} (y'_i - \mu)}{2}\right)$$

取对数后可简化为

$$\ln \Psi = \sum_{i=1}^{N_y} \left(-\frac{(y'_i - \mu)^T \Sigma^{-1} (y'_i - \mu)}{2} + \boxed{\ln\left(\frac{1}{\sqrt{2\pi}\sqrt{|\Sigma|}}\right)}\right)$$

式中,方框部分为常数项,去除常数项可得

$$\max \Psi = \max \ln \Psi = \min \Psi_1 = \min \sum_{i=1}^{N_y} (y'_i - \mu)^T \Sigma^{-1} (y'_i - \mu)$$

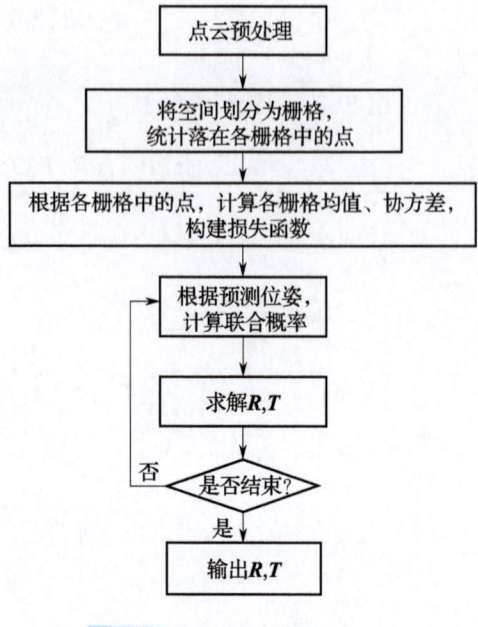

图 4-13 NDT 算法流程图

至此，目标函数变为

$$\min \sum_{i=1}^{N_y} (\boldsymbol{y}_i' - \boldsymbol{\mu})^T \boldsymbol{\Sigma}^{-1} (\boldsymbol{y}_i' - \boldsymbol{\mu})$$

$$\boldsymbol{y}_i' = \boldsymbol{T}(\boldsymbol{p}, \boldsymbol{y}_i) = \boldsymbol{R}\boldsymbol{y}_i + \boldsymbol{T}$$

待求解的参数为 $\boldsymbol{R}$ 和 $\boldsymbol{T}$，令

$$\boldsymbol{e}_i(\boldsymbol{p}) = \boldsymbol{y}_i' - \boldsymbol{\mu}$$
$$F_i(\boldsymbol{p}) = \boldsymbol{e}_i^T(\boldsymbol{p}) \boldsymbol{\Sigma}^{-1} \boldsymbol{e}_i(\boldsymbol{p})$$
$$= (\boldsymbol{y}_i' - \boldsymbol{\mu})^T \boldsymbol{\Sigma}^{-1} (\boldsymbol{y}_i' - \boldsymbol{\mu})$$

则：

$$\min \sum_{i=1}^{N_y} (\boldsymbol{y}_i' - \boldsymbol{\mu})^T \boldsymbol{\Sigma}^{-1} (\boldsymbol{y}_i' - \boldsymbol{\mu}) = \min \sum_{i=1}^{N_y} F_i(\boldsymbol{p})$$

迭代优化，即找到 $\Delta \boldsymbol{p}$ 使下式中的值达到最小：

$$\sum_{i=1}^{N_y} F_i(\boldsymbol{p} + \Delta \boldsymbol{p}) = \sum_{i=1}^{N_y} \boldsymbol{e}_i^T(\boldsymbol{p} + \Delta \boldsymbol{p}) \boldsymbol{\Sigma}^{-1} \boldsymbol{e}_i(\boldsymbol{p} + \Delta \boldsymbol{p})$$

对其进行一阶泰勒展开：

$$\boldsymbol{e}_i(\boldsymbol{p} + \Delta \boldsymbol{p}) \approx \boldsymbol{e}_i(\boldsymbol{p}) + \frac{d\boldsymbol{e}_i}{d\boldsymbol{p}} \Delta \boldsymbol{p}$$
$$= \boldsymbol{e}_i + \boldsymbol{J}_i \Delta \boldsymbol{p}$$
$$F_i(\boldsymbol{p} + \Delta \boldsymbol{p}) = \boldsymbol{e}_i(\boldsymbol{p} + \Delta \boldsymbol{p})^T \boldsymbol{\Sigma}^{-1} \boldsymbol{e}_i(\boldsymbol{p} + \Delta \boldsymbol{p})$$
$$\approx (\boldsymbol{e}_i + \boldsymbol{J}_i \Delta \boldsymbol{p})^T \boldsymbol{\Sigma}^{-1} (\boldsymbol{e}_i + \boldsymbol{J}_i \Delta \boldsymbol{p})$$
$$= \boldsymbol{e}_i^T \boldsymbol{\Sigma}^{-1} \boldsymbol{e}_i + 2\boldsymbol{e}_i^T \boldsymbol{\Sigma}^{-1} \boldsymbol{J}_i \Delta \boldsymbol{p} + \Delta \boldsymbol{p}^T \boldsymbol{J}_i^T \boldsymbol{\Sigma}^{-1} \boldsymbol{J}_i \Delta \boldsymbol{p}$$
$$= F_i(\boldsymbol{p}) + 2\boldsymbol{b}_i^T \Delta \boldsymbol{p} + \Delta \boldsymbol{p}^T \boldsymbol{H}_i \Delta \boldsymbol{p}$$

其中：

$$\boldsymbol{b}_i^T = \boldsymbol{e}_i^T \boldsymbol{\Sigma}^{-1} \boldsymbol{J}_i$$
$$\boldsymbol{H}_i = \boldsymbol{J}_i^T \boldsymbol{\Sigma}^{-1} \boldsymbol{J}_i$$

目标函数随自变量的变化为

$$\Delta F_i(\boldsymbol{p}) = F_i(\boldsymbol{p} + \Delta \boldsymbol{p}) - F_i(\boldsymbol{p}) = 2\boldsymbol{b}_i^T \Delta \boldsymbol{p} + \Delta \boldsymbol{p}^T \boldsymbol{H}_i \Delta \boldsymbol{p}$$

上述优化问题可转化为：找到 $\Delta \boldsymbol{p}$ 使 $\Delta F_i(\boldsymbol{p})$ 取极小值，令其导数为零：

$$\frac{d \Delta F_i(\boldsymbol{p})}{d \Delta \boldsymbol{p}} = 2\boldsymbol{b}_i + 2\boldsymbol{H}_i \Delta \boldsymbol{p} = 0$$

即：

$$\boldsymbol{H}_i \Delta \boldsymbol{p} = -\boldsymbol{b}_i$$

根据定义：
$$b_i^T = e_i^T \Sigma^{-1} J_i$$
$$H_i = J_i^T \Sigma^{-1} J_i$$

因此，只需要得到 J_i，即可求得 Δp：
$$J_i = \frac{d e_i}{d p}$$

对于 2D 场景：
$$p = \begin{bmatrix} t_x & t_y & \phi_z \end{bmatrix}^T$$
$$y_i' = T(p, y_i)$$
$$= \begin{bmatrix} \cos\phi_z & -\sin\phi_z \\ \sin\phi_z & \cos\phi_z \end{bmatrix} y_i + \begin{bmatrix} t_x \\ t_y \end{bmatrix}$$
$$e_i = y_i' - \mu$$

雅克比矩阵为
$$J_i = \begin{bmatrix} 1 & 0 & -y_{i1}\sin\phi_z - y_{i2}\cos\phi_z \\ 0 & 1 & y_{i1}\cos\phi_z - y_{i2}\sin\phi_z \end{bmatrix}$$

对于 3D 场景：
$$p = \begin{bmatrix} t_x & t_y & t_z & \phi_x & \phi_y & \phi_z \end{bmatrix}^T$$
$$y_i' = T(p, y_i)$$
$$= R_x R_y R_z y_i + T$$
$$= \begin{bmatrix} c_y c_z & -c_y s_z & s_y \\ c_x s_z + s_x s_y c_z & c_x c_z - s_x s_y s_z & -s_x c_y \\ s_x s_z - c_x s_y c_z & c_x s_y s_z + s_x c_z & c_x c_y \end{bmatrix} y_i + \begin{bmatrix} t_x \\ t_y \\ t_z \end{bmatrix}$$
$$e_i = y_i' - \mu$$

雅克比矩阵为
$$J_i = \begin{bmatrix} 1 & 0 & 0 & 0 & c & f \\ 0 & 1 & 0 & a & d & g \\ 0 & 0 & 1 & b & e & h \end{bmatrix}$$

其中：
$$a = y_{i1}(-s_x s_z + c_x s_y c_z) + y_{i2}(-s_x c_z - c_x s_y s_z) + y_{i3}(-c_x c_y)$$
$$b = y_{i1}(c_x s_z + s_x s_y c_z) + y_{i2}(-s_x s_y s_z + c_x c_z) + y_{i3}(-s_x c_y)$$
$$c = y_{i1}(-s_y c_z) + y_{i2}(s_y s_z) + y_{i3}(c_y)$$

$$d = y_{i1}(s_x c_y c_z) + y_{i2}(-s_x c_y s_z) + y_{i3}(s_x s_y)$$
$$e = y_{i1}(-c_x c_y c_z) + y_{i2}(c_x c_y s_z) + y_{i3}(-c_x s_y)$$
$$f = y_{i1}(-c_y s_z) + y_{i2}(-c_y c_z)$$
$$g = y_{i1}(c_x c_z - s_x s_y s_z) + y_{i2}(-c_x s_z - s_x s_y c_z)$$
$$h = y_{i1}(s_x c_z + c_x s_y s_z) + y_{i2}(c_x s_y c_z - s_x s_z)$$

3. 基于特征的建图算法

在 SLAM 技术中，可利用视觉图像特征点/激光雷达点云特征点作为 SLAM 中的路标，特征点是图像中具有代表性的部分，具有可重复性、可区别性、高效、本地的特点。目前基于特征的 SLAM 算法广泛应用于自动驾驶、机器人等领域。本章节主要介绍 LOAM 算法。LOAM（Lidar Odometry and Mapping in Real-time）实现了一种实时激光里程计并建图的算法，使用的硬件是一个三维空间中运动的两轴单线激光雷达，该算法也可以用于 16/32 线激光雷达。

LOAM 的核心思想就是把 SLAM 问题进行拆分，通过两个算法来进行。一个执行高频率的里程计但是低精度的运动估计（定位），另一个算法在比定位低一个数量级的频率执行匹配和注册点云信息（建图和校正里程计）。这两个算法都需要提取特征点，包括角点和面点，然后进行配准。在前端里程计算法部分，特征点的提取会使用快速计算的方法，在建图的后端算法中，相互关联的特征点是通过特征值和特征向量来获得。

将这两个算法结合即可获得高精度、实时性的激光里程计。整个算法的流程如图 4-14 所示。

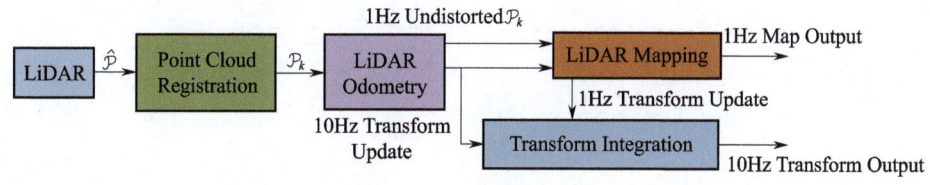

图 4-14 LOAM 算法流程

激光雷达的每个帧分别输入两个算法。前端里程计计算相邻两帧的运动，计算的运动，用于校正畸变，运行的频率大致为 10Hz。

前端的输出之后会被后端处理，运动补偿后的点云和地图进行配准，运行频率为 1Hz。

最终，位姿是两个算法结合 10Hz 里程计的输出。

（1）激光雷达激光里程计

LOAM 选择的特征点是角点和面点，其按激光雷达线数进行了分割。进行特征点提取的重要一步即计算曲率：

$$c = \frac{1}{|S| \cdot \|\boldsymbol{X}^L_{(k,i)}\|} \left\| \sum_{j \in S, j \neq i} (\boldsymbol{X}^L_{(k,i)} - \boldsymbol{X}^L_{(k,j)}) \right\|$$

该公式计算点 i 的曲率，其中，S 代表在 i 周围，并且和 i 在同一条扫描线上的点；$\boldsymbol{X}^L_{(k,i)}$ 和 $\boldsymbol{X}^L_{(k,j)}$ 分别代表点 i 和 j 的坐标。把一帧中的每个点的曲率进行计算，随后根据曲率进行排序。

选择最大的几个曲率点作为边缘点,最小的几个曲率点作为平面点。为了使提取的特征点均匀,把一帧激光雷达点云分成 4 等份,对于 16 或 32 线激光雷达相当于一根线分成 4 等份。每个部分需要提取出 2 个边缘点和 4 个面点。

曲率值要满足阈值范围才会被判断为特征点,并且选择的数量不允许超过设定值。按照曲率大小筛选特征点,主要分为 4 类:曲率特别大的点、曲率大的点、曲率小的点、曲率特别小的点。

对于不满足曲率限制或异常的点需进行剔除,在工程应用中异常点主要包含两类:平面上的点和激光的射线平行、被遮挡的点,如图 4 - 15 所示。

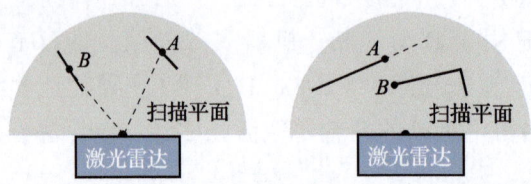

图 4 - 15 异常点剔除示意图

(2) 帧间匹配

帧间匹配主要包括特征关联及损失函数计算、L - M 迭代优化两个步骤。

特征关联:LOAM 主要进行线特征和面特征的特征关联,对于线特征,其关联方法如图 4 - 16 所示。

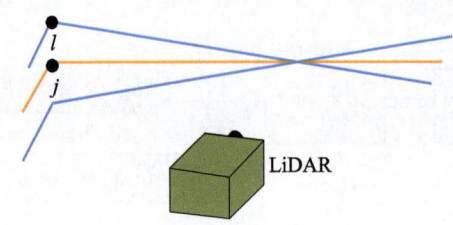

图 4 - 16 线特征关联示意图

计算点到线的距离:

$$d_\varepsilon = \frac{|(\tilde{X}^L_{(k+1,i)} - \bar{X}^L_{(k,j)}) \times (\tilde{X}^L_{(k+1,i)} - \bar{X}^L_{(k,l)})|}{|\bar{X}^L_{(k,j)} - \bar{X}^L_{(k,l)}|}$$

面特征的关联方法如图 4 - 17 所示。

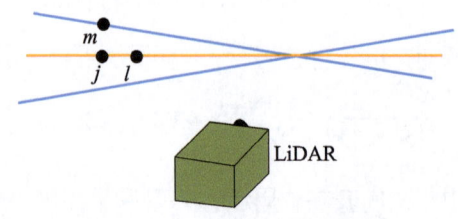

图 4 - 17 面特征关联示意图

计算点到面的距离：

$$d_{\mathcal{H}} = \frac{\left|\begin{array}{c}(\tilde{X}^L_{(k+1,i)} - \bar{X}^L_{(k,j)})\\ ((\bar{X}^L_{(k,j)} - \bar{X}^L_{(k,l)}) \times (\bar{X}^L_{(k,j)} - \bar{X}^L_{(k,m)}))\end{array}\right|}{|(\bar{X}^L_{(k,j)} - \bar{X}^L_{(k,l)}) \times (\bar{X}^L_{(k,j)} - \bar{X}^L_{(k,m)})|}$$

将上述两个式子放到一个模型中，得到总的损失函数为

$$\text{loss} = \sum_{i=1}^{N_{\varepsilon}} d_{\varepsilon i} + \sum_{i=1}^{N_{\mathcal{H}}} d_{\mathcal{H} i} = D(\tilde{X}^L_{k+1,i})$$

定义 t_{k+1} 时刻的位姿为

$$T^L_{k+1} = [t_x, t_y, t_z, \theta_x, \theta_y, \theta_z]^{\text{T}}$$

特征点从当前雷达坐标系投影到目标坐标系：

$$\tilde{X}^L_{(k+1,i)} = RX^L_{(k+1,i)} + t = G(X^L_{(k+1,i)}, T^L_{k+1})$$

其中：

$$t = [t_x, t_y, t_z]^{\text{T}}$$

$$R = R_y R_x R_z$$

$$= \begin{bmatrix} c_y c_z + s_y s_x s_z & c_z s_y s_x - c_y s_z & c_x s_y \\ c_x s_z & c_x c_z & -s_x \\ c_y s_x s_z - c_z s_y & c_y c_z s_x + s_y s_z & c_y c_x \end{bmatrix}$$

根据位姿分解，可得：

$$\begin{cases} c_x = \cos(\theta_x) \\ s_x = \sin(\theta_x) \\ c_y = \cos(\theta_y) \\ s_y = \sin(\theta_y) \\ c_z = \cos(\theta_z) \\ s_z = \sin(\theta_z) \end{cases}$$

总的损失函数可表示为

$$\text{loss} = F(X^L_{(k+1,i)}, T^L_{k+1}) = D(G(X^L_{(k+1,i)}, T^L_{k+1}))$$

(3) L-M 迭代优化

L-M 方法全称列文伯格-马夸尔特法，是非线性回归中回归参数最小二乘估计的一种

估计方法。这种方法是把最速下降法和线性化方法（泰勒级数）加以综合的一种方法：

$$T_{k+1}^L \leftarrow T_{k+1}^L - (J^{\mathrm{T}}J + \lambda \mathrm{diag}(J^{\mathrm{T}}J))^{-1} J^{\mathrm{T}} d$$

其中：

$$J = \frac{\partial F(X_{(k+1,i)}^L, T_{k+1}^L)}{\partial T_{k+1}^L}$$

$$= \frac{\partial D(G(X_{(k+1,i)}^L, T_{k+1}^L))}{\partial T_{k+1}^L}$$

$$= \frac{\partial D(\tilde{X}_{k+1,i}^L)}{\partial \tilde{X}_{(k+1,i)}^L} \frac{\partial G(X_{(k+1,i)}^L, T_{k+1}^L)}{\partial T_{k+1}^L}$$

对于线特征，梯度方向为通过特征点的垂直于直线的方向：

$$\frac{\partial D(\tilde{X}_{k+1,i}^L)}{\partial \tilde{X}_{(k+1,i)}^L} = [a_\varepsilon, b_\varepsilon, c_\varepsilon]^{\mathrm{T}}$$

对于面特征，梯度方向为通过特征点的垂直于平面的方向：

$$\frac{\partial D(\tilde{X}_{k+1,i}^L)}{\partial \tilde{X}_{(k+1,i)}^L} = [a_\mathcal{H}, b_\mathcal{H}, c_\mathcal{H}]^{\mathrm{T}}$$

对平移求导：

$$\frac{\partial G(X_{(k+1,i)}^L, T_{k+1}^L)}{\partial t_x}$$

$$= \frac{\partial G(RX_{(k+1,i)}^L + t)}{\partial t_x}$$

$$= \begin{bmatrix} 1 \\ 0 \\ 0 \end{bmatrix}$$

对角度求导：

$$\frac{\partial G(X_{(k+1,i)}^L, T_{k+1}^L)}{\partial \theta_x}$$

$$= \frac{\partial G(RX_{(k+1,i)}^L + t)}{\partial \theta_x}$$

$$= \frac{\partial G(RX_{(k+1,i)}^L)}{\partial \theta_x}$$

$$= \begin{bmatrix} s_y c_x s_z & c_z s_y c_x & -s_x s_y \\ -s_x s_z & -s_x c_z & -c_x \\ c_y c_x s_z & c_y c_z c_x & -c_y s_x \end{bmatrix} \begin{bmatrix} x_{(k+1,i)} \\ y_{(k+1,i)} \\ z_{(k+1,i)} \end{bmatrix}$$

（4）地图构建

当获取了若干相邻帧的位姿变换信息后，下面需要做的就是将其和全局地图进行匹配，并将其加入全局地图之中。主要需要做两个步骤：把关键帧的特征点按照位姿转到地图坐标系中、按照位置和立方体尺寸划分到对应的立方体中。地图构建的位姿优化与里程计的方法相同。

LOAM 算法相关代码请参考：https://github.com/cuitaixiang/LOAM_NOTED。

三、基于滤波的融合定位算法

滤波器是结合预测与观测，通过一定的计算或判断程序减少或削弱噪声影响，得到较为"精确"后验值的一种方法。

实际中，预测与观测均从传感器而来，因此滤波器的作用便是结合各传感器得到一个最好的融合结果。预测往往从 IMU、编码器等传感器递推而来，观测往往从 GPS、雷达、相机等传感器而来，后验为融合后的结果，即定位模块的输出。

1. 滤波器的基本原理

（1）状态估计模型

实际状态估计任务中，待估计的后验概率密度可以表示为

$$p(\bm{x}_k \mid \check{\bm{x}}_0, \bm{v}_{1:k}, \bm{y}_{0:k})$$

其中，$\check{\bm{x}}_0$ 表示状态初始值；$\bm{v}_{1:k}$ 表示从 1 到 k 时刻的输入值；$\bm{y}_{0:k}$ 表示从 0 到 k 时刻的观测值。

因此，滤波问题可以直观表示为，根据所有历史数据（输入、观测、初始状态），得出最终的融合结果。

历史数据之间的关系，可以用图 4-18 的模型表示。

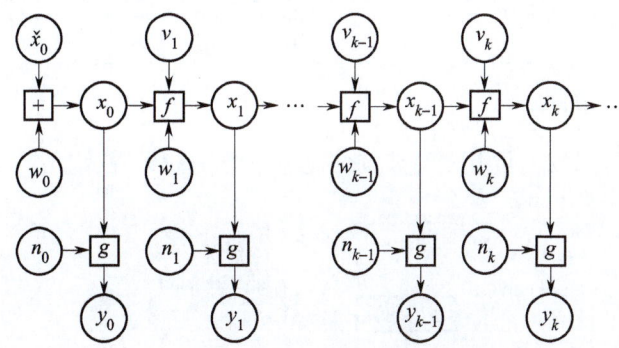

图 4-18 历史数据关系示意图

图模型中体现了马尔可夫性，即当前状态只跟前一时刻状态相关，和其他历史时刻状态无关。数学表达该性质：

运动方程：

$$\bm{x}_k = \bm{f}(\bm{x}_{k-1}, \bm{v}_k, \bm{w}_k)$$

观测方程：

$$y_k = g(x_k, n_k)$$

（2）贝叶斯滤波

根据贝叶斯公式，k 时刻后验概率密度可以表示为

$$p(x_k | \check{x}_0, v_{1:k}, y_{0:k}) = \frac{p(y_k | x_k, \check{x}_0, v_{1:k}, y_{0:k-1}) p(x_k | \check{x}_0, v_{1:k}, y_{0:k-1})}{p(y_k | \check{x}_0, v_{1:k}, y_{0:k-1})}$$

$$= \eta p(y_k | x_k, \check{x}_0, v_{1:k}, y_{0:k-1}) p(x_k | \check{x}_0, v_{1:k}, y_{0:k-1})$$

根据观测方程，y_k 只和 x_k 相关，因此上式可以简写为

$$p(x_k | \check{x}_0, v_{1:k}, y_{0:k}) = \eta p(y_k | x_k) p(x_k | \check{x}_0, v_{1:k}, y_{0:k-1})$$

应用系统的马尔可夫性进一步化简公式：

$$p(x_k | \check{x}_0, v_{1:k}, y_{0:k-1})$$

$$= \int p(x_k, x_{k-1} | \check{x}_0, v_{1:k}, y_{0:k-1}) \mathrm{d}x_{k-1}$$

$$= \int p(x_k | x_{k-1}, \check{x}_0, v_{1:k}, y_{0:k-1}) p(x_{k-1} | \check{x}_0, v_{1:k}, y_{0:k-1}) \mathrm{d}x_{k-1}$$

$$= \int p(x_k | x_{k-1}, v_k) p(x_{k-1} | \check{x}_0, v_{1:k}, y_{0:k-1}) \mathrm{d}x_{k-1}$$

经过以上化简，最终后验概率可以写为

$$\underbrace{p(x_k | \check{x}_0, v_{1:k}, y_{0:k})}_{\text{estimate}}$$

$$= \eta \underbrace{\underset{g(\cdot)}{\underbrace{p(y_k | x_k)}}}_{\text{观测}} \int \underbrace{\underset{f(\cdot)}{\underbrace{p(x_k | x_{k-1}, v_k)}}}_{\text{预测}} \underbrace{\underbrace{p(x_{k-1} | \check{x}_0, v_{1:k-1}, y_{0:k-1})}_{\text{last estimate}}}_{\text{先验}} \mathrm{d}x_{k-1}$$

根据以上结果，可以画出贝叶斯滤波的信息流如图 4-19 所示。

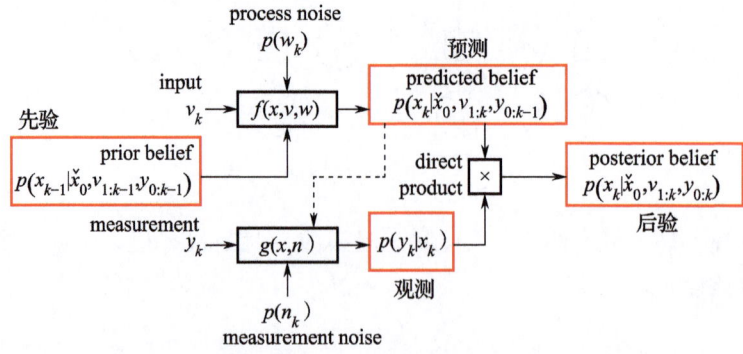

图 4-19　贝叶斯滤波的信息流图

2. 卡尔曼滤波

在线性高斯假设下,运动方程和观测方程可以重新写为下面的形式:

运动方程:

$$x_k = F(x_{k-1}, v_k) + B_{k-1}w_k$$

观测方程:

$$y_k = G(x_k) + C_k n_k$$

把上一时刻的后验状态写为

$$p(x_{k-1}|\check{x}_0, v_{1:k-1}, y_{0:k-1}) = \mathcal{N}(\hat{x}_{k-1}, \hat{P}_{k-1})$$

则当前时刻的预测值为

$$\check{x}_k = F(\hat{x}_{k-1}, v_k)$$

根据高斯分布的线性变化,它的方差为

$$\check{P}_k = F_{k-1}\hat{P}_{k-1}F_{k-1}^{\mathrm{T}} + B_{k-1}Q_k B_{k-1}^{\mathrm{T}}$$

其中,Q_k 为当前输入噪声的方差。

若把 k 时刻状态和观测的联合高斯分布写为

$$p(x_k, y_k|\check{x}_0, v_{1:k}, y_{0:k-1}) = \mathcal{N}\left(\begin{bmatrix}\mu_{x,k}\\\mu_{y,k}\end{bmatrix}, \begin{bmatrix}\Sigma_{xx,k} & \Sigma_{xy,k}\\\Sigma_{yx,k} & \Sigma_{yy,k}\end{bmatrix}\right)$$

k 时刻的后验概率可写为

$$p(x_k|\check{x}_0, v_{1:k}, y_{0:k})$$
$$= \mathcal{N}(\underbrace{\mu_{x,k} + \Sigma_{xy,k}\Sigma_{yy,k}^{-1}(y_k - \mu_{y,k})}_{\check{x}_k}, \underbrace{\Sigma_{xx,k} - \Sigma_{xy,k}\Sigma_{yy,k}^{-1}\Sigma_{yx,k}}_{\hat{P}_k})$$

其中,$\check{x}_k$ 和 $\hat{P}_k$ 分别为后验均值和方差。若定义:

$$K_k = \Sigma_{xy,k}\Sigma_{yy,k}^{-1}$$

则有:

$$\hat{P}_k = \check{P}_k - K_k\Sigma_{xy,k}^{\mathrm{T}}$$

$$\hat{x}_k = \check{x}_k + K_k(y_k - \mu_{y,k})$$

代入高斯随机变量的线性变换后的均值、方差和交叉项,可得

$$K_k = \check{P}_k G_k^{\mathrm{T}}(G_k\check{P}_k G_k^{\mathrm{T}} + C_k R_k G_k^{\mathrm{T}})^{-1}$$

$$\hat{P}_k = (1 - K_k G_k)\check{P}_k$$

$$\hat{x}_k = \check{x}_k + K_k(y_k - G(\check{x}_k))$$

上面方程与之前所述预测方程（如下），就构成了卡尔曼滤波方程：

$$\check{x}_k = F(\hat{x}_{k-1}, v_k)$$

$$\check{P}_k = F_{k-1}\hat{P}_{k-1}F_{k-1}^\mathrm{T} + B_{k-1}Q_kB_{k-1}^\mathrm{T}$$

3．扩展卡尔曼滤波

当运动方程或观测方程为非线性时，无法再利用之前所述的线性变化关系进行推导，常用的解决方法是进行线性化，把非线性方程一阶泰勒展开成线性。运动方程和观测方程可表述为：

运动方程：

$$x_k = f(x_{k-1}, v_k, \omega_k) \approx \check{x}_k + F_{k-1}(x_{k-1} - \hat{x}_{k-1}) + B_{k-1}w_k$$

观测方程：

$$y_k = g(x_k, n_k) \approx \check{y}_k + G_k(x_k - \check{x}_k) + C_k n_k$$

其中：

$$\check{x}_k = f(\hat{x}_{k-1}, v_k, 0)$$

$$F_{k-1} = \left.\frac{\partial f(x_{k-1}, v_k, w_k)}{\partial x_{k-1}}\right|_{\hat{x}_{k-1}, v_k, 0}$$

$$B_{k-1} = \left.\frac{\partial f(x_{k-1}, v_k, w_k)}{\partial w_k}\right|_{\hat{x}_{k-1}, v_k, 0}$$

$$\check{y}_k = g(\check{x}_k, 0)$$

$$G_k = \left.\frac{\partial g(x_k, n_k)}{\partial x_k}\right|_{\check{x}_k, 0}$$

$$C_k = \left.\frac{\partial g(x_k, n_k)}{\partial n_k}\right|_{\check{x}_k, 0}$$

根据该线性化展开结果，可以得到预测状态的统计学特征为

$$E[x_k] \approx \check{x}_k + F_{k-1}(x_{k-1} - \hat{x}_{k-1}) + \underbrace{E[B_{k-1}w_k]}_{0}$$

$$E[(x_k - E[x_k])(x_k - E[x_k])^\mathrm{T}] \approx \underbrace{E[B_{k-1}w_k w_k^\mathrm{T} B_{k-1}^\mathrm{T}]}_{B_{k-1}Q_kB_{k-1}^\mathrm{T}}$$

即

$$p(x_k | x_{k-1}, v_k) \approx \mathcal{N}(\check{x}_k + F_{k-1}(x_{k-1} - \hat{x}_{k-1}), B_{k-1}Q_kB_{k-1}^\mathrm{T})$$

同理，可得到观测的统计学特征为

$$E[y_k] \approx \check{y}_k + G_k(x_k - \check{x}_k) + \underbrace{E[C_k n_k]}_{0}$$

$$E[(y_k - E[y_k])(y_k - E[y_k])^\mathrm{T}] \approx \underbrace{E[C_k n_k n_k^\mathrm{T} C_k^\mathrm{T}]}_{C_k R_k C_k^\mathrm{T}}$$

即

$$p(y_k | x_k) \approx \mathcal{N}(\check{y}_k + G_k(x_k - \check{x}_k), C_k R_k C_k^\mathrm{T})$$

代入高斯随机变量的线性变换后的均值、方差和交叉项，可得：

$$\check{P}_k = F_{k-1}\hat{P}_{k-1}F_{k-1}^T + B_{k-1}Q_k B_{k-1}^T$$

$$\check{x}_k = f(\hat{x}_{k-1}, v_k, 0)$$

$$K_k = \check{P}_k G_k^T (G_k \check{P}_k G_k^T + C_k R_k C_k^T)^{-1}$$

$$\check{P}_k = (I - K_k G_k)\check{P}_k$$

$$\hat{x}_k = \check{x}_k + K_k(y_k - g(\check{x}_k, 0))$$

4. 基于滤波器的融合算法

通过对滤波器的基本原理及卡尔曼滤波的介绍，滤波问题可以简单理解为"预测 + 观测 = 融合结果"。结合实际点云地图中定位的例子，预测由惯性器件给出，观测即为激光雷达点云和地图匹配得到的姿态和位置。

基于滤波器的融合算法流程如图 4-20 所示。

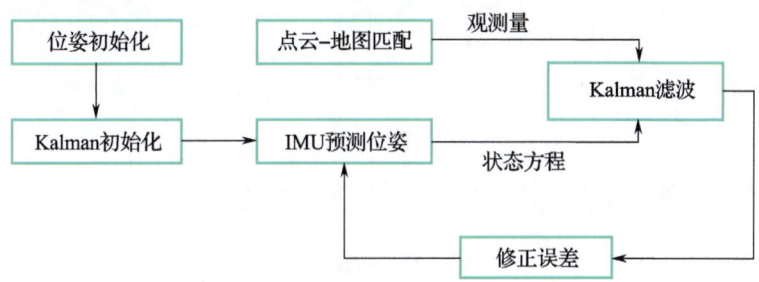

图 4-20 基于滤波器的融合算法流程

（1）基于误差状态的滤波

系统的误差主要有姿态误差、速度误差和位置误差。

1）姿态误差方程。由于：

$$\boldsymbol{\phi} = [\phi E \quad \phi N \quad \phi U]^T$$

$$\boldsymbol{\omega}_{ie}^n = [0 \quad \omega\cos L \quad \omega\sin L]^T$$

其中，$\omega = 7.292115e^{-5}\mathrm{rad/s}$ 为地球自转角速度，而

$$\delta\boldsymbol{\omega}_{ib}^n = C_b^n \begin{bmatrix} \varepsilon_x \\ \varepsilon_y \\ \varepsilon_z \end{bmatrix}$$

其中，ε 为陀螺仪的偏差。因此，姿态误差方程可重写为

$$\begin{bmatrix} \dot{\phi}E \\ \dot{\phi}N \\ \dot{\phi}U \end{bmatrix} = \begin{bmatrix} 0 & -\phi U & \phi N \\ \phi U & 0 & -\phi E \\ -\phi N & \phi E & 0 \end{bmatrix} \begin{bmatrix} 0 \\ \omega\cos L \\ \omega\sin L \end{bmatrix} - C_b^n \begin{bmatrix} \varepsilon_x \\ \varepsilon_y \\ \varepsilon_z \end{bmatrix}$$

2）速度误差方程。由于：

$$f^n = \begin{bmatrix} f_E & f_N & f_U \end{bmatrix}^T$$

$$\delta f^n = C_b^n \begin{bmatrix} \nabla_x \\ \nabla_y \\ \nabla_z \end{bmatrix}$$

其中，∇ 为加速度计的偏差。

因此，速度误差方程可重写为

$$\begin{bmatrix} \delta \dot{V}_E \\ \delta \dot{V}_N \\ \delta \dot{V}_U \end{bmatrix} = \begin{bmatrix} 0 & -f_U & f_N \\ f_U & 0 & -f_E \\ -f_N & f_E & 0 \end{bmatrix} \begin{bmatrix} \phi_E \\ \phi_N \\ \phi_U \end{bmatrix} + C_b^n \begin{bmatrix} \nabla_x \\ \nabla_y \\ \nabla_z \end{bmatrix}$$

3）位置误差方程。位置误差方程由 $\delta \dot{P} = \delta V$，可直接展开：

$$\begin{bmatrix} \delta \dot{P}_E \\ \delta \dot{P}_N \\ \delta \dot{P}_U \end{bmatrix} = \begin{bmatrix} \delta V_E \\ \delta V_N \\ \delta V_U \end{bmatrix}$$

4）状态方程。在滤波器中，状态方程一般写为如下形式：

$$\dot{X} = F_t X + B_t W$$

根据以上展开的误差方程，若令状态量为

$$X = \begin{bmatrix} \delta P^T & \delta V^T & \phi^T & \varepsilon^T & \nabla^T \end{bmatrix}^T$$

其中：

$$\delta P = \begin{bmatrix} \delta P_E & \delta P_N & \delta P_U \end{bmatrix}^T$$
$$\delta V = \begin{bmatrix} \delta V_E & \delta V_N & \delta V_U \end{bmatrix}^T$$
$$\phi = \begin{bmatrix} \phi_E & \phi_N & \phi_U \end{bmatrix}^T$$
$$\varepsilon = \begin{bmatrix} \varepsilon_x & \varepsilon_y & \varepsilon_z \end{bmatrix}^T$$
$$\nabla = \begin{bmatrix} \nabla_x & \nabla_y & \nabla_z \end{bmatrix}^T$$

则有：

$$F_t = \begin{bmatrix} 0_{3 \times 3} & I_{3 \times 3} & 0_{3 \times 3} & 0_{3 \times 3} & 0_{3 \times 3} \\ 0_{3 \times 3} & 0_{3 \times 3} & F_{23} & 0_{3 \times 3} & C_b^n \\ 0_{3 \times 3} & 0_{3 \times 3} & F_{33} & -C_b^n & 0_{3 \times 3} \\ & & 0_{3 \times 15} & & \\ & & 0_{3 \times 15} & & \end{bmatrix}$$

其中：

$$F_{23} = \begin{bmatrix} 0 & -f_U & f_N \\ f_U & 0 & -f_E \\ -f_N & f_E & 0 \end{bmatrix}$$

$$F_{33} = \begin{bmatrix} 0 & 0 & 0 \\ -\omega\sin L & 0 & 0 \\ -\omega\cos L & 0 & 0 \end{bmatrix}$$

在状态方程右侧，还包含 W，它代表的是器件噪声，在惯性导航问题中：

$$W = \begin{bmatrix} w_{gx} & w_{gy} & w_{gz} & w_{ax} & w_{ay} & w_{az} \end{bmatrix}^T$$

其中，w_g 为陀螺仪的噪声；w_a 为加速度计的噪声。

此时有：

$$B_t = \begin{bmatrix} 0_{3\times3} & 0_{3\times3} \\ 0_{3\times3} & C_b^n \\ -C_b^n & 0_{3\times3} \\ 0_{6\times3} & 0_{6\times3} \end{bmatrix}$$

5）构建观测方程。在滤波器中，观测方程一般写为

$$Y = G_t X + C_t N$$

此例中观测量有位置、失准角，则：

$$Y = \begin{bmatrix} \delta P^T & \phi^T \end{bmatrix}^T$$

由于：

$$X = \begin{bmatrix} \delta P^T & \delta V^T & \phi^T & \varepsilon^T & \nabla^T \end{bmatrix}^T$$

因此有：

$$G_t = \begin{bmatrix} I_{3\times3} & 0_{3\times3} & 0_{3\times3} & 0_{3\times6} \\ 0_{3\times3} & 0_{3\times3} & I_{3\times3} & 0_{3\times6} \end{bmatrix}$$

$$C_t = \begin{bmatrix} I_{3\times3} & 0_{3\times3} \\ 0_{3\times3} & I_{3\times3} \end{bmatrix}$$

而此处 N 为观测噪声：

$$N = \begin{bmatrix} n_{P_E} & n_{P_N} & n_{P_U} & n_{\phi_E} & n_{\phi_N} & n_{\phi_U} \end{bmatrix}^T$$

观测量中，δP 的计算过程为

$$\delta \bar{P} = \check{P} - P$$

$\delta \bar{\theta}$ 的计算需要先计算误差矩阵 $\delta \bar{R}_t = R_t^T \check{R}_t$，其中 $\check{R}_t$ 为 IMU 解算的旋转矩阵，即预测值。

R_t 为雷达与地图匹配得到的旋转矩阵，即观测值。由于预测值与观测值之间的关系为

$$\check{R}_t \approx R_t(I + [\delta\bar{\theta}]_\times)$$

因此：

$$\delta\bar{\theta} = (\delta\bar{R}_t - I)^\vee$$

6）构建滤波器。构建滤波器，即把融合系统的状态方程和观测方程应用到卡尔曼滤波的五个公式中。前面推导的方程是连续时间的，要应用于离散时间，需要按照采样时间对其进行离散化。

状态方程离散化可以写为

$$X_k = F_{k-1}X_{k-1} + B_{k-1}W_k$$

其中：

$$F_{k-1} = I_{15\times15} + F_t(\hat{X}_{k-1}, v_k, 0)T$$

$$B_{k-1} = B_t(\hat{X}_{k-1}, v_k, 0)T$$

T 为卡尔曼滤波的周期。对于观测方程，不需要乘滤波周期，观测方程为

$$Y_k = G_kX_k + C_kN_k$$

将上述变量带入卡尔曼滤波的方程中，即

$$\check{X}_k = F_{k-1}\hat{X}_k + B_{k-1}W_k$$

$$\check{P}_k = F_{k-1}\hat{P}_{k-1}F_{k-1}^T + B_{k-1}Q_kB_{k-1}^T$$

$$K_k = \check{P}_kG_k^T(G_k\check{P}_kG_k^T + C_kR_kC_k^T)^{-1}$$

$$\hat{P}_k = (I - K_kG_k)\check{P}_k$$

$$\hat{x}_k = \check{x}_k + K_k(Y_k - G_k\check{X}_k)$$

重复以上过程，便可以持续得到传感器融合的位姿输出。

整个基于误差状态的卡尔曼滤波流程如图 4-21 所示。

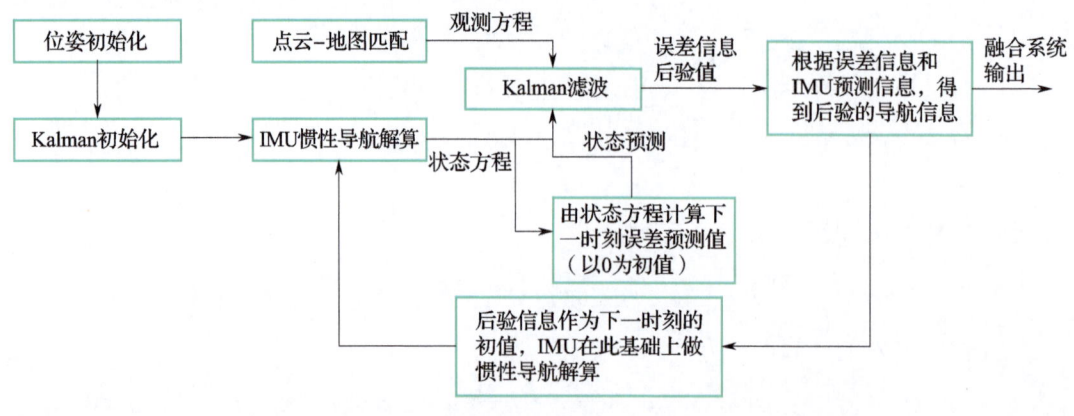

图 4-21　基于误差状态的卡尔曼滤波流程

(2) 基于导航信息的滤波

在很多情况下，滤波的状态量不是使用误差量，而是直接使用导航信息，此时状态量为

$$X = \begin{bmatrix} P^T & V^T & q^T & \varepsilon^T & \nabla^T \end{bmatrix}^T$$

1) 状态方程。导航信息的微分方程为

$$\dot{P} = V$$

$$\dot{V} = C_b^n(f^b + \nabla + \omega_a) + g^n$$

$$\dot{q} = \frac{1}{2}q \circ (w^b + \varepsilon + \omega_g)$$

其中，C_b^n 可由四元数和旋转矩阵的关系得到：

$$C_b^n = \begin{bmatrix} C_{1,1} & C_{1,2} & C_{1,3} \\ C_{2,1} & C_{2,2} & C_{2,3} \\ C_{3,1} & C_{3,2} & C_{3,3} \end{bmatrix}$$

其中：

$$C_{1,1} = q_0^2 + q_1^2 - q_2^2 - q_3^2$$
$$C_{1,2} = 2(q_1q_2 + q_0q_3)$$
$$C_{1,3} = 2(q_1q_3 - q_0q_2)$$
$$C_{2,1} = 2(q_1q_2 - q_0q_3)$$
$$C_{2,2} = q_0^2 - q_1^2 + q_2^2 - q_3^2$$
$$C_{2,3} = 2(q_2q_3 + q_0q_1)$$
$$C_{3,1} = 2(q_1q_3 + q_0q_2)$$
$$C_{3,2} = 2(q_2q_3 - q_0q_1)$$
$$C_{3,3} = q_0^2 - q_1^2 - q_2^2 + q_3^2$$

因此，状态方程可以写成如下形式：

$$\dot{X} = f(X, v, \omega, g^n)$$

它具有非线性，将其线性化可得

$$\dot{X} = F_t X + B_t W + \bar{f}(g^n)$$

此处：

$$F_t = \begin{bmatrix} 0_{3\times3} & I_{3\times3} & 0_{3\times4} & 0_{3\times3} & 0_{3\times3} \\ 0_{3\times3} & 0_{3\times3} & F_{Vq} & 0_{3\times3} & C_b^n \\ 0_{4\times3} & 0_{4\times3} & F_{qq} & F_{q\varepsilon} & 0_{4\times3} \\ 0_{3\times3} & 0_{3\times3} & 0_{3\times4} & 0_{3\times3} & 0_{3\times3} \\ 0_{3\times3} & 0_{3\times3} & 0_{3\times4} & 0_{3\times3} & 0_{3\times3} \end{bmatrix}$$

其中：
$$F_{Vq} = \frac{\partial [C_b^n (f^b + \nabla + \omega_a) + g^n]}{\partial q}$$

因此：
$$F_{Vq} = \begin{bmatrix} F_{Vq_0} & F_{Vq_1} & F_{Vq_2} & F_{Vq_3} \\ -F_{Vq_3} & -F_{Vq_2} & F_{Vq_1} & F_{Vq_0} \\ F_{Vq_2} & -F_{Vq_3} & -F_{Vq_0} & F_{Vq_1} \end{bmatrix}$$

$$F_{Vq_0} = 2(q_0 \tilde{f}_x - q_3 \tilde{f}_y + q_2 \tilde{f}_z)$$

$$F_{Vq_1} = 2(q_1 \tilde{f}_x + q_2 \tilde{f}_y + q_3 \tilde{f}_z)$$

$$F_{Vq_2} = 2(-q_2 \tilde{f}_x + q_1 \tilde{f}_y + q_0 \tilde{f}_z)$$

$$F_{Vq_3} = 2(-q_3 \tilde{f}_x - q_0 \tilde{f}_y + q_1 \tilde{f}_z)$$

$\tilde{f} = f^b + \nabla + \omega_a$ 代表测量的加速度。

$$F_{qq} = \frac{1}{2} \begin{bmatrix} 0 & -\tilde{\omega}_x & -\tilde{\omega}_y & -\tilde{\omega}_z \\ \tilde{\omega}_x & 0 & \tilde{\omega}_z & -\tilde{\omega}_y \\ \tilde{\omega}_y & -\tilde{\omega}_z & 0 & \omega_x \\ \tilde{\omega}_z & \tilde{\omega}_y & -\tilde{\omega}_x & 0 \end{bmatrix}$$

其中，$\tilde{\omega} = \omega + \varepsilon + w_g$ 代表测量的角速度，把四元数相乘转成矩阵相乘以后，还可得：

$$F_{q\varepsilon} = \frac{1}{2} \begin{bmatrix} -q_1 & -q_2 & -q_3 \\ q_0 & -q_3 & q_2 \\ q_3 & q_0 & -q_1 \\ -q_2 & q_1 & q_0 \end{bmatrix}$$

噪声项与前面基于误差状态的卡尔曼一致，即

$$W = \begin{bmatrix} w_{gx} & w_{gy} & w_{gz} & w_{ax} & w_{ay} & w_{az} \end{bmatrix}^T$$

因此状态方程函数 f 对噪声项求导可得：

$$B_t = \begin{bmatrix} \mathbf{0}_{3 \times 3} & \mathbf{0}_{3 \times 3} \\ \mathbf{0}_{3 \times 3} & C_b^n \\ F_{q\varepsilon} & \mathbf{0}_{4 \times 3} \\ \mathbf{0}_{3 \times 3} & \mathbf{0}_{3 \times 3} \\ \mathbf{0}_{3 \times 3} & \mathbf{0}_{3 \times 3} \end{bmatrix}$$

$$\bar{f}(g^n) = \begin{bmatrix} \mathbf{0}_{3\times 1} \\ g^n \\ \mathbf{0}_{10\times 1} \end{bmatrix}$$

而常数项保持不变。

2) 观测方程。以基于点云地图定位为例,观测为位置和姿态,即

$$Y = \begin{bmatrix} P^{\mathrm{T}} & q^{\mathrm{T}} \end{bmatrix}^{\mathrm{T}}$$

因此观测方程如下:

$$Y = G_t X + C_t N$$

其中:

$$G_t = \begin{bmatrix} I_{3\times 3} & \mathbf{0}_{3\times 3} & \mathbf{0}_{3\times 4} & \mathbf{0}_{3\times 6} \\ \mathbf{0}_{4\times 3} & \mathbf{0}_{4\times 3} & I_{4\times 4} & \mathbf{0}_{4\times 6} \end{bmatrix}$$

由于观测量形式变化带来观测噪声形式变化,即

$$N = \begin{bmatrix} nP_E & nP_N & nP_U & n_{q0} & n_{q1} & n_{q2} & n_{q3} \end{bmatrix}^{\mathrm{T}}$$

因此有:

$$C_t = I_{7\times 7}$$

至此,已知基于导航信息方法下连续时间的线性化状态方程和观测方程。得到离散时间方程后,便可以直接使用卡尔曼滤波进行预测(IMU)和观测(点云匹配)的融合。基于导航信息的卡尔曼滤波流程如图4-22所示。

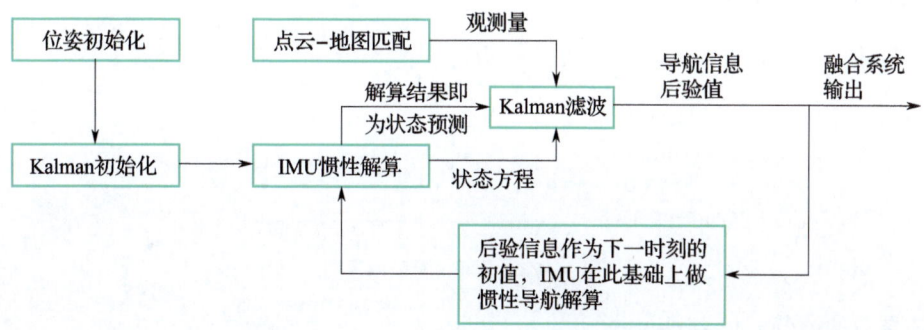

图4-22 基于导航信息的卡尔曼滤波流程示意图

(3) 两种滤波方法的比较

1) 一般认为基于误差状态的卡尔曼滤波优于基于导航信息的卡尔曼滤波,理由是:
①误差状态自由度与实际位姿自由度相等,可避免过参数化。
②误差状态总是在0附近,因此线性化会更准确。
③误差状态是较小量,因此二阶项可以直接忽略,方便雅可比计算。

④早期计算精度不高时，误差量相对于导航信息是较小量，因此使用导航信息做状态估算会因计算精度问题被忽略。

2）惯性器件精度较高时，状态修正频率可以小于卡尔曼滤波频率。

四、基于图优化的建图算法

针对多传感器融合定位的问题，最终需要得到一个最优的位姿结果。基于优化的方法主要是将多传感器建立的总目标让残差降到最小，寻找对应的最佳位姿。

可以等效为如下形式：

$$\min_{X}\left\{\underbrace{\sum\|r_L(L_k^{k+1},X)\|^2}_{\text{激光里程计约束}} + \underbrace{\sum\|r_B(B_k^{k+1},X)\|^2}_{\text{IMU 约束}} + \underbrace{\sum\|r_G(G_k,X)\|^2}_{\text{RTK 约束}}\right\}$$

三种约束分别通过以下方式获得：

1）激光里程计约束：使用激光里程计，计算每个关键帧位姿，进而得到相对位姿。

2）IMU 约束：在上一个关键帧位姿基础上，进行惯性积分，从而得到两关键帧相对位姿。

3）RTK 约束：直接测量得到。

1. 预积分模型

在位姿优化过程中，每次优化后会发生变化，随后的 IMU 惯性积分就要重新进行，优化过程中的计算量过大。

对此，主要解决思路为：直接计算两帧之间的相对位姿，而不依赖初始值影响，即所谓的预积分。预积分算法如图 4-23 所示。

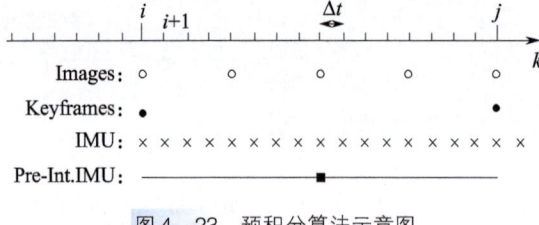

图 4-23 预积分算法示意图

已知导航的微分方程为

$$\dot{p}_{wb_t} = v_t^w$$

$$\dot{v}_t^w = a_t^w$$

$$\dot{q}_{wb_t} = q_{wb_t} \otimes \begin{bmatrix} 0 \\ \frac{1}{2}\omega^{b_t} \end{bmatrix}$$

根据该微分方程，可知从 i 时刻到 j 时刻 IMU 的积分结果为

$$p_{wb_j} = p_{wb_i} + v_i^w \Delta t + \iint_{t \in [i,j]} (q_{wb_t} a^{b_t} - g^w) \delta t^2$$

$$v_j^w = v_i^w + \int_{t \in [i,j]} (q_{wb_t} a^{b_t} - g^w) \delta t$$

$$q_{wb_j} = \int_{t \in [i,j]} q_{wb_t} \otimes \begin{bmatrix} 0 \\ \frac{1}{2} \omega^{b_t} \end{bmatrix} \delta t$$

根据预积分的要求，需要求的是相对结果，而且不依赖于上一时刻位姿，因此需要对上式做转换。由于 $q_{wb_t} = q_{wb_i} \otimes q_{b_i b_t}$，将其带入可得：

$$p_{wb_j} = p_{wb_i} + v_i^w \Delta t - \frac{1}{2} g^w \Delta t^2 + q_{wb_i} \boxed{\iint_{t \in [i,j]} (q_{b_i b_t} a^{b_t}) \delta t^2}$$

$$v_j^w = v_i^w - g^w \Delta t + q_{wb_i} \boxed{\int_{t \in [i,j]} (q_{b_i b_t} a^{b_t}) \delta t}$$

$$q_{wb_j} = q_{wb_i} \boxed{\int_{t \in [i,j]} q_{b_i b_t} \otimes \begin{bmatrix} 0 \\ \frac{1}{2} \omega^{b_t} \end{bmatrix} \delta t}$$

此时需要积分的项和 i 时刻的状态无关。为整理公式，把积分相关的项用下式进行代替：

$$\alpha_{b_i b_j} = \iint_{t \in [i,j]} (q_{b_i b_t} a^{b_t}) \delta t^2$$

$$\beta_{b_i b_j} = \int_{t \in [i,j]} (q_{b_i b_t} a^{b_t}) \delta t$$

$$q_{b_i b_j} = \int_{t \in [i,j]} q_{b_i b_t} \otimes \begin{bmatrix} 0 \\ \frac{1}{2} \omega^{b_t} \end{bmatrix} \delta t$$

实际使用中，使用离散形式进行解算，使用中值积分法，即

$$\omega = \frac{1}{2} [(\omega^{b_k} - b_k^g) + (\omega^{b_{k+1}} - b_k^g)]$$

$$a = \frac{1}{2} [q_{b_i b_k}(a^{b_k} - b_k^a) + q_{b_i b_{k+1}}(a^{b_{k+1}} - b_k^a)]$$

预积分的离散形式可表示为

$$\alpha_{b_i b_{k+1}} = \alpha_{b_i b_k} + \beta_{b_i b_k} \delta t + \frac{1}{2} a \delta t^2$$

$$\beta_{b_i b_{k+1}} = \beta_{b_i b_k} + a \delta t$$

$$q_{b_i b_{k+1}} = q_{b_i b_k} \otimes \begin{bmatrix} 1 \\ \frac{1}{2} \omega \delta t \end{bmatrix}$$

经过以上的推导，此时状态更新的公式可以整理为

$$\begin{bmatrix} \boldsymbol{p}_{wb_j} \\ \boldsymbol{v}_j^w \\ \boldsymbol{q}_{wb_j} \\ \boldsymbol{b}_j^a \\ \boldsymbol{b}_j^g \end{bmatrix} = \begin{bmatrix} \boldsymbol{p}_{wb_i} + \boldsymbol{v}_i^w \Delta t - \frac{1}{2} \boldsymbol{g}^w \Delta t^2 + \boldsymbol{q}_{wb_i} \boldsymbol{\alpha}_{b_i b_j} \\ \boldsymbol{v}_i^w - \boldsymbol{g}^w \Delta t + \boldsymbol{q}_{wb_i} \boldsymbol{\beta}_{b_i b_j} \\ \boldsymbol{q}_{wb_i} \boldsymbol{q}_{b_i b_j} \\ \boldsymbol{b}_i^a \\ \boldsymbol{b}_i^g \end{bmatrix}$$

需要注意的是，陀螺仪和加速度计的模型为

$$\boldsymbol{b}_{k+1}^a = \boldsymbol{b}_k^a + \boldsymbol{n}_{\boldsymbol{b}_k^a} \delta t$$

$$\boldsymbol{b}_{k+1}^g = \boldsymbol{b}_k^g + \boldsymbol{n}_{\boldsymbol{b}_k^g} \delta t$$

即认为偏差是变化的，这样便于估计不同时刻的偏差值，而不是整个系统运行时间内都当作常值对待。这更符合低精度 MEMS 的实际情况。但在预积分时，由于两个关键帧之间的时间较短，因此认为 i 和 j 时刻的偏差相等。

预积分的结果中包含了偏差，在优化过程中，偏差作为状态量也会发生变化，从而引起预积分结果变化。

为了避免偏差变化后重新做预积分，可以把预积分结果在偏差处进行泰勒展开，表达成下面的形式，可以根据偏差的变化量直接算出新的预积分结果：

$$\boldsymbol{\alpha}_{b_i b_j} = \overline{\boldsymbol{\alpha}}_{b_i b_j} + \boldsymbol{J}_{b_i^a}^\alpha \delta \boldsymbol{b}_i^a + \boldsymbol{J}_{b_i^g}^\alpha \delta \boldsymbol{b}_i^g$$

$$\boldsymbol{\beta}_{b_i b_j} = \overline{\boldsymbol{\beta}}_{b_i b_j} + \boldsymbol{J}_{b_i^a}^\beta \delta \boldsymbol{b}_i^a + \boldsymbol{J}_{b_i^g}^\beta \delta \boldsymbol{b}_i^g$$

$$\boldsymbol{q}_{b_i b_j} = \overline{\boldsymbol{q}}_{b_i b_j} \otimes \begin{bmatrix} 1 \\ \frac{1}{2} \boldsymbol{J}_{b_i^g}^q \delta \boldsymbol{b}_i^g \end{bmatrix}$$

其中：

$$\boldsymbol{J}_{b_i^a}^\alpha = \frac{\partial \boldsymbol{\alpha}_{b_i b_j}}{\partial \delta \boldsymbol{b}_i^a}$$

$$\boldsymbol{J}_{b_i^g}^\alpha = \frac{\partial \boldsymbol{\alpha}_{b_i b_j}}{\partial \delta \boldsymbol{b}_i^g}$$

$$\boldsymbol{J}_{b_i^a}^\beta = \frac{\partial \boldsymbol{\beta}_{b_i b_j}}{\partial \delta \boldsymbol{b}_i^a}$$

$$\boldsymbol{J}_{b_i^g}^\beta = \frac{\partial \boldsymbol{\beta}_{b_i b_j}}{\partial \delta \boldsymbol{b}_i^g}$$

$$\boldsymbol{J}_{b_i^g}^q = \frac{\boldsymbol{q}_{b_i b_j}}{\partial \boldsymbol{b}_i^g}$$

2. 基于图优化的融合定位流程

基于图优化的融合定位核心思路是把融合方法引入预积分（IMU 因子），引入预积分进行图优化融合定位的简单模型可设计为图 4-24 所示结构。

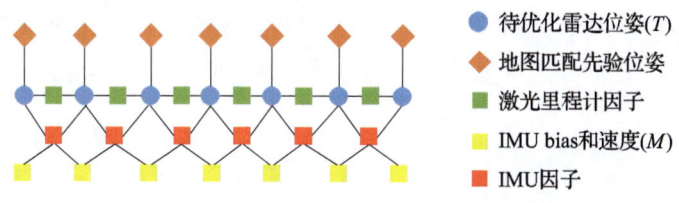

图 4-24　引入预积分进行图优化融合定位的算法模型示意图

这种结构中，每两个待优化雷达位姿中间插入预积分模型设计的 IMU 因子，不受初值影响。

但是直接使用这种简单模型的设计也存在缺陷，随着时间的进行，图模型会越来越大，导致无法达到实时性。

针对上述问题，可使用"滑动窗口"的思想进行处理。主要解决方法为不断删除旧的帧，只优化最新的几帧，即维持一个滑动窗口。滑动窗口优化示意图如图 4-25 所示。

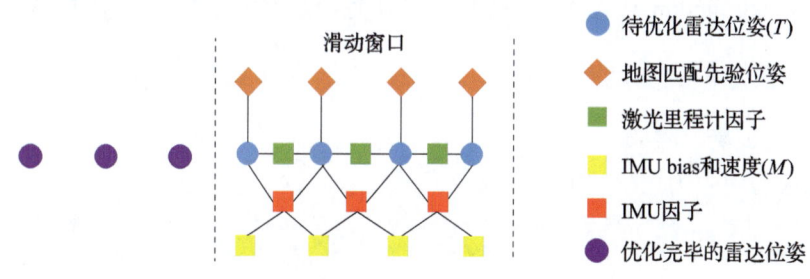

图 4-25　滑动窗口优化示意图

使用这种方法可以解决实时性问题，但是直接从模型中删除旧的帧，等于损失了部分信息。为解决该问题，可通过模型把旧帧的约束传递下来，即利用边缘化解决该问题。

基于图优化的定位流程如图 4-26 所示。

通过不断往滑窗里添加新信息，并边缘化最老帧来实现图优化算子。在实际应用中，需要注意两个问题。

1）正常行驶时，不必像建图那样，提取稀疏的关键帧。

2）停车时，需要按一定策略提取关键帧，但删除的是次新帧，因此不需要边缘化。

3. 边缘化原理

优化问题具有以下通用的形式：

$$HX = b$$

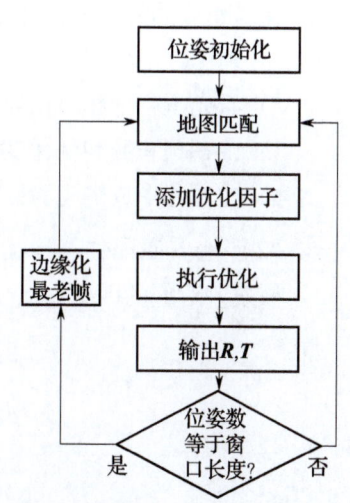

图 4-26　基于图优化的定位流程

并可拆解成如下形式：

$$\begin{bmatrix} H_{mm} & H_{mr} \\ H_{rm} & H_{rr} \end{bmatrix} \begin{bmatrix} X_m \\ X_r \end{bmatrix} = \begin{bmatrix} b_m \\ b_r \end{bmatrix}$$

拆解的目的是通过一系列操作，把 X_m 从状态量里删除掉，并把它的约束保留下来。在滑窗模式里，这个 X_m 即为要边缘化的量。通过舒尔补矩阵可对矩阵进行三角化，即

$$\begin{bmatrix} I & 0 \\ -H_{rm}H_{mm}^{-1} & I \end{bmatrix} \begin{bmatrix} H_{mm} & H_{mr} \\ H_{rm} & H_{rr} \end{bmatrix} \begin{bmatrix} X_m \\ X_r \end{bmatrix} = \begin{bmatrix} I & 0 \\ -H_{rm}H_{mm}^{-1} & I \end{bmatrix} \begin{bmatrix} b_m \\ b_r \end{bmatrix}$$

进一步简化可得：

$$\begin{bmatrix} H_{mm} & H_{mr} \\ 0 & H_{rr} - H_{rm}H_{mm}^{-1}H_{mr} \end{bmatrix} \begin{bmatrix} X_m \\ X_r \end{bmatrix} = \begin{bmatrix} b_m \\ b_r - H_{rm}H_{mm}^{-1}b_m \end{bmatrix}$$

此时，可以利用等式第 2 行直接得到：

$$(H_{rr} - H_{rm}H_{mm}^{-1}H_{mr})X_r = b_r - H_{rm}H_{mm}^{-1}b_m$$

其含义为：此时可以不依赖 X_m 求解 X_r，若只关心 X_r 的值，则可以把 X_m 从模型里删除。

4．基于地图定位的滑动窗口模型

（1）窗口优化模型构成

在图优化模型中，优化模型也可写成如下形式：

$$J^T \Sigma J \delta x = - J^T \Sigma r$$

其中，r 是残差；J 是残差关于状态量的雅可比矩阵；Σ 是信息矩阵。

在 Kitti 工程中，基于地图定位的滑动窗口，其残差包括：

1）地图匹配位姿和优化变量的残差。

2）激光里程计相对位姿和优化变量的残差。

3）IMU 预积分和优化变量的残差。

4）边缘化形成的先验因子对应的残差。

（2）地图匹配位姿和优化变量的残差

该残差对应的因子为地图先验因子。一个因子仅约束一个位姿，其模型如图 4-27 所示。

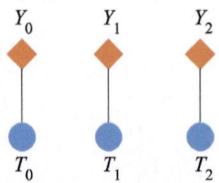

图 4-27 地图匹配位姿和优化变量的残差示意图

残差关于优化变量的雅可比矩阵，可视化如图 4-28 所示。

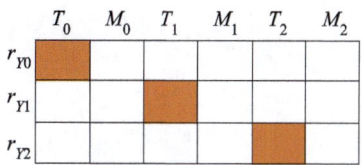

图 4-28　地图匹配残差关于优化变量的雅可比矩阵可视化图

因此，对应的海森矩阵的可视化如图 4-29 所示。

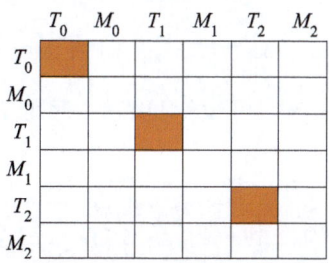

图 4-29　地图匹配残差关于优化变量的海森矩阵可视化图

（3）激光里程计相对位姿和优化变量的残差

该残差对应的因子为激光里程计因子。一个因子约束两个位姿，其模型如图 4-30 所示。

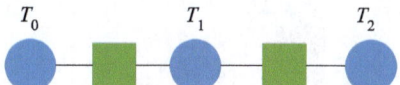

图 4-30　激光里程计相对位姿和优化变量的残差示意图

残差关于优化变量的雅可比矩阵，可视化如图 4-31 所示。

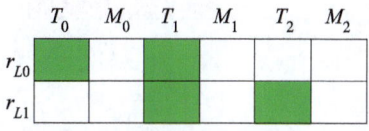

图 4-31　激光里程计残差关于优化变量的雅可比矩阵可视化图

因此，对应的海森矩阵可视化如图 4-32 所示。

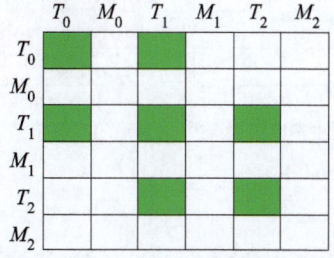

图 4-32　激光里程计残差关于优化变量的海森矩阵可视化图

（4）IMU 预积分和优化变量的残差

该残差对应的因子为 IMU 因子。一个因子约束两个位姿，并约束两个时刻 IMU 的速度与偏差，其模型如图 4-33 所示。

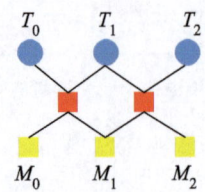

图 4-33　IMU 预积分和优化变量的残差示意图

残差关于优化变量的雅可比矩阵，可视化如图 4-34 所示。

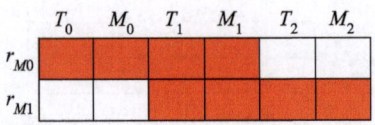

图 4-34　IMU 残差关于优化变量的雅可比矩阵可视化图

因此，对应的海森矩阵可视化如图 4-35 所示。

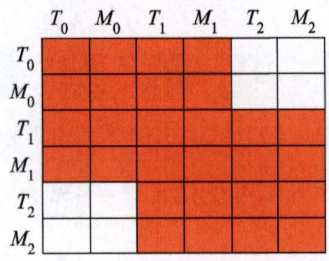

图 4-35　IMU 残差关于优化变量的海森矩阵可视化图

（5）完整模型

完整的海森矩阵，即为以上各因子对应矩阵的累加，如图 4-36 所示。

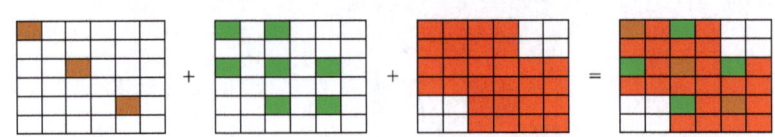

图 4-36　各残差因子关于优化变量的完整海森矩阵可视化图

上述过程用公式可表示为

$$\underbrace{J^\mathrm{T}\Sigma J}_{H}\delta x = \underbrace{-J^\mathrm{T}\Sigma r}_{b}$$

其中：

$$r = \begin{bmatrix} r_{Y0} \\ r_{Y1} \\ r_{Y2} \\ r_{L0} \\ r_{L1} \\ r_{M0} \\ r_{M1} \end{bmatrix} \quad J = \frac{\partial r}{\partial \delta x} = \begin{bmatrix} \frac{\partial r_{Y0}}{\partial \delta x} \\ \frac{\partial r_{Y1}}{\partial \delta x} \\ \frac{\partial r_{Y2}}{\partial \delta x} \\ \frac{\partial r_{L0}}{\partial \delta x} \\ \frac{\partial r_{L1}}{\partial \delta x} \\ \frac{\partial r_{M0}}{\partial \delta x} \\ \frac{\partial r_{M1}}{\partial \delta x} \end{bmatrix} = \begin{bmatrix} J_1 \\ J_2 \\ J_3 \\ J_4 \\ J_5 \\ J_6 \\ J_7 \end{bmatrix}$$

$$J^{\mathrm{T}} = \begin{bmatrix} J_1^{\mathrm{T}} & J_2^{\mathrm{T}} & J_3^{\mathrm{T}} & J_4^{\mathrm{T}} & J_5^{\mathrm{T}} & J_6^{\mathrm{T}} & J_7^{\mathrm{T}} \end{bmatrix}$$

矩阵乘法写成累加形式为

$$\sum_{i=1}^{7} J_i^{\mathrm{T}} \Sigma_i J_i \delta x = - \sum_{i=1}^{7} J_i^{\mathrm{T}} \Sigma_i r_i$$

此累加过程，即对应前面可视化时各矩阵叠加。

（6）移除旧帧

假设窗口长度为 3，在加入新的帧之前，需要先边缘化旧的帧，即图 4－37 方框中的变量。

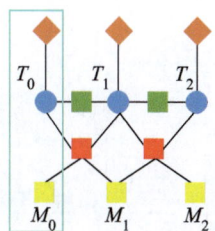

图 4－37　滑动窗口边缘化旧帧示意图

用前述公式，可以表示为

$$(H_{rr} - H_{rm} H_{mm}^{-1} H_{mr}) \delta x_r = b_r - H_{rm} H_{mm}^{-1} b_m$$

在实际使用中，会把它拆成两部分：

$$\begin{cases} H_{rr}\delta x_r = b_r \\ (-H_{rm}H_{mm}^{-1}H_{mr})\delta x_r = -H_{rm}H_{mm}^{-1}b_m \end{cases}$$

其中，第 1 行表示剩余变量对应的各类因子的组合，而第 2 行作为单独的因子，可称之为边缘化先验因子。

上述过程可视化如图 4-38 所示。

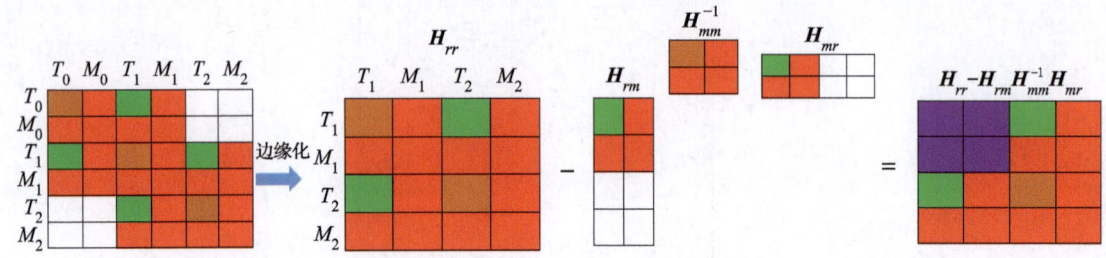

图 4-38　边缘化先验因子可视化图

边缘化之后，模型如图 4-39 所示。

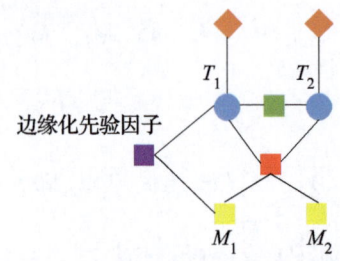

图 4-39　边缘化先验因子后模型示意图

边缘化先验因子只在第一次边缘化之前是不存在的，完成第一次边缘化之后就一直存在，并且随着后续新的边缘化进行，其内容不断更新。

(7) 添加新帧

添加新的帧之后，模型如图 4-40 所示。

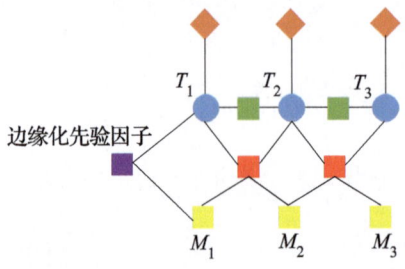

图 4-40　添加新帧后基于边缘化先验因子的模型结构图

此处直接给出新的海森矩阵可视化结果，如图 4-41 所示。

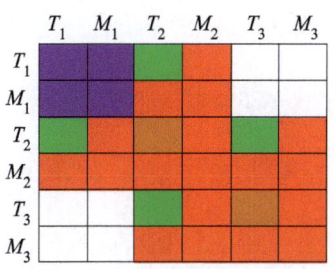

图 4-41　添加新帧后基于边缘化先验因子的海森矩阵可视化图

此后，随着定位过程的进行，便不断循环"边缘化老帧→添加新帧"的过程，从而维持窗口长度不变。

5. LIO-SAM 算法

LIO-SAM（Tightly-coupled LiDAR Inertial Odometry via Smoothing and Mapping）是 2020 年由 Tixiao Shan 等人开发的一种基于预积分的紧耦合算法。LIO-SAM 是 LeGO-LOAM（Tixiao Shan 等人 2018 年开发的一种算法）的扩展版本，添加了 IMU 预积分因子和 GPS 因子，去除了帧帧匹配部分。该算法可以看作是一种紧耦合框架，该框架通过平滑与建图可实现高精度、实时的移动机器人轨迹估计和地图构建。LIO-SAM 在因子图上添加了激光-惯性里程计，从而可以将来自不同来源的大量相对和绝对测量值（包括回路闭合）作为因子纳入该系统中。预积分可校准点云，并为激光雷达里程计优化提供初值。而得到的激光雷达里程计又用于估计 IMU 的偏差。为了确保实时的高性能，边缘化旧的激光雷达帧以进行姿态优化，而不是将激光雷达帧与全局地图进行匹配。采用局部匹配代替全局匹配可以显著提高系统的实时性能，关键帧的选择性引入以及滑动窗口方法，可以将新的关键帧输入固定窗口的先验"子关键帧"，从而大大提高系统的实时性能。

前文介绍的 LOAM 算法存在一定的局限性，通过将其数据保存在全局体素地图中，通常很难执行环路闭合检测和纳入其他绝对测量（如 GPS）以进行姿态校正。当这个体素地图在特征丰富的环境中变得稠密时，它的在线优化过程变得不那么有效。LOAM 在大规模测试中也存在漂移，因为它的核心方法还是基于扫描匹配。LIO-SAM 主要改进在于：

1）一种建立在因子图之上的紧耦合的激光雷达惯性里程计框架，适用于多传感器融合和全局优化。

2）一种高效的、基于局部滑动窗口的扫描匹配方法，通过有选择地将新关键帧注册到固定大小的先验子关键帧集来实现实时性能。

首先定义全文使用的坐标系和表示，使用 W 表示世界坐标系以及 B 表示汽车坐标系。为了方便起见，假定 IMU 坐标系和汽车坐标系重合。汽车状态能够被写为

$$x = [R^T, p^T, v^T, b^T]^T$$

其中，$R \in SO(3)$ 为旋转矩阵；$p \in \mathbb{R}^3$ 为位置向量；v 为速度；b 为 IMU 偏置。从 B 系到 W 系的位姿变换 $T \in SE(3)$ 被表示为 $T = [R | p]$。

LIO-SAM 算法框架如图 4-42 所示。

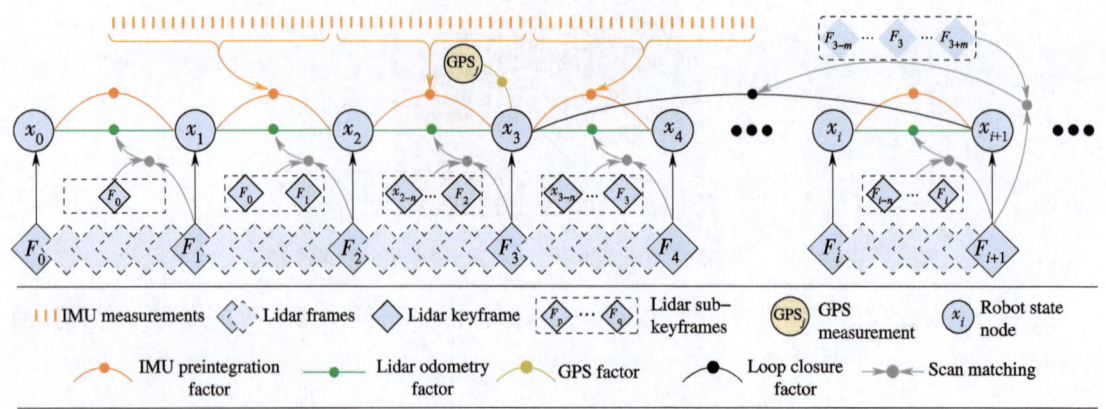

图 4-42　LIO-SAM 算法框架

系统接收来自 3D 激光雷达、IMU 和 GPS（可选）的传感器数据。该算法致力于使用这些传感器的观测数据来估计汽车的状态和它的轨迹。这个状态估计问题能够被建模成一个最大后验概率（MAP）问题。该算法使用因子图来建模这个问题，因为和贝叶斯网络相比它更适合于执行推断。在高斯噪声模型假设下，这个状态估计问题的 MAP 推断等价于求解一个非线性最小二乘问题。算法提出的系统也能够包含来自其他传感器的测量数据，例如来自测高仪的高程数据或者来自指南针的朝向数据。

该算法引入四种类型的因子和一种变量类型来构建因子图。这个变量表示某个特定时间的汽车状态，被认为是图中的节点。四种类型的因子是：IMU 预积分因子、激光雷达里程计因子、GPS 因子、闭环因子。当汽车位姿变化超过一个用户设定的阈值时，一个新的汽车状态节点被加入因子图中。因子图在插入新的节点时，使用带有贝叶斯树（iSAM2）的增量式平滑和建图方式进行优化。

(1) IMU 预积分

来自 IMU 的角速度和加速度测量被定义如下：

$$\hat{\boldsymbol{\omega}}_t = \boldsymbol{\omega}_t + \boldsymbol{b}_t^{\omega} + \boldsymbol{n}_t^{\omega}$$

$$\hat{\boldsymbol{a}}_t = \boldsymbol{R}_t^{BW}(\boldsymbol{a}_t - \boldsymbol{g}) + \boldsymbol{b}_t^{a} + \boldsymbol{n}_t^{a}$$

其中，$\hat{\boldsymbol{\omega}}_t$ 和 $\hat{\boldsymbol{a}}_t$ 为时刻 t 在 B 系下的原始 IMU 测量数据。$\hat{\boldsymbol{\omega}}_t$ 和 $\hat{\boldsymbol{a}}_t$ 受到缓慢变化的偏置 $\boldsymbol{b}_t$ 和白噪声 $\boldsymbol{n}_t$ 的影响。$\boldsymbol{R}_t^{BW}$ 为从 W 系到 B 系的旋转矩阵，$\boldsymbol{g}$ 为 W 系下常值重力向量。汽车在时刻 $t + \Delta t$ 的速度、位置和旋转可以用下式计算：

$$\boldsymbol{v}_{t+\Delta t} = \boldsymbol{v}_t + \boldsymbol{g}\Delta t + \boldsymbol{R}_t(\hat{\boldsymbol{a}}_t - \boldsymbol{b}_t^{a} - \boldsymbol{n}_t^{a})\Delta t$$

$$\boldsymbol{p}_t + \Delta t = \boldsymbol{p}_t + \boldsymbol{v}_t\Delta t + \frac{1}{2}\boldsymbol{g}\Delta t^2 + \frac{1}{2}\boldsymbol{R}_t(\hat{\boldsymbol{a}}_t - \boldsymbol{b}_t^{a} - \boldsymbol{n}_t^{a})\Delta t^2$$

$$\boldsymbol{R}_{t+\Delta t} = \boldsymbol{R}_t \exp((\hat{\boldsymbol{\omega}}_t - \boldsymbol{b}_t^{\omega} - \boldsymbol{n}_t^{\omega})\Delta t)$$

其中，$R_t = R_t^{WB} = R_t^{BW^T}$。这里假定 B 系的角速度和加速度在上述积分过程中保持恒定。接着使用 IMU 预积分方法来获取两个时间戳之间的相对本体运动。在时间戳 i 和 j 之间的预积分测量 Δv_{ij}、Δp_{ij} 和 ΔR_{ij} 可以用下式计算：

$$\Delta v_{ij} = R_i^T(v_j - v_i - g\Delta t_{ij})$$

$$\Delta p_{ij} = R_i^T\left(p_j - p_i - v_i\Delta t_{ij} - \frac{1}{2}g\Delta t_{ij}^2\right)$$

$$\Delta R_{ij} = R_i^T R_j$$

除了高效以外，使用 IMU 预积分也很自然地给出了因子图中的一种约束类型——IMU 预积分因子。在因子图中，IMU 偏置和激光雷达里程计因子一起联合优化。

(2) 激光雷达里程计因子

当一帧新的激光扫描到达时，首先进行特征提取，通过计算点在局部区域内的曲率来提取边缘和平面特征。具有大曲率值的点被归类为边缘特征，类似地，具有小曲率值的点被归类为平面特征。将从时刻 i 的激光扫描中提取到的边缘和平面特征分别表示为 F_i^e 和 F_i^p。在时刻 i 提取的所有特征组成了一个激光雷达帧 F_i，其中 $F_i = \{F_i^e, F_i^p\}$。注意到激光雷达帧 F 是在 B 系下表示的。

使用每一激光雷达帧计算并且将因子加入图中在计算上是难以求解的，因此算法采用关键帧选择的概念，它在视觉 SLAM 领域被广泛使用。通过一种简单但是有效的启发式方法选择关键帧，当汽车状态与上一状态 x_i 相比，如果汽车位姿变化超过一个用户定义的阈值时，就将激光雷达帧 F_{i+1} 选为关键帧。在因子图中，新保存的关键帧 F_{i+1} 与一个新的状态节点 x_{i+1} 关联。在两个关键帧之间的激光雷达帧被丢弃。以这种方式加入关键帧不仅实现了地图密度和内存消耗之间的平衡，还有助于维持一张相对稀疏的因子图，它适合于实时的非线性优化。在本节中，加入新关键帧的位置和旋转变化阈值被选为 1m 和 10°。

假定将一个新的状态节点 x_{i+1} 加入因子图中，与这一状态关联的激光雷达关键帧为 F_{i+1}。激光雷达里程计因子的生成过程如下：

1) 体素地图中子关键帧。本算法实现了一种滑动窗口方法来创建一个点云地图，其中包含了固定数量的近几帧激光雷达扫描帧。本算法提取 n 个最近的关键帧（称为子关键帧）用于估计，以代替在两个连续激光扫描间优化位姿变换。子关键帧集合 $\{F_{i-n}, \cdots, F_i\}$ 使用与它们关联的位姿变换 $\{T_{i-n}, \cdots, T_i\}$ 转换到坐标系 W 下。转换后的子关键帧一起被合并到一个体素地图 M_i 中。由于在之前的特征提取步骤中提取了两种类型的特征，因此 M_i 由两个子体素地图组成，即边缘特征体素地图 M_i^e 和平面特征体素地图 M_i^p。激光雷达帧和体素地图是相互关联的，如下：

$$M_i = \{M_i^e, M_i^p\}$$

其中：

$$M_i^e = {'F}_i^e \cup {'F}_{i-1}^e \cup {'F}_{i-n}^e$$

$$M_i^p = {'F}_i^p \cup {'F}_{i-1}^p \cup {'F}_{i-n'}^p$$

$'F_i^e$ 和 $'F_i^p$ 为转换到 W 系下的边缘和平面特征。M_i^e 和 M_i^p 被接着下采样来消除落在相同体素网格中的重复特征。在本算法中，n 被选为 25。M_i^e 和 M_i^p 的下采样分辨率分别为 0.2m 和 0.4m。

2) 扫描匹配。该算法通过扫描匹配将一个新获取的激光雷达帧 F_{i+1}，即 $\{F_{i+1}^e, F_{i+1}^p\}$，与体素地图 M_i 匹配。不同的扫描匹配方法可用于这个目的。这里选择使用所提出的方法，因为该方法计算高效，并且对于不同的有挑战性的场景具有鲁棒性。

首先将 $\{F_{i+1}^e, F_{i+1}^p\}$ 从 B 系转换到 W 系下，由此获得 $\{'F_{i+1}^e, 'F_{i+1}^p\}$。这个初始的位姿变换通过使用来自 IMU 预测的汽车运动 $\tilde{T}_{i+1}$ 来获得。对于 $'F_i^e$ 或者 $'F_i^p$ 中每一特征，寻找它在 M_i^e 或者 M_i^p 中对应的边缘或者平面。

3) 相对位姿变换。一个特征和它对应的边缘或者平面小块的距离通过如下等式计算：

$$d_{ek} = \frac{|(p_{i+1,k}^e - p_{i,u}^e) \times (p_{i+1,k}^e - p_{i,v}^e)|}{|p_{i,u}^e - p_{i,v}^e|}$$

$$d_{pk} = \frac{|(p_{i+1,k}^p - p_{i,u}^p)((p_{i,u}^p - p_{i,v}^p) \times (p_{i,u}^p - p_{i,w}^p))|}{|(p_{i,u}^p - p_{i,v}^p) \times (p_{i,u}^p - p_{i,w}^p)|}$$

其中，k、u、v 和 ω 为它们对应集合中特征索引。对于 $'F_{i+1}^e$ 中一个边缘特征 $'P_{i+1,k}^e$，$P_{i,u}^e$ 和 $P_{i,v}^e$ 为 M_i^e 中形成对应边缘线的点。对于 $'F_{i+1}^p$ 中一个平面特征 $P_{i+1,k}^p$，$P_{i,u}^p$、$P_{i,v}^p$ 和 $P_{i+1,\omega}^p$ 为 M_i^p 中形成对应平面小块的点。接着使用高斯牛顿方法最小化下式以求解最优位姿变换：

$$\min_{T_{i+1}} \left\{ \sum_{p_{i+1}^e \in 'F_{i+1}^e} d_{ek} + \sum_{p_{i+1}^p \in 'F_{i+1}^p} d_{pk} \right\}$$

最终，能够获取 x_i 和 x_{i+1} 之间的相对位姿变换 $\Delta T_{i,i+1}$，它是连接这两个位姿的激光雷达里程计因子：

$$\Delta T_{i,i+1} = T_i^T T_{i+1}$$

4) GPS 因子。尽管仅利用 IMU 预积分和激光雷达里程计因子能够获取可靠的状态估计和建图，系统在长时间的导航任务中仍存在漂移。为了解决这个问题，引入提供绝对测量的传感器来消除漂移。这样的传感器包括测高仪、指南针和 GPS。这里为了便于说明，该算法讨论 GPS，因为它在真实世界导航系统中被广泛使用。

当接收 GPS 测量数据时，首先将它们转换到局部笛卡尔坐标系下。在将新的节点加入因子图后，接着将一个新的 GPS 因子与这个节点关联。如果 GPS 信号不是和激光雷达帧硬件同步，则基于激光雷达帧的时间戳对 GPS 测量数据进行线性插值。

值得注意的是，当 GPS 接收可用时，一直加入 GPS 因子是没有必要的，因为激光雷达惯性里程计的漂移增长非常缓慢。实际上，仅当估计的位置协方差大于所接收的 GPS 位置协方差时，才需要加入 GPS 因子。

5) 闭环因子。归功于因子图的使用，相比于 LOAM 和 LEGO-LOAM，闭环能够被无缝地包含到所提出的系统中。为了便于说明，算法描述并且实现了一种朴素但是高效的基于欧式距离的闭环检测方法。同样注意到,算法提出的框架和其他闭环检测方法是兼容的,例如生成点云描述子并且利用它进行位置识别。

当一个新状态 x_{i+1} 被加入因子图时,首先搜索因子图,并且在欧氏空间寻找距离 x_{i+1} 近的先验状态。如图 4-42 所示,x_3 为返回的候选状态。接着通过扫描匹配尝试将 F_{i+1} 与子关键帧 $\{F_{3-m},\cdots,F_3,\cdots,F_{3+m}\}$ 进行匹配。注意,在扫描匹配之前,F_{i+1} 和过去的子关键帧被首先转换到 W 系下。获取相对位姿变换 $\Delta T_{3,i+1}$,并且把它作为回环因子加入因子图中。在本节中,选择索引 m 为 12,并且和一个新的状态 x_{i+1} 的闭环检测搜索距离设置为 15m。

使用 LIO-SAM 建图及匹配的结果如图 4-43 所示。

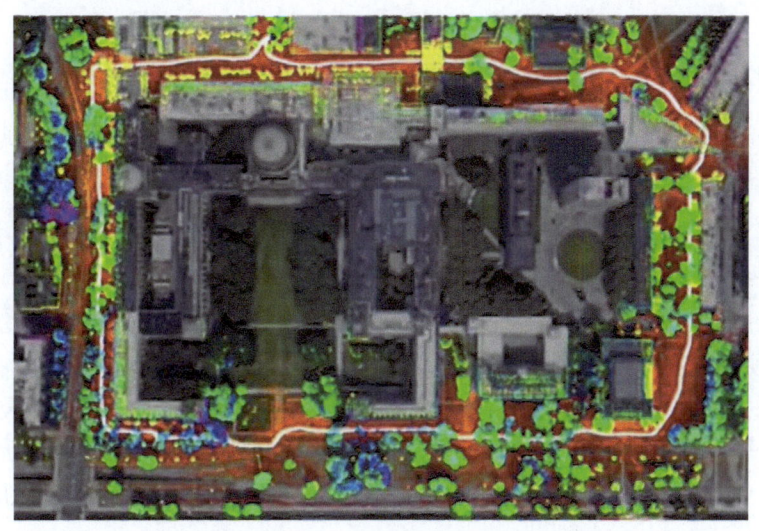

图 4-43　LIO-SAM 建图及匹配结果图

算法相关论文可参考:https://arxiv.org/abs/2007.00258。

算法源代码可见于:https://github.com/TixiaoShan/LIO-SAM。

第五章
智能网联汽车路径规划技术

一、智能网联汽车路径规划概述

路径规划作为自动驾驶汽车顺利运行的重要环节,是指自动驾驶汽车在具有障碍物的环境中规划出一条从起始位置到目标位置、无碰撞的最优或次优路径,并能够满足所有的约束条件,是实现汽车智能化的关键技术之一。

路径规划包括:全局路径规划,也可以叫全局导航规划,即从出发点到目标点之间的纯几何路径规划,无关时间序列、车辆动力学,全局路径规划主要是对局部路径规划起到导向和约束作用,使车辆沿着导航系统提供的一系列期望局部目标点行驶;动态避障规划,又叫局部路径规划,是在车辆沿期望路径行驶时,通过车载传感器感知周围环境及交通信息,从而实现车道保持、动态避障等功能;轨迹规划则源自机器人研究,通常是指机械臂的路径规划,轨迹规划应该是在路径规划和避障规划的基础上,考虑时间序列和车辆动力学对车辆运行轨迹的规划,主要是车辆纵向加速度、车辆横向角速度以及轮胎偏转角等的设定。

路径规划算法分类如图 5-1 所示,主要有:全局路径规划,包括 Dijkstra 算法、BFS 算法、A*算法、D*算法以及 RRT 算法;局部路径规划,包括传统算法中的人工势场法、动态窗口法、模拟退火法、模糊逻辑法,以及智能算法中的神经网络、遗传算法、蚁群算法、粒子群算法和蜂群算法;轨迹规划,包括基于模型预测控制(MPC)和基于几何轨迹线控制。

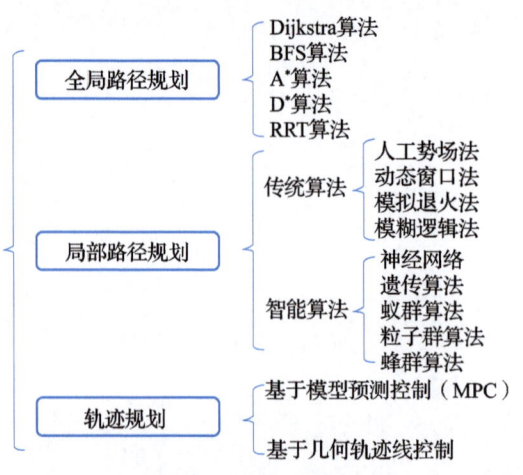

图 5-1 路径规划算法分类

一般来说，路径规划主要是按照规划路径距离最短、算法执行时间最短，或是车辆工作代价最小，以及确保车辆行驶的平顺性、操纵稳定性，其中一个或几个变量参与决策以达到最优的解决方案，并以它们作为评价指标对不同的算法进行判断与选择，最终实现所需要或是希望的一些功能。而不同时期发展出的不同算法则注重于不同的决策变量。

1. 全局路径规划

全局路径规划通常可以找到最优解，但需要预先知道准确的全局环境信息。该算法计算量大、实时性差，不能较好地适应动态非确定环境，比如日常驾驶中突然出现的行人、车辆、障碍物等。

（1）Dijkstra 算法

该算法采用了贪心算法的思想，每次都查找与该点距离最近的点，它是遍历完所有节点才得到最短路径，呈现波纹状向外扩散，所以得到的最短路径成功率很高，鲁棒性也好；但是遍历节点多、效率低是其运用于大型复杂路径拓扑网络时的致命缺点。

（2）BFS 算法

该算法在搜索时只考虑了各节点到终点的估计距离，因为是估计距离，所以不能保证找到的路径为最优路径。然而，它比 Dijkstra 算法快得多，因为它利用启发式函数，可以保证其搜索的节点越来越靠近目标节点，并最终到达目标节点。

（3）A^*（star）算法

该算法在进行启发式搜索提高搜索效率的同时也能够找到一条较为优化的路径，兼顾了 BFS 和 Dijkstra 算法的优点。其搜索具有方向性、扩展节点少、鲁棒性好、对环境信息反应快；缺点是在实际应用中忽略了运动体自身的体积带来的节点限制，并且随着区域的扩大，搜索效率不断下降、路径转折点多、转角大，与车辆实际行驶有所区别。

（4）D^* 算法

Stentz 针对 A^* 算法无法在新出现路障时规划出新的路径，提出 D^* 算法（Dynamic A^*），具有与环境交互的能力，可以处理动态变化的环境，而且当环境发生变化时，基于以前的路径重新计算全局路径的成本降低；但是反向搜索建立了一个信息场，规划区域较大时，需要维护存储的数据量大，当出现"堵塞"时信息更新代价较大。

（5）RRT 算法

RRT 具有以下独特优势：

1）不需要对环境建模，直接对环境中的采样点进行碰撞检测。

2）随机树扩展的速度极快，搜索效率高。

3）适合解决动态、多障碍物环境下的路径规划问题。

但 RRT 也有不足之处，那就是随机树扩展过程中产生了很多冗余搜索。几种全局路径规划算法对比与分析见表 5-1。

表 5-1 全局路径规划算法对比

算法	优缺点
Dijkstra 算法	得到最短路径成功率很高，鲁棒性也好；但是遍历节点多，效率低
BFS 算法	搜索效率最高；但是占用内存大、搜索得到最优路径可能性低
A* 算法	搜索具有方向性，扩展节点少，鲁棒性好，对环境信息反应快；但是随着规划区域的扩大，搜索效率不断下降，路径转折点多、转角大，与车辆实际行驶有所区别
D* 算法	可以处理动态变化的环境，当环境发生变化时，基于以前的路径重新计算全局路径的成本降低；但是反向搜索建立了一个信息场，需要维护存储的数据量大
RRT 算法	不需要对环境建模，直接对环境中的采样点进行碰撞检测，搜索随机树扩展速度极快，搜索效率极高，适合解决动态、多障碍物环境下的路径规划问题；但是随即搜索产生了很多冗余，也不能够找到最优路径

2. 局部路径规划

局部路径规划是以不知道或不完全知道的环境信息为前提，自动驾驶汽车仅通过车载传感器，比如摄像头、激光雷达等感知设备感知自身周围环境，诸如行人与其他车辆的行驶状态、车道线、交通指示标牌等，并通过多传感器融合算法准确定位自身位置，建立地图模型进行实时路径规划。与全局路径规划方法相比，局部规划更具实时性和实用性，对动态环境具有较强适应能力；其缺点是由于仅依靠局部信息，有时会产生局部极值点或振荡，无法保证自动驾驶汽车能顺利地到达目标点。

（1）传统算法

1）人工势场法。1985 年，Oussama Khatib 提出一种将机器人在周围环境中的运动，设计成一种抽象的人造场中的运动，目标点对移动机器人产生"引力"，障碍物对移动机器人产生"斥力"，最后通过求合力来控制移动机器人的运动的一种算法，称为人工势场法（APF）。该算法规划出来的路径平滑安全、描述简单，但却存在一些问题：当物体离目标点比较远时，引力将变得特别大，相对较小的斥力在可以忽略的情况下，物体运动路径上可能会碰撞到障碍物；当目标点附近有障碍物时，斥力将非常大，引力相对较小，物体很难到达目标点；在某个点，引力和斥力刚好大小相等、方向相反，则物体容易陷入局部最优解或振荡。

2）动态窗口法。1997 年，发表在 *IEEE Robotics and Automation Magazines* 上的一篇文章首次提出了一种新的应用于机器人路径规划的算法，即动态窗口法（DWA）。其原理主要是在机器人的直线速度 v 和旋转速度 ω 组成的速度空间 (v, ω) 中采样多组速度，并模拟这些速度在一定时间内的运动轨迹，再通过一个评价函数对这些轨迹打分，最优的轨迹所对应的速度被选择出来驱动机器人运动。然而，在障碍物较多情况下，移动过程容易陷入局部最优，导致全局路径距离变大。

（2）群智能优化算法

随着对各个交叉学科的研究，各类群智能优化算法也被引入路径规划领域，通过模拟自然界生物的行为规律实现优化的目的，群智能优化算法具有自学习、自决定功能。近年来，典型的群智能优化算法包括遗传算法、蚁群算法、粒子群算法和神经网络算法等。

1）遗传算法。遗传算法流程如图 5-2 所示，遗传算法首先需要建立栅格地图，之后初始化种群，计算种群的适应度，判断是否达到迭代次数或满足最优路径，判断为否则需要进行选择、交叉、变异操作，直到满足输出条件，最终输出最优路径。

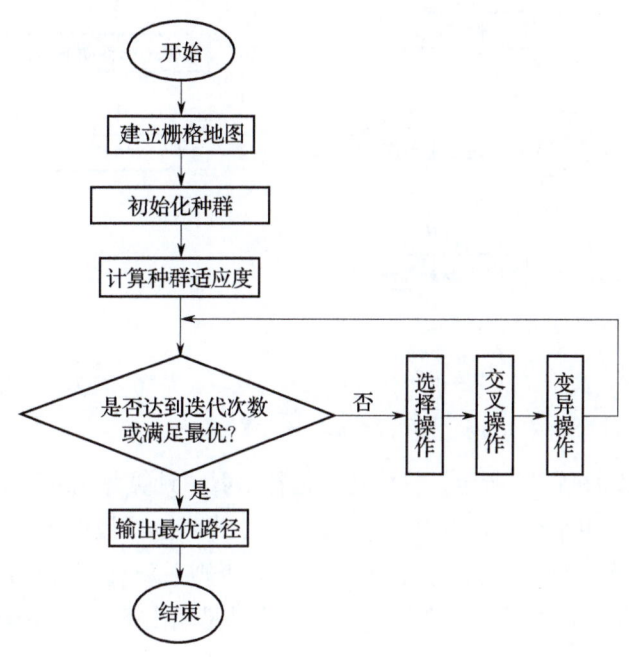

图 5-2 遗传算法流程图

遗传算法（GA）主要应用于优化问题和搜索问题两大领域，是一种并行随机搜索优化方法。遗传算法已被视为可以快速定位广阔且复杂的搜索空间的高性能区域的搜索过程，但输出结果可能不太准确。如今，在许多研究中，它已用于局部搜索方法，称为局部遗传算法。

2）蚁群算法。蚁群算法是根据模拟蚂蚁寻找食物的最短路径行为来设计的仿生算法，因此一般而言，蚁群算法用来解决最短路径问题，并在旅行商问题（TSP）上取得了比较好的成效，目前，也已逐渐应用到其他领域中，在图着色问题、车辆调度问题、集成电路设计、通信网络、数据聚类分析等方面都有所应用。

蚁群算法流程如图 5-3 所示，首先需要设置参数进行初始化，紧接着用评价函数评价蚁群是否满足终止条件，如果不满足则需要继续迭代，利用概率选择移动方向，进行信息素更新，继续评价蚁群直至满足终止条件输出最优路径。

蚁群算法具有较强的鲁棒性、适应性等优点，但也存在收敛速度慢、易出现局部最优解等问题，得到的往往是近似最优解。

3）粒子群算法。从随机解出发，通过迭代寻找最优解，它也是通过适应度来评价解的品质，但它比遗传算法规则更为简单，它没有遗传算法的"交叉"（Crossover）和"变异"（Mutation）操作，它通过追随当前搜索到的最优值来寻找全局最优。这种算法以其实现容易、精度高、收敛快等优点引起了学术界的重视，并且在解决实际问题中展示了其优越性。

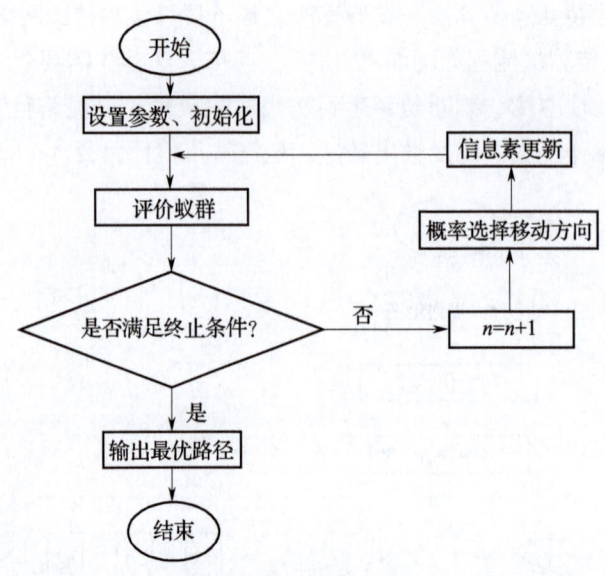

图5-3 蚁群算法流程图

粒子群算法流程如图5-4所示,首先初始化粒子群,计算每个粒子的适应度,根据适应度去更新种群里 P_{best}(单个个体的最优解)与 G_{best}(种群全局最优解),更新粒子位置、速度,判断是否达到迭代次数或满足最优位置,判断为否则重新计算每个粒子的适应度,继续更新种群里 P_{best} 与 G_{best},更新粒子位置、速度,最终满足输出条件,输出最短路径。

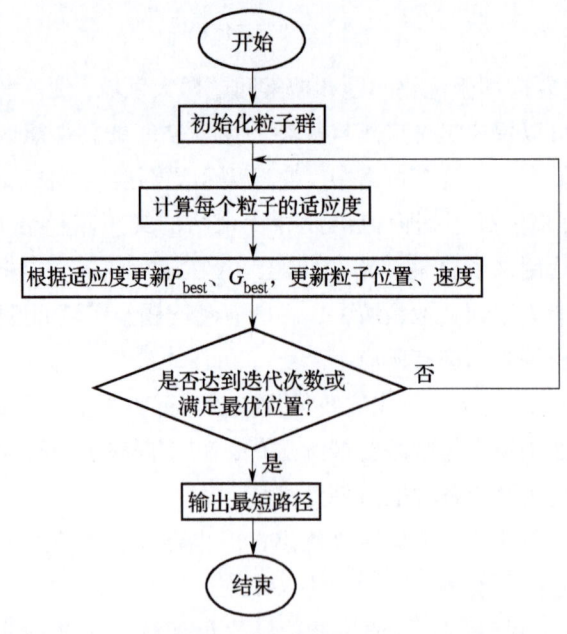

图5-4 粒子群算法流程图

几种局部路径规划算法对比与分析见表5-2。

表 5-2 局部路径规划算法对比

算法	优缺点
人工势场法	规划出来的路径平滑安全、算法描述简单；但是却存在局部最优解的缺陷
动态窗口法	具有良好的避障能力；但是，该方法回避了全局路径最优的路径规划要求，障碍物较多情况下存在陷入局部最优的致命问题
遗传算法	可以快速定位广阔且复杂的搜索空间的高性能区域；但输出结果可能不太准确，不能够得到最优路径
蚁群算法	具有较强的鲁棒性、适应性等优点；但也存在收敛速度慢、易出现局部最优解等问题，得到的往往是近似最优解
粒子群算法	实现容易、精度高、收敛快；但是得到的往往为近似最优解

3. 轨迹规划

对于无人车这一受非完整性约束的系统，研究人员通常基于车体模型进行轨迹规划。按照车体模型的精确程度，轨迹规划方法可以进一步分为基于模型预测控制（Model Predictive Control，MPC）以及基于几何轨线控制的规划方法。

对于自动驾驶车辆来说，轨迹生成问题主要研究如何生成一系列动作，使得自动驾驶车辆由初始状态到达目标状态。规划的轨迹包括和时间相关的速度、加速度、行驶时间、燃油消耗量等状态和控制量，并将轨迹信息传给运动控制系统，运动控制系统接收到规划轨迹的详细信息以后，对车辆的姿态进行控制，使其沿着规划轨迹进行循迹行驶，以达到对智能车辆自动控制的目的。对于无人车来说，其初始状态包括其二维坐标 (x,y)、航向角 ψ 以及曲率 κ、转弯半径 R、前后轮轴距以及前轮转向角之间的关系。

实际情况远比这复杂，还需要建立大量的数学方程，良好的规划必须建立对周边环境，尤其是动态环境的深刻理解。

二、环境地图的表示方法

进行路径规划寻找最优解之前，首先需要对已知环境地图进行数字化处理，以方便利用不同的路径规划算法在地图上找寻最优路径。常用的环境地图模型有以下四种：栅格地图、几何地图、拓扑地图、混合地图。

1. 栅格地图

在自动驾驶领域，当前应用最为普遍的基于栅格地图的路径规划算法由 Elfes 和 Moravec 提出。栅格地图是将环境视为平面上的多个栅格，通过每个栅格携带的二值信息，来表征该区域是可行区域还是障碍区域，从而形成整个环境的障碍物信息，为后续的路径规划提供依据。栅格地图表现形式直观，创建和维护都比较容易，当栅格太小时，由于每个栅格内都会占据一定的内存空间，将会导致整个系统过大，在导航时会影响系统的搜索效率，导致实时性差；过大的栅格将会使实际地图中相邻区域的信息变得模糊，严重的甚至会出现表征错误，影响导航的准确性，因此在使用时需要选取大小合适的栅格。

2．几何地图

几何地图通过常见的几何特征去拟合障碍物信息，比如常见的点特征、直线特征、平面特征等来搭建环境的主要框架，因此需要知道这些特征处于环境中的具体位置。基于几何地图进行定位是通过对摄像头观测到的环境数据进行度量，并与搭建的环境框架进行比较，通过特征估计技术来确定机器人在环境中的具体位置来实现定位。这种方法建模简单、存储空间较小，但是不能够直观表达非结构化道路，几何特征难以获取。

3．拓扑地图

用拓扑的结构来表示环境地图并用于移动机器人导航定位的概念最早由 Mataric 和 Kuipers 提出。拓扑地图由许多关键节点和连接这些节点的线条来描述环境，可以形象地表示环境的拓扑结构。其中，节点代表环境中的地点，线条表示机器人可以在连接的节点间运动。拓扑地图能够为机器人在节点间的移动提供节点间距离及方位信息。拓扑地图的特点是抽象、占用内存空间很小、搜索时间短、运用于导航定位系统的实时性较好。此外，运用拓扑地图进行导航定位的算法也经历了很长一段时间的发展，已经形成了许多成熟高效的搜索和推理算法，可以很方便地调用；缺点是每次匹配都需要从最邻近的拓扑节点开始匹配。

4．混合地图

混合地图主要包含 3 种形式：栅格 - 几何地图，几何 - 拓扑地图，栅格 - 拓扑地图。混合地图通常是考虑到由于不同的场景，最适合该场景的地图也不相同，需要去选择最为合适的地图，通常应用于大场景下的环境表示。相比于单一地图模式，混合地图更具灵活性、准确性和鲁棒性。

5．高精度地图

高精度地图对于无人车来说，具有很高的价值。高精度地图示意图如图 5-5 所示，车道线、路标、周围建筑物等被清晰标注出来。其主要特点如下：

图 5-5　高精度地图示意图

1）高精度地图能够给无人车很多预判的空间。当无人车通过高精度地图知道前方的路况和交通标识信息后，能够提前做行驶规划，保证了行车的平稳性和经济性。

2）高精度地图能够帮助无人车减少计算量。当无人车需要通过路口时，它需要提前感知前方信号灯的状态，这时高精度地图就可以帮助它定位到信号灯所在的特定区域，从而有效降低了全范围扫描识别的计算量。

3）高精度地图将道路及周围的所有静态障碍物进行收集，减少无人车对静态障碍物的算法处理。

高精度地图包含完备的道路信息，使自动驾驶汽车可视范围更广，是自动驾驶汽车达到 L4 和 L5 级自动驾驶能力的必备条件。

匹配定位、辅助环境感知以及路径规划是高精度地图的三大功能。匹配定位功能将传感器上传的车辆与车道线的相对位置与 GPS、北斗等全局高精度地图中车道线先验信息进行匹配完成横向定位纠正，通过路口、路牌等特征点位置与全局高精度地图中对应交通标识的先验信息进行比较，完成纵向偏差纠正。感知模块中传感器视野有限，而全局高精度地图包含全面丰富的道路环境，因此全局高精度地图可以配合感知模块提供完备的环境信息，同时感知模块只需处理指定范围内的障碍物信息，减小了计算压力。路径规划的完成必须基于高精度地图，根据输入的起点与目标点位置，提取高精度地图中匹配的行驶路径或行驶区域，其中包含变道规则等信息，对该区域地图以栅格化或几何化等方式加工，精简地图信息量，方便路径规划算法运算处理。

由环境地图对比与分析（表 5-3）可知，几何地图适用于简单场景的环境建模；混合地图模型不易搭建；拓扑地图只能够表现环境地图中的关键节点和路径，无法构建几何直观地图。而自动驾驶车辆常常需要在复杂的环境中行驶，栅格地图对于复杂环境有较好的适用性，为了满足本算法研究的需要，选择栅格地图作为环境地图的表达方式。

表 5-3 环境地图对比与分析

模型	优点	缺点
栅格地图	直观、建模简单、易实现、可以实时更新、能够共享、精确度高、可以从云端获取、方便读取	栅格分辨率不易确定，环境越复杂，栅格分辨率越低、存储空间越大、运算效率越低，路径规划效率不高，空间浪费
几何地图	建模简单、存储空间小、计算时间短、不能实时更新、无法共享	不适合非结构化道路，几何特征难以获取
拓扑地图	占用内存空间很小、搜索时间短、运用于导航定位系统的实时性较好，忽略了外部环境的几何特征	抽象、每次匹配都需要从最邻近的拓扑节点开始匹配，难以构建大环境下的地图，对于视角敏感，而且缺乏精确的尺度信息
混合地图	地图更灵活、准确	环境地图的搭建不易，通常需要根据不同环境选择不同的混合地图

三、Dijkstra 算法

Dijkstra 算法是由荷兰计算机科学家 Edsger Wybe Dijkstra 在 1956 年提出的该算法使用类

似广度优先搜索的方法解决赋权图的单源最短路径问题。Dijkstra 算法采用的是一种贪心的策略，声明一个数组 dis 来保存原点到各个顶点的最短距离和一个保存已经找到了最短路径的顶点的集合：$T=\{\}$，初始时，原点 s 的路径权重被赋为 $0(dis[s]=0)$。若对于顶点 s，存在能直接到达的边 (s, m)，则把 $dis[m]$ 设为 $w(s, m)$，同时把其他所有 s 不能直接到达的顶点的路径长度设为无穷大。初始时，集合 T 只有顶点 s，随后从 dis 数组选择最小值，则该值就是原点 s 到该值对应的顶点的最短路径，并且把该点加入 T 中，此时完成一个顶点。

随后，需要注意新加入的顶点是否可以到达其他顶点并且观察通过该顶点到达其他点的路径长度是否比原点直接到达短，如果是，替换这些顶点在 dis 中的值。再从 dis 中找出最小值，重复上述动作，直到 T 中包含了图的所有顶点。

以图 5-6 中节点为例，找出从顶点 v_1 到其他各个顶点的最短路径。

先声明一个 dis 数组，该数组初始化（原顶点 v_1 到其他点的直接距离，无法直达则记为无穷）的值如图 5-7 所示。

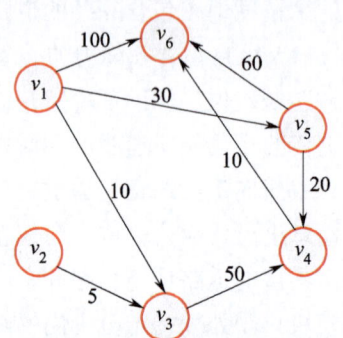

图 5-6 Dijkstra 算法节点示意图

dis	0	∞	10	∞	30	100

图 5-7 数组初始化的值

顶点集合 T 的初始化为：$T=\{v_1\}$，既然是求 v_1 顶点到其余各个顶点的最短路程，先找一个离第一个顶点 v_1 最近的顶点。通过数组 dis 可知当前离 v_1 顶点最近的是 v_3 顶点。当选择了第二个顶点 v_3 后，$dis[2]$（索引从 0 开始，即 v_1 到 v_3 的最短距离）的值就已经从"估计值"变为了"确定值"，即 v_1 顶点到 v_3 顶点的最短路程就是当前 $dis[2]$ 值。将 v_3 加入 T 中。

提示：因为目前离 v_1 顶点最近的是 v_3 顶点，并且这个图所有的边都是正数，那么肯定不可能通过第三个顶点中转，使得 v_1 顶点到 v_3 顶点的路程进一步缩短了。因为 v_1 顶点到其他顶点的路程肯定没有 v_1 到 v_3 短。确定了一个顶点的最短路径，下面就要根据这个新入的顶点 v_3 会有出度（即 v_3 可达到的路径），发现以 v_3 为弧尾的有：$<v_3, v_4>$，观察路径：v_1 - v_3 - v_4 的长度是否比 v_1 - v_4 短，$dis[3]$ 代表的是 v_1 - v_4 的长度为无穷大，而 v_1 - v_3 - v_4 的长度为：$10+50=60$，$dis[3]$ 要更新为 60，得到如图 5-8 所示的结果。

dis	0	∞	10	60	30	100

图 5-8 第一次更新后的 dis 数组

此时，顶点集合：$T=\{v_1, v_3\}$。从除 $dis[2]$ 和 $dis[0]$ 外的其他值中寻找最小值，发现 $dis[4]$（即 v_1 到 v_5 的直达距离）的值最小，v_1 到 v_5 的最短距离就是 $dis[4]$ 的值，随后把 v_5 加入集合 T 中，考虑 v_5 的出度是否会影响数组 dis 的值，v_5 有两条出度：$<v_5, v_4>$ 和 $<v_5, v_6>$。v_1 - v_5 - v_4 的长度为 50，而 $dis[3]$ 的值为 60，需要更新 $dis[3]$ 的值。另外，v_1 - v_5 - v_6 的长度为 90，而 $dis[5]$ 为 100，需要更新 $dis[5]$ 的值。更新后的 dis 数组如图 5-9 所示。

| dis | 0 | ∞ | 10 | 50 | 30 | 90 |

图 5-9　第二次更新后的 dis 数组

此时，顶点集合：$T = \{v_1, v_3, v_5\}$。随后继续从 dis 中选择未确定的顶点的值中选择一个最小的值，发现 dis[3]的值是最小的，把 v_4 加入集合 T 中，此时集合 $T = \{v_1, v_3, v_5, v_4\}$，然后，考虑 v_4 的出度是否会影响数组 dis 的值，v_4 有一条出度：$< v_4, v_6 >$，随后发现：$v_1 - v_5 - v_4 - v_6$ 的长度为 60，而 dis[5]的值为 90，更新 dis[5]的值，更新后的 dis 数组如图 5-10 所示。

| dis | 0 | ∞ | 10 | 50 | 30 | 60 |

图 5-10　第三次更新后的 dis 数组

此时，顶点集合：$T = \{v_1, v_3, v_5, v_4\}$。随后可确定 v_6 和 v_2 的最短路径，最后 dis 数组的值如图 5-11 所示。

| dis | 0 | ∞ | 10 | 50 | 30 | 60 |

图 5-11　最后更新的 dis 数组

最后可知顶点集合：$T = \{v_1, v_3, v_5, v_4, v_6, v_2\}$。从图 5-11 中可以发现 $v_1 - v_2$ 的值为：∞，代表没有路径从 v_1 到达 v_2。得到的最后结果见表 5-4。

表 5-4　Dijkstra 算法路径表

起点	终点	最短路径	长度
v_1	v_2	无	∞
	v_3	$\{v_1, v_3\}$	10
	v_4	$\{v_1, v_5, v_4\}$	50
	v_5	$\{v_1, v_5\}$	30
	v_6	$\{v_1, v_5, v_4, v_6\}$	60

四、A* 算法

A* 算法最早于 1964 年发表在 *IEEE Transactions on Systems Science and Cybernetics* 上的论文"A Formal Basis for the Heuristic Determination of Minimum Cost Paths"中被提出。

该算法属于一种经典的启发式搜索方法，所谓启发式搜索，就在于当前搜索结点往下选择下一步结点时，可以通过一个启发函数来进行选择，选择代价最小的结点作为下一步搜索结点而跳转其上。

传统的算法中，深度优先搜索（DFS）和广度优先搜索（BFS）在展开子结点时均属于盲目型搜索，也就是说，它不会选择哪个结点在下一次搜索中更优而去跳转到该结点进行下一步的搜索。

在运气不好的情形中，需要试探整个解集空间，显然，只能适用于问题规模不大的搜索问题中。而与 DFS、BFS 不同的是，一个经过仔细设计的启发函数，往往在很快的时间内就可得到一个搜索问题的最优解。

为了验证传统 A* 算法的路径规划能力，对 Dijkstra 算法、BFS 算法、A* 算法在路径搜索方面的能力进行了对比，利用 MATLAB 软件在相同的 50×50 栅格模型下对这些算法进行了路径搜索仿真，得到了规划路径的距离以及算法执行的时间。

A* 算法是依照某一启发规则并和 Dijkstra 算法相结合而生成的，所以 A* 算法不仅可以搜索到整个环境下的最优路径，还拥有较快的运行计算速度。它的核心表达式如下所示：

$$F(n) = G(n) + \text{Weights} \cdot H(n)$$

式中，$G(n)$ 表示汽车在工作空间中从初始起点移动到当前节点所消耗的实际代价值；$H(n)$ 为当前节点到终点的路径代价估计值，也称作启发函数，一般选用曼哈顿算法进行距离估计，见下式；$F(n)$ 为前两者之和，在路径规划中表示智能汽车在当前节点 n 所消耗的总代价值。

$$H(n) = \text{abs}(n_x - \text{goal}_x) + \text{abs}(n_y - \text{goal}_y)$$

若 Weights 取为 0，则 A* 算法退变为 Dijkstra 算法。若 Weights 远大于 1，则该算法蜕变为 BFS 算法，启发性函数 $H(n)$ 对于整个算法影响较大。若 $H(n)$ 能够较好地与 $G(n)$ 匹配，路径将固定且最优，所耗时间最短；反之，$H(n)$ 不仅会极大地增加算法速度，还会影响智能汽车寻优，最终使车辆选择一条次优路线。

A* 算法搜索路径如图 5-12 所示，S 点为起点，E 为终点，黑色表示无法通行的障碍物。

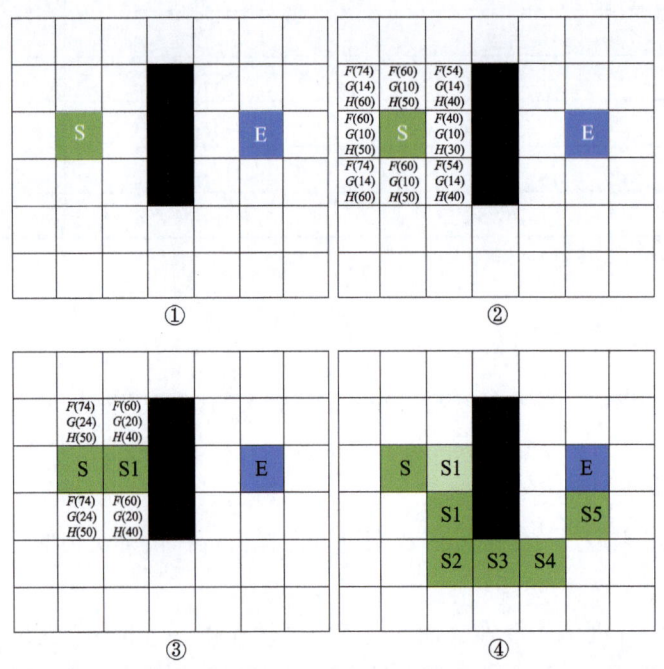

图 5-12　A* 算法搜索路径

实时计算 S 下一时刻所能到达的周围节点的 $F(n)$ 值,并从允许移动的网格节点中寻找 $F(n)$ 最小的 S1 进行移动,紧接着搜索 S1 周围节点的最小 $F(n)$ 值继续移动,并和 S 至该节点的 $F(n)$ 值进行比较,若其 $F(n)$ 值大于 S 直接到达此节点 $F(n)$ 值,则选择直接从 S 移至该节点,途中浅色 S1 节点被放弃,持续搜索,最终选择一条代价值最小的路径到达目的地,即为 S – S1 – S2 – S3 – S4 – S5 – E。

为了更清晰地说明 A* 算法的工作原理,可参考如图 5 – 13 所示的 A* 算法流程图。首先初始化 Open 列表,加入起始节点 S;初始化 Closed 列表,加入障碍物格点;搜索 S 周围可以达到的节点,放到 Open 列表中,设置 S 为父节点,并放入 Closed 列表中。计算 Open 列表中每个节点的最小 F 值,将最小 F 值节点加入 Closed 列表,并设置该节点为父节点继续搜索,直至搜索至目标节点加入 Closed 列表跳出循环。

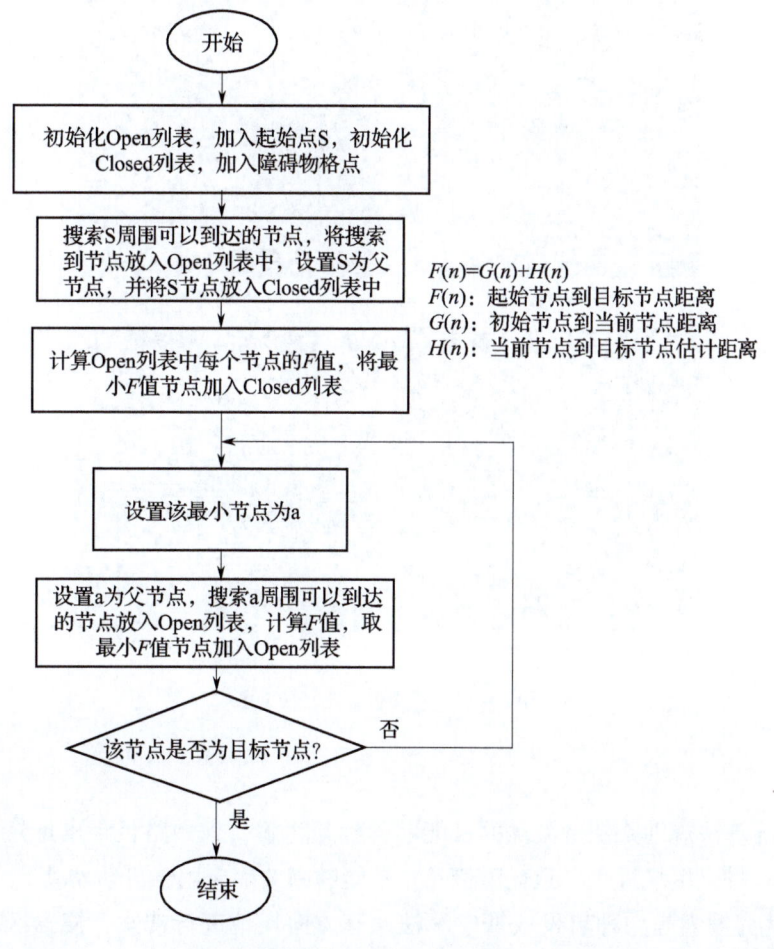

图 5 – 13　A* 算法流程图

1. 基于 MATLAB 仿真试验结果

在 A* 算法的核心表达式中,Weights 代表权重,通过调节 Weights 来对算法进行切换。为了确保仿真试验数据的准确性,对于不同的 Weights 取值分别进行五次路径搜索,记录下每一次路径搜索的路径长度与搜索时间，计算时取平均值。

仿真试验数据见表 5-5，不同权重路径搜索如图 5-14 所示。

表 5-5 仿真试验数据记录表

Weights	平均路径长度/m	平均搜索时间/s
0	104	30.341
1	104	17.239
2	104	5.388
10	120	4.508

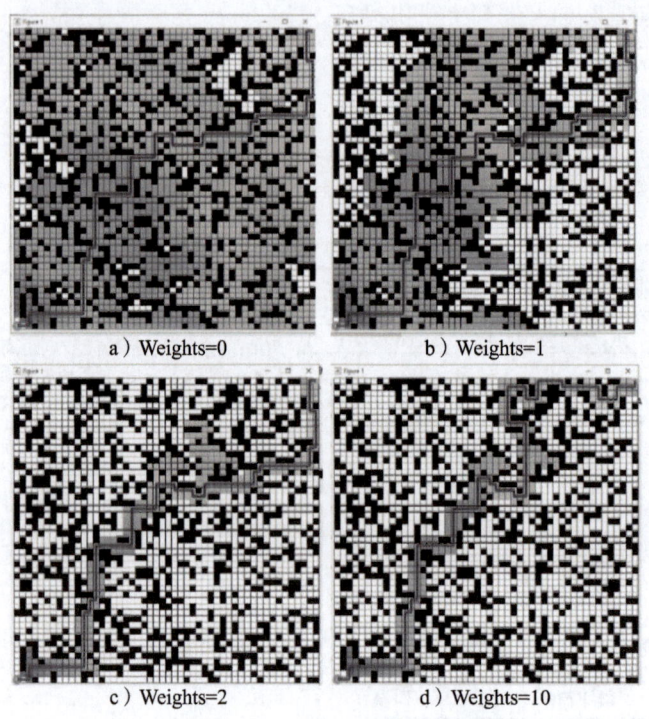

图 5-14 不同权重路径搜索图

2. 小结

1) Dijkstra 算法规划路径是最优的，能够得到最优解，规划路径距离最短，但是由于使用了贪心算法，搜索区域过大导致耗时最长，不能够高效地应用于自动驾驶。

2) 广度优先搜索是一种启发式搜索算法，有方向性地进行搜索，搜索区域较小，收敛速度很快，在相对不那么复杂的地图中耗时仅仅为 Dijkstra 算法的 1/7，但是搜索路径并非全局最优，造成路线冗余，因此在自动驾驶中使用还有所欠缺。

3) 基于启发式的 A^* 算法同时兼顾了 Dijkstra 算法和广度优先搜索的优点，不需要搜索全部节点，搜索具有方向性，能够在较为简单的场景中较短时间内得到全局最优路径，因此能够有效地匹配使用在自动驾驶车辆上。

3. A*算法的优化与改进

（1）A*算法拐角优化

在实际的自动驾驶汽车行驶过程中，总是倾向于尽可能少的拐弯次数，而传统的A*算法是基于终点的启发式算法，在F值相同的两条路径上通常按照后搜索的节点作为接下来进一步搜索的节点，在全局的路径规划中总是出现弯弯曲曲的折线而与实际情况不符。因此为了得到尽可能少的转弯，常常将F值相同的节点进行对比，如果可以走某一方向而不需要拐弯，那么就选择该方向为最优方向。

（2）启发函数的改进

1）$F(n) = G(n) + Weights \cdot H(n)$。传统的A*算法的搜索速度相较于Dijkstra算法有所提升，但是据有关研究可以得知搜索速度仍然较低，为了进一步提高A*算法的搜索速度，需要引入权重因子Weights。通过改变Weights的值，增强启发性信息的权重，有可能以导致搜索路径变长作为代价，但是通过适当地设置Weights，可以在确保搜索路径较优的情况下大大缩短搜索时间。不过这一方法在寻路后期，靠近终点的时候，经常会因为过度相信直觉，也就是启发信息，而选择错误的方向导致大量冗余路线，甚至找不到终点导致搜索失败。

2）双重A*算法。基于启发式的算法能够保证较好的方向性，但在运动的过程中，节点会被一些障碍物阻碍，此时将这一块障碍物的边界预先规划，并在这一块区域内再进行一次A*规划，这就好像将一整块复杂的地图先根据整体A*算法规划的结果分割成几块障碍地图，再在这之中分别使用A*算法进行规划。诚然这样可以比较容易地进行规划且较易在每一块分块规划的地图中得到较好的规划结果，但整体的A*算法的规划结果不一定是最优的，可以说该算法是在次优的结果进行正确的选择，牺牲了A*算法的全局性而突出其规划优势。之所以将其归纳为A*算法启发函数的改进，是因为它的改进思路相当于一个变权重的启发函数，先进行模糊考虑再进行分块精细。

3）反向搜索。传统的A*算法的搜索路径是从起始点出发，按照启发信息的指引有方向性地进行搜索，从而找到一条路径使评价函数的值相对较小。但上述的陈述已经表明这种方式有它的不足之处，单纯地改进启发函数始终难以避免出发点和终点对于启发信息要求不一致和路线过度冗余这两个缺点，因此人们提出了一种新思路，即反向搜索A*算法。

反向搜索A*算法的思路可以这样概括：从起点和终点处同时使用A*算法，即同时使用启发信息进行搜索，对于终点为出发点的节点，将起点当成搜索的目标终点，以这样的方式实现新的遍历，实现了反向搜索，当两条搜索路径重合时，即表明搜索完成。

改进后的反向A*算法相当于同时使用了两个启发性函数，并且都对启发性函数指导效果较好的前半段进行使用，这样在靠近终点时启发信息过于模糊不清和盲目的特性并不会显现，这是由于使用这种方式相当于两个A*算法都只规划了最优的路线的前半程，并且基于这一点考虑，改进后的反向A*算法是一个并行性的算法，并且在理论上可以比传统的A*算法节省一半的时间，从而大大地提高了算法的搜索效率。

本节仍旧不采用这一逻辑的原因在于在实际操作中，双向搜索很容易陷入一个僵局，即

A*算法本身是一个依赖启发性信息的搜索性算法,即它所获得的最优路线并不是实际意义上的最优路线,也不是唯一的最优路线,仅仅是该算法的算法逻辑认为的最优路线,从这一点上看,极有可能存在进行正向和反向搜索时,两个A*算法各自找到了通往各自终点的最优路线,但两条并不相交,也就是无相同的节点,则此时算法只能在两者里面选其一,即变成了传统的A*算法。

4. 栅格地图的优化

对地图进行栅格化,栅格的分辨率是需要考虑的一件事,称之为栅格地图的预处理。如图5-15和图5-16所示,车辆水平投影与膨胀半径设定是以车辆中心点为圆心,将车辆整体包含在内的长度作为半径画圆进行膨胀,即车辆更换以后,膨胀半径也会发生变化。

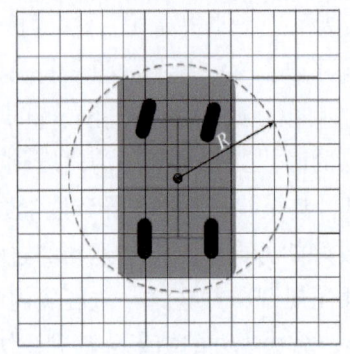
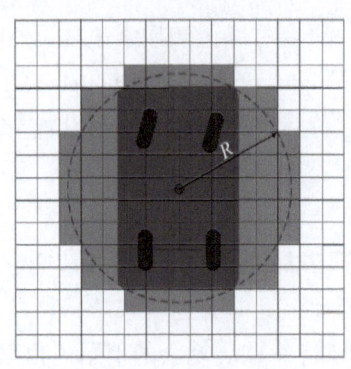

图5-15 车辆水平投影　　图5-16 车辆水平投影与膨胀半径设定

试验中默认地图块已经按照试验车辆进行了膨胀并选择了一个合适的栅格尺寸,能够使汽车在每一个栅格之内通行,栅格的尺寸应大于试验车辆的尺寸。栅格的尺寸应合适,栅格尺寸过大,会减小路径规划的空间,以至于不能寻找到最优解;栅格尺寸较小,地图分辨率较高,包含信息多,将会对决策规划的速度有影响。

栅格尺寸确定之后,实际路面的障碍物大多数是不规则的,如图5-17和图5-18所示,在进行路径搜索之前,需要将其进行膨胀处理,最为简单的处理方式是将任何有障碍物的栅格设置为无法通行,其余栅格为可通行。做好一切处理之后,接下来可对A*算法从迭代速度、路径寻优、路径行驶的真实性等方面进行适当的优化。

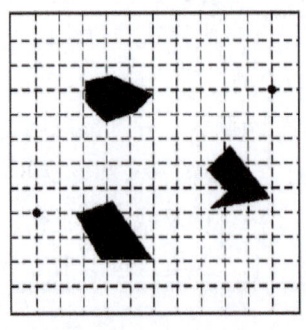
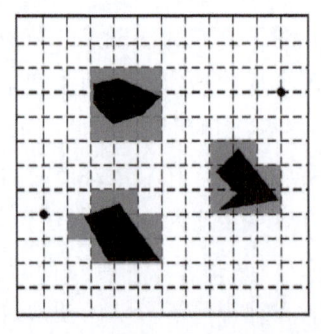

图5-17 不规则障碍物　　图5-18 不规则障碍物的膨胀

(1) 栅格尺寸的膨胀

在一些复杂路况下,很多障碍物散乱地分布在地图上,这使得无效搜索大大增加,给搜索带来了极大的难度,导致搜索时间急剧上升。可以将栅格尺寸适当扩大,这样散乱的障碍物就被整合在一起,栅格地图占用内存大大降低,可以提高搜索效率,但可能会以路径距离增加作为代价。

(2) 凹形障碍物的矩形化

A^*算法在进行路径搜索时,会不可避免地进行无效搜索。比如图5-19所示栅格地图中,存在不同形式的凹形障碍物,A^*算法进行搜索时,很大可能会搜索到凹形区域内的范围。将凹形障碍物矩形化可以避免A^*算法在路径搜索时搜索到凹形障碍物里面,可以大大减少无效搜索工作,提高搜索效率,改善A^*算法性能。

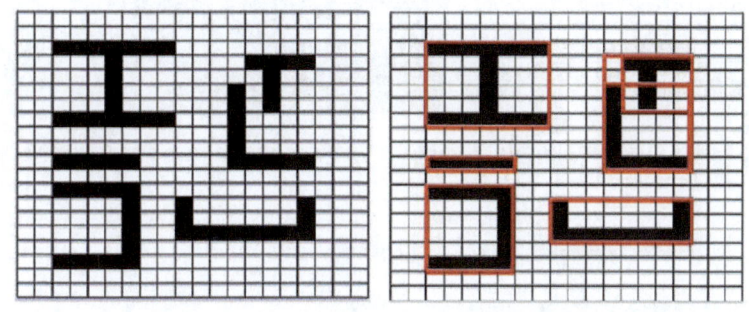

图5-19 凹形障碍物占栅格地图及矩形化

五、自动驾驶汽车的全局路径规划

在自动驾驶系统中,一般会使用高精度地图或拓扑地图,其一般为一个图状结构,如图5-20所示。

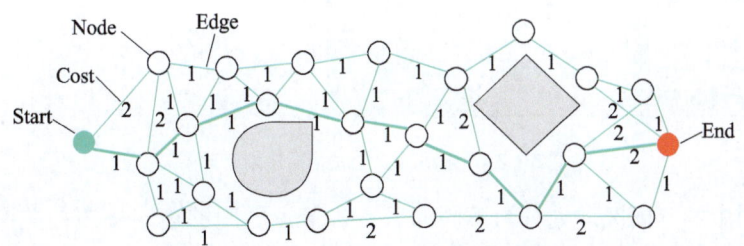

图5-20 自动驾驶图状结构地图

图状结构地图包括一个有限的顶点(或节点)集合和连接一对节点的边集合。图的构建算法侧重于如何生成或选择能产生良好路径的边(在局部路径规划中侧重该问题),例如,从任意起点节点到终点的最短路径(后向扩展)。根据前面讲解的相关内容,可使用Dijkstra或A^*等算法进行最优搜索。

自动驾驶全局路径规划的流程如图 5-21 所示。

1）将高精度地图转换为拓扑地图。
2）在拓扑地图中设置起点和终点。
3）基于 A* 算法进行全局路径规划。
4）生成全局路径。

高精度地图转变为拓扑地图如图 5-22 所示。

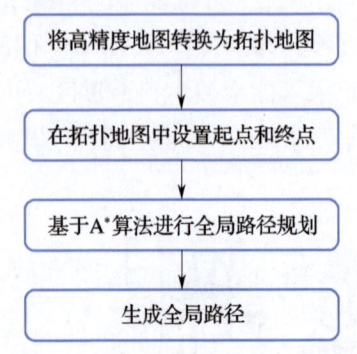

图 5-21 自动驾驶全局路径规划的流程

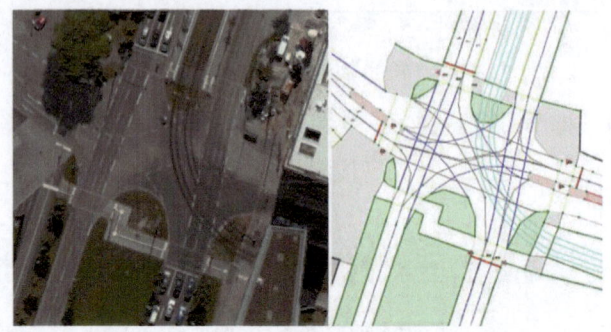

图 5-22 自动驾驶全局路径规划拓扑地图

随后将拓扑地图转变为有向图如图 5-23 所示。

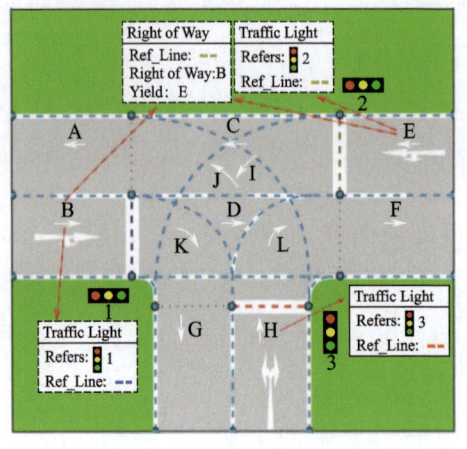
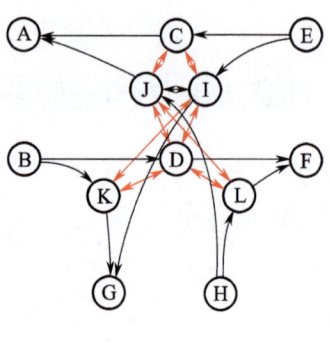

图 5-23 自动驾驶全局路径规划有向图

将不同路网中的不同区域划分为不同的节点，节点之间的边连接拓扑关系主要依赖于高精度地图的相关拓扑信息。节点之间的边的权重可通过表 5-6 进行设计。

表 5-6 自动驾驶全局路径规划节点间边权重设计表

驾驶行为	权重值（代价）
直行后右转	5
直行后左转	8

(续)

驾驶行为	权重值（代价）
右转	2
左转	3
车道内直行	1
变道	10
掉头	30

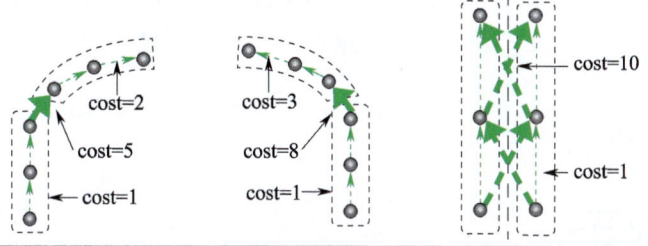

上述驾驶行为基本囊括了日常常见的驾驶行为，使用上述规则对某段路网进行全局路径规划，如图 5-24 所示。

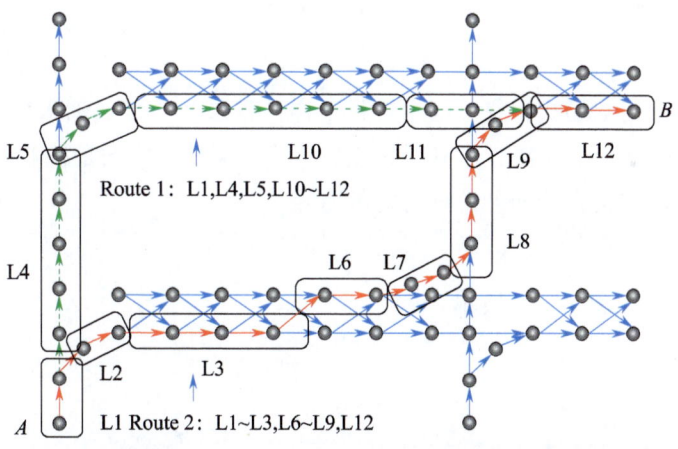

图 5-24　自动驾驶全局路径规划某段路网规划图

绿色为路径 1，其路径代价为 22；红色为路径 2，其路径代价为 44。
在实际工程应用中，可根据不同的需求对不同的驾驶行为进行代价设计。

六、局部路径规划

全局路径规划会基于地图规划出一条粗路径，但是由于地图精度及路况的多变性，需要在已规划的全局路径的不同小路径中进行局部路径规划，即在一个较小的时空区域内解决无人车从 A 点到 B 点的问题。也就是在遵循道路交通规则的前提下，将自动驾驶车辆从当前位置导航到目的地的一种方法。局部路径规划主要需要解决两个问题：

1)选择哪条路径以及具体的路径点。

2)到达每一个路径点时无人车的速度、朝向、加速度以及相关运动变量(加速度曲率、曲率半径等)。

局部路径规划的输入为:

1)环境感知信息。

2)日志信息。

3)地图相关信息。

输出为:带有时间戳的轨迹信息,该轨迹需要保持一定的一致性且生成 A 点到 B 点的轨迹点需要保证每一个点的速度、朝向、加速度等都在下游反馈控制可以实际操作的物理范围之内。

轨迹规划常用的方法包括:

1)基于搜索的方法。

2)基于采样的方法。

3)基于优化的方法。

本书主要介绍基于采样和基于优化的算法。基于采样的算法主要包括 RRT 和 RRT*。

1. RRT(Rapidly-Exploring Random Tree)算法

(1)基本思想

轨迹连通图采用树的形式,在空间中随机采样,将采样的节点加入树中并与最近的树节点相连,然后进行一步步的扩展,达到目标点后停止。需要考虑的是机器人的运动执行能力,以及是否可以通过树结构直接回溯得到可行的路径。

(2)基本流程

RRT 算法示意图如图 5-25 所示。

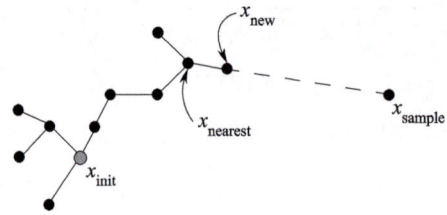

图 5-25 RRT 算法示意图

以起点 x_{init} 为根节点,建立搜索树,对树进行扩张:在状态空间中,随机采样一个状态,称为 x_{sample};在现有的探索树查找与 x_{sample} 距离最近的节点 $x_{nearest}$;然后依据 x_{sample} 和 $x_{nearest}$ 确定新的树扩张新节点。这一步需要注意的是:二维路径规划可根据 x_{sample} 和 $x_{nearest}$ 的方向结合步长确定新的节点 x_{new},在高维路径规划可考虑机器人的系统状态方程,以 x_{sample} 和 $x_{nearest}$ 构建新的输入 u,以 $x_{nearest}$ 作为当前状态 x,根据系统的状态方程,得到下一个状态即新的扩张节点 x_{new}。接着要有一个判断,判断 x_{sample} 和 $x_{nearest}$ 是否会碰到障碍物,而且不在搜索树中,如果不符合则舍去；最后终止判断，已经到达终点，规划成功，得到从初始状态到终点的节点路径。使用 RRT 算法搜索后的路径示意图如图 5-26 所示。

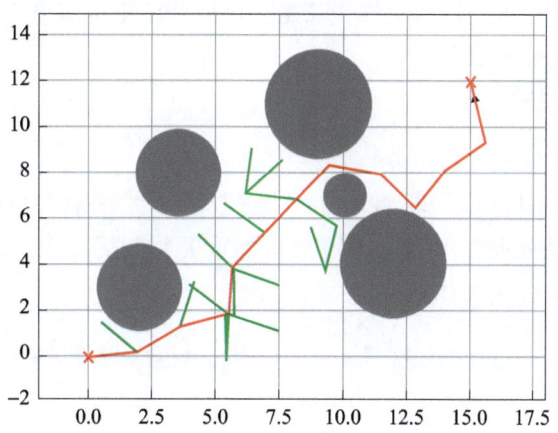

图 5-26　使用 RRT 算法搜索后的路径示意图

伪代码如图 5-27 所示。

Algorithm : Extend

Function　$\text{EXTEND}(G=(V,E),x,x_{new})$
　　// Extend G towards x , creating x_{new}
　　$x_{nearest} \leftarrow \text{NEAREST}(G=(V,E),x)$;
　　$x_{new} \leftarrow \text{STEER}(x_{nearest},x)$;
　　if $\text{OBSTACLEFREE}(x_{nearest},x_{new})$ **then**
　　　　$V \leftarrow V \cup \{x_{new}\}$;
　　　　$E \leftarrow E \cup \{(x_{nearest},x_{new})\}$;
　　　　if $x_{new} = x$ **then**
　　　　　　return REACHED;
　　　　else
　　　　　　return ADVANCED;
return TRAPPED;

Algorithm : RRT

$V \leftarrow \{x_{init}\}$; $E \leftarrow \emptyset$;
for $i = 1, \ldots, n$ **do**
　　$x_{rand} \leftarrow \text{SAMPLEFREE}_i$;
　　$\text{EXTEND}(G=(V,E),x_{rand},x_{new})$;
return $G=(V,E)$;

图 5-27　RRT 算法伪代码

（3）不足与可改进的点

当空间中包含大量的障碍物或者狭窄的通道约束时，算法的收敛速度很慢，有时甚至无法找到可行解，而且得到的路径并非最优路径。可以从以下方面考虑改进：

1）算法的代码初始时，给定采样概率向着目标点进行采样。
2）采用何种方式进行采样，初始的步长是否可以调整来适应更细致的连接。
3）如何定义和查找最近节点。
4）如何扩张树以更快地找到路径。

（4）确定最近距离和查找最近点

计算距离最简单的方法是欧氏距离，但在很多场景下此种距离并不可行。另一种可行方法是对距离的不同分量进行加权平均，不同分量的重要程度用权重大小表示。寻找最近点有很多可行的算法，如 K – D 树、Hash 算法等。

2. RRT*（Rapidly-Exploring Random Tree star）算法

（1）原理

首先定义一个成本函数表示从初始状态到任意状态的代价，并且设置初始状态成本为 0，然后找到最近的状态和相邻的状态，将最近的状态添加到树中，并在存在最小代价连接的情况下添加最小代价连接，最后通过连接来消除开销较大的连接。

（2）基本流程

与 RRT 类似，RRT* 通过从空间中随机采样 x_{sample} 并求解一条轨迹 x_{new}，将树中最近的节点 $x_{nearest}$ 向样本延伸来逐步建立树。如果这个轨迹没有与障碍物发生碰撞，标准的 RRT 将新的节点 x_{new} 插入以 $x_{nearest}$ 为父节点的树中，并继续进行下一次迭代。在这里，RRT* 的操作是不同的。RRT* 不是选择最近的节点作为父节点，而是考虑 x_{new} 附近的所有节点并评估选择每个节点作为父节点的成本，如图 5 – 28 所示。

最后进行进一步的回溯，如果存在一条路径 x_{new} 到达 $x_{nearest}$ 花费的代价小于 $x_{nearest}$ 的父节点到达 $x_{nearest}$ 的代价，说明原来到达的代价不是最优的，需要选择 x_{new} 到达 $x_{nearest}$ 的路径作为新路径。对所有的邻近点集合内的点都做相同的操作，经过 N 次迭代得到接近最优的次优路径。图 5 – 29 是经 RRT* 搜索后的路径示意图。

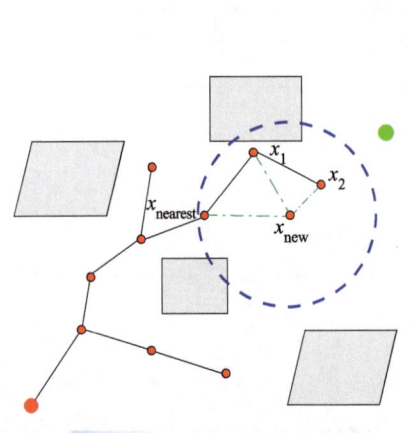

图 5 – 28　RRT* 算法示意图

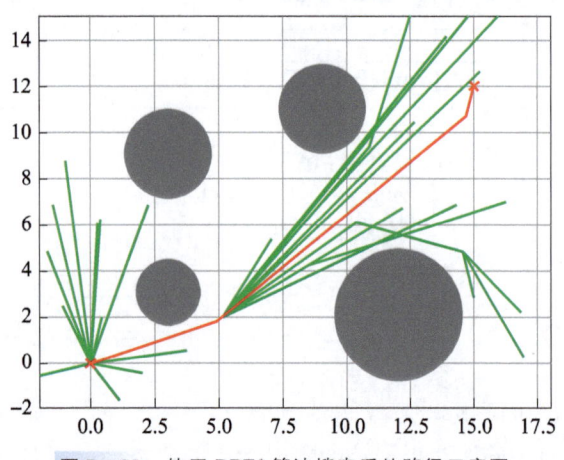

图 5 – 29　使用 RRT* 算法搜索后的路径示意图

伪代码如图 5-30 所示。

Algorithm : Extend*

```
Function EXTEND* (G = (V, E), x, x_new)
    // Extend G towards x with local optimization, creating x_new
    x_nearest ← NEAREST (G = (V, E), x);
    x_new ← STEER (x_nearest, x);
    if OBSTACLEFREE (x_nearest, x_new) then
        V ← V ∪ {x_new};
        x_min ← x_nearest;
        X_near ← NEAR (G = (V, E), x_new,
                    min{γ_RRT*(log(|V|)/|V|)^(1/d), η});
        c_min ← COST (x_nearest, G) + c(LINE (x_nearest, x_new));
        // Connect along minimum-cost path among nearest
          neighbors
        foreach x_near ∈ X_near \ x_nearest do
            if OBSTACLEFREE (x_near, x_new) ∧
              COST (x_near, G) + c(LINE (x_near, x_new)) < c_min then
                x_min ← x_near;
                c_min ← COST (x_near, G) + c(LINE (x_near, x_new));
        E ← E ∪ {(x_min, x_new)};
        // Rewire the tree
        foreach x_near ∈ X_near \ x_min do
            if OBSTACLEFREE (x_near, x_new) ∧
              COST (x_new, G) + c(LINE (x_new, x_near)) <
              COST (x_near, G) then
                x_parent ← PARENT (x_near, G);
                E ← (E \ {(x_parent, x_near)}) ∪ {(x_new, x_near)};
        if x_new = x then
            return REACHED;
        else
            return ADVANCED;
    return TRAPPED;
```

Algorithm : RRT*

```
V ← {x_init}; E ← ∅;
for i = 1, ..., n do
    x_rand ← SAMPLEFREE_i;
    EXTEND* (G = (V, E), x_rand, x_new);
return G = (V, E);
```

图 5-30 RRT* 算法伪代码

(3) 优点与可改进的地方

RRT* 相对于 RRT 最大的改进就是，有一个选择重连的过程，来确保新节点与父节点连接的成本是最小的，以达到一条渐近最优的路径，如图 5-31 所示。

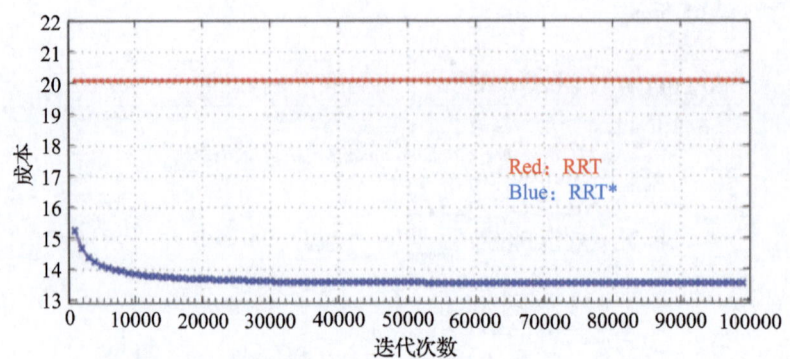

图 5-31　RRT* 与 RRT 成本对比

RRT*在经过迭代后其连接成本在下降，而 RRT 连接成本无明显变化。

RRT*的缺点也很明显，因为需要选择重连，计算量大，生成路径的效率低，甚至在复杂的环境或者窄缝的情况下会出现找不到路径。

可以从扩展的范围进行改进，而不是全局进行随机采样搜索，还可以分别从起点和终点建立探索树，以加快搜索效率。在步长方面也可以进行改进，改进为自适应步长，来更快通过无障碍区域。

3. Lattice 算法

Lattice 规划器属于一种局部轨迹规划器，输出轨迹将直接输入控制器，由控制器完成对局部轨迹的跟踪控制。因此，Lattice 规划器输出的轨迹是一条光滑无碰撞满足车辆运动学约束和速度约束的平稳安全的局部轨迹。Lattice 规划器的输入端主要由三部分组成：感知及障碍物信息、静态参考线信息及定位信息。系统如图 5-32 所示。

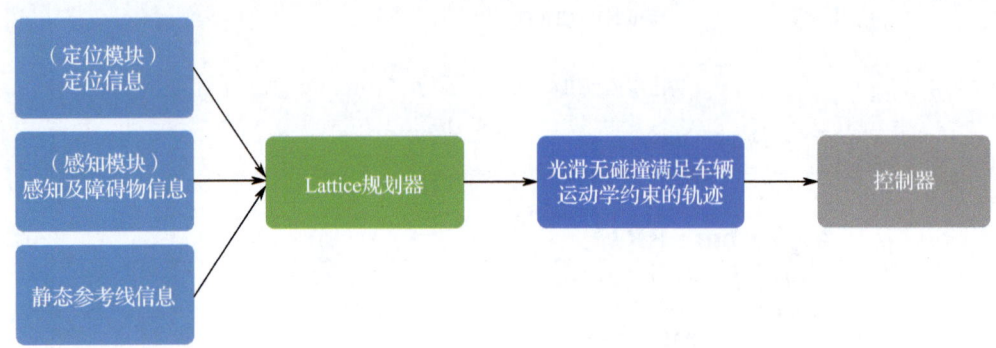

图 5-32　Lattice 规划器上下游信息示意图

局部规划模块的输出是带有速度信息的一系列轨迹点组成的轨迹，其保证了车辆控制器在车辆跟踪控制过程中的平稳性和安全性。

（1）Frenet 坐标系和 Cartesian 坐标系的相互转换

Frenet 坐标系是参考线上的坐标系，是一个动坐标系。Frenet 坐标系的建立，以车辆位置到参考线的最近点作为 Frenet 坐标系的原点，以参考线切线方向作为 T 轴，垂直于 T 轴向外

为 N 轴。Frenet 坐标系和 Cartesian 坐标系的相互转换关系如图 5-33 所示，黑色虚线是车辆当前运行的轨迹方向，黑色实线是车辆运行的参考线。

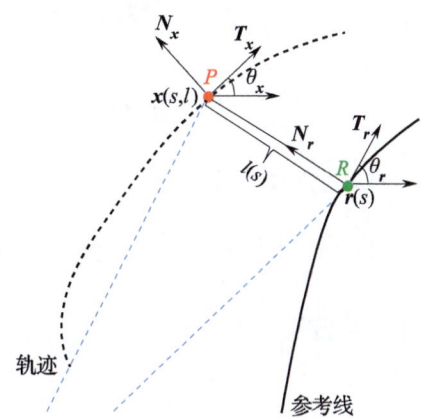

图 5-33 Frenet 坐标系和 Cartesian 坐标系的相互转换关系示意图

如图 5-33 所示，参考线（Reference line）是一条光滑的车道线，按上图所示将汽车的坐标点 P（图中红色点）投影到参考线上，得到一个参考线上的投影点 R（图中绿色点）。从参考线起点到投影点的路径长度就是汽车在 Frenet 坐标系下的纵向偏移量，用 s 表示。而投影点到汽车位置的距离 $l(s)$ 则是汽车在 Frenet 坐标系下的横向偏移量。因为参考线足够光滑，也可通过汽车的朝向、速度、加速度来计算出 Frenet 坐标系下，横向和纵向偏移量的一阶导数和二阶导数。这里将横向偏移量 $l(s)$ 设计成纵向偏移量 s 的函数。这是因为对于汽车的自行车模型而言，横向运动是由纵向运动诱发的。而将坐标点转换到 Frenet 坐标系的目的则是方便规划曲线的生成和车道线横向和纵向方向上的轨迹采样，从而获得覆盖整个车道的光滑采样轨迹。

Frenet 坐标系和 Cartesian 坐标系的转换变量为：

Frenet 坐标系：
$$[s, \dot{s}, \ddot{s}, l, \dot{l}, \ddot{l}, l', l'']$$

Cartesian 坐标系：
$$[\boldsymbol{x}, v_x, a_x, \theta_x, k_x]$$

式中　s——Frenet 纵坐标；

$\dot{s} = \dfrac{\mathrm{d}s}{\mathrm{d}t}$——Frenet 纵坐标对时间的导数，即沿 base frame 的速度；

$\ddot{s} = \dfrac{\mathrm{d}\dot{s}}{\mathrm{d}t}$——沿 base frame 的加速度；

l——Frenet 横坐标；

$\dot{l} = \dfrac{\mathrm{d}l}{\mathrm{d}t}$——Frenet 横向速度；

$\ddot{l} = \dfrac{\mathrm{d}\dot{l}}{\mathrm{d}t}$——Frenet 横向加速度；

$l' = \dfrac{\mathrm{d}l}{\mathrm{d}s}$——Frenet 横向坐标对纵向坐标的导数；

$l'' = \dfrac{\mathrm{d}l'}{\mathrm{d}s}$ ——Frenet 横向坐标对纵向坐标的二阶导数；

$\boldsymbol{x}$ ——对应 Cartesian 坐标系下的坐标，是一个向量；

θ_x ——Cartesian 坐标系下的朝向；

$k_x = \dfrac{\mathrm{d}\theta_x}{\mathrm{d}s}$ ——曲率；

$v_x = \|\dot{\boldsymbol{x}}\|_2$ ——Cartesian 坐标系下的线速度；

$a_x = \dfrac{\mathrm{d}v_x}{\mathrm{d}t}$ ——Cartesian 坐标系下的加速度。

Cartesian 坐标系至 Frenet 坐标系转换公式如下：

$$\begin{cases} s = s_r \\ \dot{s} = \dfrac{v_x \cos(\theta_x - \theta_r)}{1 - k_r l} \\ \ddot{s} = \dfrac{a_x \cos(\theta_x - \theta_r) - \dot{s}^2 \left[l' \left(k_x \dfrac{1 - k_r l}{\cos(\theta_x - \theta_r)} - k_r \right) - (k_r' l + k_r l') \right]}{1 - k_r l} \\ l = \mathrm{sign}((x_x - x_r)\cos(\theta_r) - (y_x - y_r)\sin(\theta_r)) \sqrt{(x_x - x_r)^2 + (y_x - y_r)^2} \\ l' = (1 - k_r l)\tan(\theta_x - \theta_r) \\ l'' = -(k_r' l + k_r l')\tan(\theta_x - \theta_r) + \dfrac{1 - k_r l}{\cos^2(\theta_x - \theta_r)}\left(\dfrac{1 - k_r l}{\cos(\theta_x - \theta_r)} k_x - k_r \right) \end{cases}$$

Frenet 坐标系至 Cartesian 坐标系转换公式如下：

$$\begin{cases} x_x = x_r - l\sin(\theta_r) \\ y_x = y_r + l\cos(\theta_r) \\ \theta_x = \arctan\left(\dfrac{l'}{1 - k_r l} \right) + \theta_r \\ v_x = \sqrt{[\dot{s}(1 - k_r l)]^2 + (\dot{s}l')^2} \\ a_x = \ddot{s}\dfrac{1 - k_r l}{\cos(\theta_x - \theta_r)} + \dfrac{\dot{s}^2}{\cos(\theta_x - \theta_r)}\left[l' \left(k_x \dfrac{1 - k_r l}{\cos(\theta_x - \theta_r)} - k_r \right) - (k_r' l + k_r l') \right] \\ k_x = \left((l'' + (k_r' l + k_r l')\tan(\theta_x - \theta_r)) \dfrac{\cos^2(\theta_x - \theta_r)}{1 - k_r l} + k_r \right) \dfrac{\cos(\theta_x - \theta_r)}{1 - k_r l} \end{cases}$$

（2）Lattice 规划算法实现过程

Lattice 规划算法是一种基于采样的运动规划算法，通过将车辆坐标系转换到参考线坐标系，也就是 Frenet 坐标系下，然后在 Frenet 坐标系下分别对 Frenet 的 d 轴和 s 轴进行规划，形成 Frenet 坐标系下的规划轨迹，然后将 Frenet 坐标系下的轨迹合成到世界坐标系下还原为世界坐标系下的轨迹。算法实现过程大概可以分为以下几步：

1）将车辆当前位姿信息转换到 Frenet 坐标系下，获得车辆在 Frenet 坐标系的初始状态；根据当前速度计算前瞻距离，获得前瞻点，获得车辆在前瞻点位置 Frenet 坐标系下的目标状态。

2）对轨迹状态进行采样，分别是轨迹运行时间 t，目标速度 v 及到参考线的横向位移 d，通过这三个规划参数可以获得采样状态。

3）构建横向位移和纵向位移的多项式规划函数 $s(t)$、$d(s)$，获得横向位移和纵向位移的规划函数后，进行时间插值就可以获得参考线 Frenet 坐标系下的轨迹点，最后将轨迹点从 Frenet 坐标系转换到 Cartesian 坐标系，就可以获得物理世界采样轨迹，由于横向和纵向都是通过高次多项式插值获得，因此 Cartesian 坐标系下的轨迹也是光滑的。

4）采样轨迹的碰撞检测、曲率约束及最优轨迹打分。采样轨迹是一系列满足速度约束的光滑轨迹，但其还需要满足无碰撞和车辆运动学曲率约束的强制约束，及远离障碍物和靠近参考线等组成的代价约束。采样轨迹的打分就是为了获得一条最优的满足约束条件的无碰撞光滑轨迹。该轨迹也是 Lattice 规划器输出到控制器用于车辆跟随的轨迹。

（3）Lattice 采样与速度规划

Lattice 规划器的轨迹采样，主要分为横向采样、纵向采样以及轨迹时间周期采样。

横向轨迹的采样需要涵盖多种横向运动状态，需要根据车道宽度设置横向采样的采样区间，通过横向采样间隔，形成不同的横向采样偏移量。纵向采样的采样区间可以将前瞻点的位移长度 s 作为基准采样长度，然后对轨迹速度 ds 进行采样。时间周期采样，就是对轨迹的运行周期时间进行采样。百度 Apollo 的轨迹采样，只对横向位移和纵向位移进行了采样，并设计了采样状态横向偏移量：-0.5、0.0 和 0.5，以及四个到达这些横向偏移量的纵向位移，分别为 10、20、40、80，来得到采样状态，如图 5 - 34 所示。

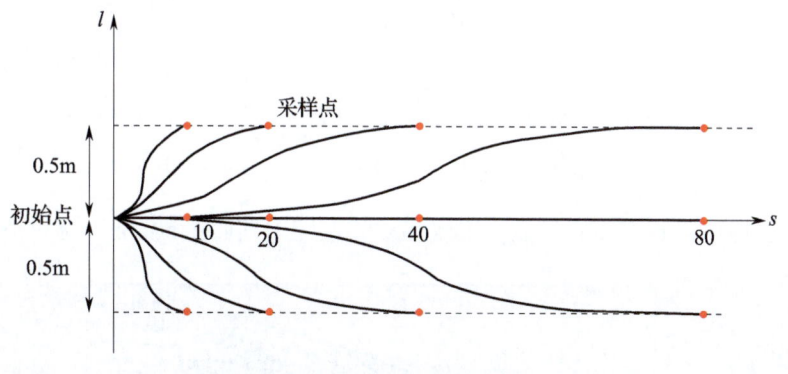

图 5 - 34 Lattice 规划器横向轨迹的采样

所以 Lattice 规划器的轨迹采样主要是对轨迹横、纵向状态进行采样，但采样方式可以根据环境情况进行调整。

有了前面的采样状态，现在需要做的是根据采样状态生成横向 $l(s)$ 和纵向 $s(t)$ 规划函数，两种规划函数都是通过多项式进行拟合求解生成。主要使用了 4 次和 5 次多项式拟合，从而满足了车辆运行过程中的一阶导数、二阶导数连续，也就是速度和加速度连续，保证了轨迹的平滑性要求。

对于纵向轨迹 $s(t)$，在停车和跟车状态，都是五次多项式，但对于巡航状态，由于不需要确定状态的 s 值，所以只有五个变量，因此用四次多项式即可。对于横向轨迹 $l(s)$ 也使用了五次多项式拟合。

对于停车和跟车下的纵向拟合函数的求解，约束变量有：

s_0——初始状态的纵向位移；

$\mathrm{d}s_0/\mathrm{d}t$——初始状态的纵向速度；

$\mathrm{d}^2s_0/\mathrm{d}t^2$——初始状态的纵向加速度；

s_1——采样状态的纵向位移；

$\mathrm{d}s_1/\mathrm{d}t$——采样状态的纵向速度；

$\mathrm{d}^2s_1/\mathrm{d}t^2$——采样状态的纵向加速度；

t_1——轨迹运行时间周期。

纵向拟合五次多项式函数为

$$s(t) = c_1 t^5 + c_2 t^4 + c_3 t^3 + c_4 t^2 + c_5 t + c_6$$
$$v(t) = 5c_1 t^4 + 4c_2 t^3 + 3c_3 t^2 + 2c_4 t + c_5$$
$$a(t) = 20c_1 t^3 + 12c_2 t^2 + 6c_3 t + 2c_4$$

约束函数：

$$s(t_0) = c_6 = s_0$$
$$v(t_0) = c_5 = \mathrm{d}s_0/\mathrm{d}t$$
$$a(t_0) = 2c_4 = \mathrm{d}^2 s_0/\mathrm{d}t^2$$
$$s(t_1) = c_1 t_1^5 + c_2 t_1^4 + c_3 t_1^3 + c_4 t_1^2 + c_5 t_1 + c_6 = s_1$$
$$v(t_1) = 5c_1 t_1^4 + 4c_2 t_1^3 + 3c_3 t_1^2 + 2c_4 t_1 + c_5 = \mathrm{d}s_1/\mathrm{d}t$$
$$a(t_1) = 20c_1 t_1^3 + 12c_2 t_1^2 + 6c_3 t_1 + 2c_4 = \mathrm{d}^2 s_1/\mathrm{d}t^2$$

解方程组，即可得到多项式系数。五次多项式速度规划如图 5-35 所示。

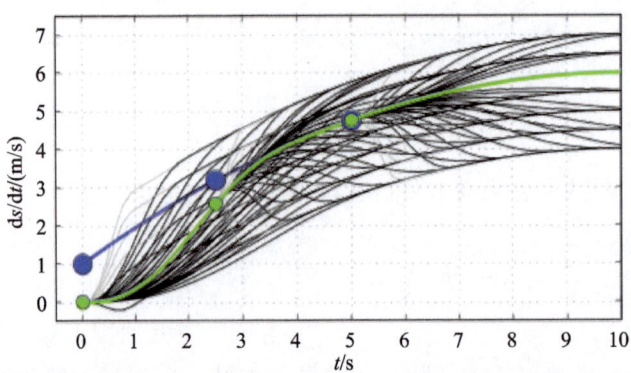

图 5-35 Lattice 算法停车和跟车下的纵向拟合函数的求解

而对于巡航模式，由于采样状态的纵向位移 s 是变化的、不受约束的，因此少了一个约束条件，因此为了饱和约束，采用四次多项式拟合。

纵向拟合四次多项式函数为

$$s(t) = b_1 t^4 + b_2 t^3 + b_3 t^2 + b_4 t + b_5$$

$$v(t) = 4b_1 t^3 + 3b_2 t^2 + 2b_3 t + b_4$$

$$a(t) = 12b_1 t^2 + 6b_2 t + 2b_3$$

约束函数：

$$s(t_0) = b_5 = s_0$$

$$v(t_0) = b_4 = \mathrm{d}s_0/\mathrm{d}t$$

$$a(t_0) = 2b_3 = \mathrm{d}^2 s_0/\mathrm{d}t^2$$

$$v(t_1) = 4b_1 t_1^3 + 3b_2 t_1^2 + 2b_3 t_1 + b_4 = \mathrm{d}s_1/\mathrm{d}t$$

$$a(t_1) = 12b_1 t_1^2 + 6b_2 t_1 + 2b_3 = \mathrm{d}^2 s_1/\mathrm{d}t^2$$

解方程组，即可得到多项式系数。四次多项式速度规划如图 5-36 所示。

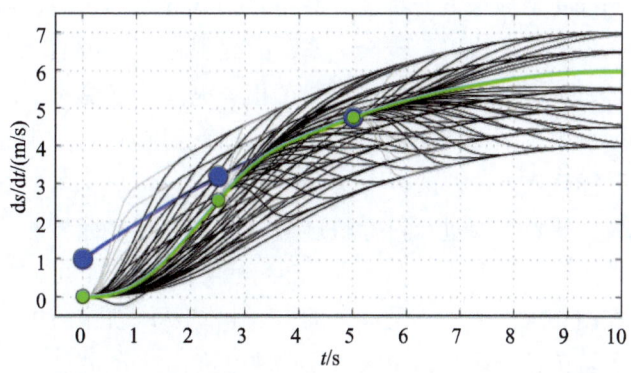

图 5-36　Lattice 算法巡航模式下的纵向拟合函数的求解

横向拟合函数是以纵向位移 $s(t)$ 为自变量，其拟合函数用 $l(s)$ 表示。
约束变量有：
d_0——初始状态的横向偏移量；
$\mathrm{d}d_0/\mathrm{d}s$——初始状态的横向偏移速度；
$\mathrm{d}^2 d_0/\mathrm{d}s^2$——初始状态的横向偏移加速度；
d_1——采样状态的横向偏移量；
$\mathrm{d}d_1/\mathrm{d}s$——采样状态的横向偏移速度；
$\mathrm{d}^2 d_1/\mathrm{d}s^2$——采样状态的横向偏移加速度；
s_0——初始状态下的纵向位移；
s_1——采样状态下的纵向位移，巡航模式下 $s_1 = s(t_1)$。

横向拟合五次多项式函数为

$$d(s) = k_1 s^5 + k_2 s^4 + k_3 s^3 + k_4 s^2 + k_5 s + k_6$$
$$d_v(t) = 5k_1 s^4 + 4k_2 s^3 + 3k_3 s^2 + 2k_4 s + k_5$$
$$d_a(s) = 20k_1 s^3 + 12k_2 s^2 + 6k_3 s + 2k_4$$

约束函数:

$$d(s_0) = k_1 s_0^5 + k_2 s_0^4 + k_3 s_0^3 + k_4 s_0^2 + k_5 s_0 + k_6 = d_0$$
$$d_v(s_0) = 5k_1 s_0^4 + 4k_2 s_0^3 + 3k_3 s_0^2 + 2k_4 s_0 + k_5 = \mathrm{d}d_0/\mathrm{d}s$$
$$d_a(s_0) = 20k_1 s_0^3 + 12k_2 s_0^2 + 6k_3 s_0 + 2k_4 = \mathrm{d}^2 d_0/\mathrm{d}s^2$$
$$d(s_1) = k_1 s_1^5 + k_2 s_1^4 + k_3 s_1^3 + k_4 s_1^2 + k_5 s_1 + k_6 = d_1$$
$$d_v(s_1) = 5k_1 s_1^4 + 4k_2 s_1^3 + 3k_3 s_1^2 + 2k_4 s_1 + k_5 = \mathrm{d}d_1/\mathrm{d}s$$
$$d_a(s_1) = 20k_1 s_1^3 + 12k_2 s_1^2 + 6k_3 s_1 + 2k_4 = \mathrm{d}^2 d_1/\mathrm{d}s^2$$

解方程组,即可得到多项式系数。

(4) Lattice 轨迹代价函数设计

轨迹的生成是将 Frenet 坐标系下的轨迹转换到 Cartesian 坐标系中,前面知道了位姿点在 Frenet 坐标系和 Cartesian 坐标系的相互转换关系,因此现在需要做的就是对横、纵向轨迹函数 $s(t)$ 和 $l(s)$ 进行轨迹的时间细分形成规划函数的横、纵向轨迹规划点 $s(t_i)$ 和 $l(s(t_i))$,该规划点是在 Frenet 坐标系中,因此需要进行 Frenet 坐标系到 Cartesian 坐标系的坐标转换,从而形成控制器可用的采样轨迹。

获得采样轨迹之后,接着需要进行目标轨迹的曲率检查和碰撞检测,目的是使目标采样轨迹满足车辆的运动学控制要求和无碰撞要求,这样就形成了安全可靠的轨迹簇。这些轨迹簇都可以满足车辆的控制要求,但并不是最优的,因此需要从轨迹簇中选出一组最优的运行轨迹。这时就需要引入轨迹评价函数,用来对候选轨迹进行打分。

轨迹评价函数主要为了使目标轨迹尽量靠近静态参考线轨迹运行,同时,速度尽量不发生大突变,满足舒适性要求,且尽量远离障碍物。因此最后轨迹评价函数如下式所示:

$$J = k_{\mathrm{longi}} \cdot J_{\mathrm{longi}} + k_{\mathrm{comfort}} \cdot J_{\mathrm{comfort}} + k_{\mathrm{collision}} \cdot J_{\mathrm{collision}}$$

其中,k_{longi} 表示纵向规划轨迹误差代价权重;J_{longi} 表示纵向规划轨迹代价,该代价考虑了速度误差以及距离误差等;k_{comfort} 表示舒适度代价权重;J_{comfort} 表示舒适度代价,考虑了纵向加速度变化率等;$k_{\mathrm{collision}}$ 表示碰撞代价权重;$J_{\mathrm{collision}}$ 表示周边障碍物的碰撞代价。

纵向目标实现代价函数:选择最接近静态参考路径的可行路径。输入为纵向轨迹、规划目标和参考线点集。

$$J_{\mathrm{speed}} = \frac{\sum_{t=0}^{\mathrm{length}} t^2 \cdot | V_{\mathrm{ref}_t} - V_{\mathrm{evaluation}_t} |}{\sum_{t=0}^{\mathrm{length}} t^2}$$

$$J_{\text{dist}} = \frac{1}{1 + \text{dist}}$$

$$J_{\text{longi}} = \frac{W_{\text{speed}} \text{Cost}_{\text{speed}} + W_{\text{dist}} \text{Cost}_{\text{dist}}}{W_{\text{speed}} + W_{\text{dist}}}$$

舒适性目标代价函数：选择一条加加速度较小的可行路径。

$$J_{\text{comfort}} = \frac{\sum_{t=0}^{\text{length}} (\text{jerk}_t)^2}{1 + \sum_{t=0}^{\text{length}} |\text{jerk}_t|}$$

$$J_{\text{comfort}} = \max(\text{jerk})$$

向心目标代价函数：选择一条向心加加速度较小的可行路径。

$$a_{\text{centri}_t} = \frac{v_t^2}{R_t} = v_t^2 k_t$$

$$J_{\text{CentriAcc}} = \frac{\sum_{t=0}^{\text{length}} a_{\text{centri}_t}^2}{\sum_{t=0}^{\text{length}} |a_{\text{centri}_t}|}$$

碰撞目标代价函数：选择离障碍物最远的路径，如图 5-37 所示。

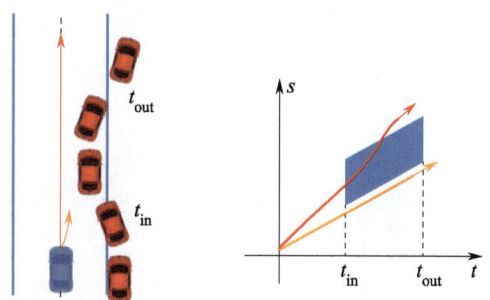

图 5-37　碰撞目标代价函数示意图

横向偏移优化目标：选择更接近参考点（中心线）的可行路径，如图 5-38 所示。

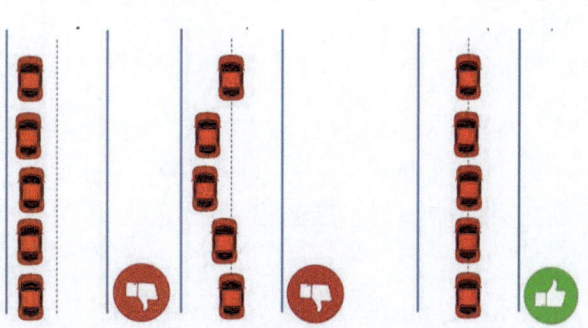

图 5-38　横向偏移优化目标示意图

图 5-38 中第三种方式是较好的横向偏移轨迹优化方式。

横向加速度优化目标：选择变道更顺畅的可行路径，如图 5-39 所示。

图 5-39　横向加速度优化目标示意图

图 5-39 中第二种方式是较好的横向加速度优化目标。

第六章
智能网联汽车车辆控制技术原理与应用

在智能网联汽车中，控制模块的主要作用是根据规划模块规划出来的轨迹信息，通过算法控制车辆的运动执行器进行轨迹跟踪。车辆运动一般分为纵向和横向两种方向运动。

一、反馈控制理论

控制器是一种根据接收到的输入信号生成输出信号的设备。

输入信号通常是误差信号，即测量变量与期望值（设定值）之间的差值。反馈控制器的系统如图6-1所示。

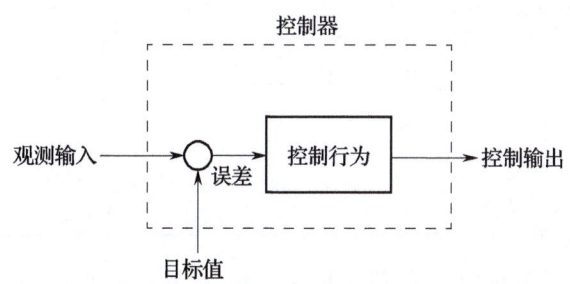

图6-1 反馈控制器系统示意图

物理系统可以在"时域"中建模，其中给定系统的响应是各种输入、系统先前值和时间的函数。随着时间的推移，系统的状态及其响应会发生变化。然而，系统的时域模型经常使用高阶微分方程来建模，这对于人类来说可能难以解决，而对于计算机系统来说，直接求解高阶微分方程有时也无法高效求解。为了解决这一问题，经典控制理论使用拉普拉斯变换将时域的常微分方程（ODE）转换为频域的正则代数多项式。一旦给定系统被转换到频域，它就能更容易地进行操作。

拉普拉斯变换的定义：

$$F(s) = \int_0^\infty f(t) e^{-st} dt, s = \sigma + j\omega$$

时域微分，有：

$$L\{f(t)\} = F(s)$$
$$L\{f'(t)\} = sF(s) - f(0)$$

$$L\{f''(t)\} = s^2 F(s) - sf(0) - f'(0)$$

$$L\{f^n(t)\} = s^n F(s) - \sum_{k=1}^{n} s^{k-1} f^{n-k}(0)$$

时域整合，有：

$$L\{f(t)\} = F(s)$$

$$L\left\{\int_0^t f(\tau)\,d\tau\right\} = \frac{1}{s} F(s)$$

常用拉普拉斯变换见表 6-1。

表 6-1 常用拉普拉斯变换

函数	时域	s 域
单位脉冲函数	$\delta(t)$	1
延迟脉冲函数	$\delta(t-\tau)$	$e^{-\tau t}$
单位阶跃函数	$u(t)$	$\dfrac{1}{s}$
延迟阶跃函数	$u(t-\tau)$	$\dfrac{1}{s}e^{-\tau t}$
单位斜坡函数	t	$\dfrac{1}{s^2}$
指数函数	e^{-at}	$\dfrac{1}{s+a}$
时间乘指数函数	$t^n e^{-at}$	$\dfrac{n!}{(s+a)^n}$

线性时变微分方程系统的传递函数被定义为输出（响应函数）的拉普拉斯变换与输入（驱动函数）的拉普拉斯变换之比。假设所有初始条件均为零。考虑由以下微分方程定义的线性时变系统：

$$a_0 \frac{d^n y}{dt} + a_1 \frac{d^{n-1} y}{dt} + \cdots + a_{n-1} \frac{dy}{dt} + a_n y = b_0 \frac{d^m x}{dt} + b_1 \frac{d^{m-1} x}{dt} + \cdots + b_{m-1} \frac{dx}{dt} + b_m x \quad (n \geqslant m)$$

其中，y 是系统的输出；x 是输入。当所有初始条件为零时，该系统的传递函数为拉普拉斯变换输出与拉普拉斯变换输入之比：

$$G(s) = \left.\frac{\mathscr{L}[\text{output}]}{\mathscr{L}[\text{input}]}\right|_{\text{zero initial conditions}}$$

$$\frac{Y(s)}{X(s)} = \frac{b_0 s^m + b_1 s^{m-1} + \cdots + b_{m-1} s + b_m}{a_0 s^n + a_1 s^{n-1} + \cdots + a_{n-1} s + a_n}$$

开环控制系统是指系统的输入信号不受输出信号影响的控制系统，即不将控制的结果反馈回来影响当前控制的系统，例如图 6-2 所示的旋转载荷系统。

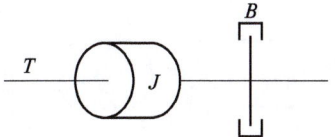

图 6-2　旋转载荷系统示意图

荷载元素方程为

$$J\ddot{c} + B\dot{c} = T$$

其中，T 为转矩；c 为旋转角度。对方程的两边进行拉普拉斯变换，假设初始条件为零，可得：

$$Js^2C(s) + BsC(s) = T(s)$$

因此，$C(s)$ 和 $T(s)$ 之间的开环传递函数为

$$\frac{C(s)}{T(s)} = \frac{1}{s(Js+B)}$$

该系统为一个典型的开环系统，即无旋转后的测量值对系统输入产生影响。

开环系统的主要优点是开环控制系统无反馈回路，结构简单，成本较低。

开环系统的缺点是控制精度低，容易受到外界干扰，输出一旦出现误差无法补偿。

闭环系统开环传递函数为

$$G_{op}(s) = \frac{C(s)}{T(s)} = \frac{1}{s(Js+B)}$$

$C(s)$ 与参考值 $R(s)$ 之间的闭环传递函数为

$$G_{cl}(s) = \frac{C(s)}{R(s)}$$

$$C(s) = (R(s) - C(s))K\frac{1}{s(Js+B)}$$

$$\frac{C(s)}{R(s)} = \frac{\dfrac{K}{s(Js+B)}}{1+\dfrac{K}{s(Js+B)}} = \frac{K}{Js^2+Bs+K}$$

改写成下面的形式：

$$\frac{C(s)}{R(s)} = \frac{\omega_n^2}{s^2+2\zeta\omega_n s+\omega_n^2}$$

系统的控制框图如图 6-3 所示。

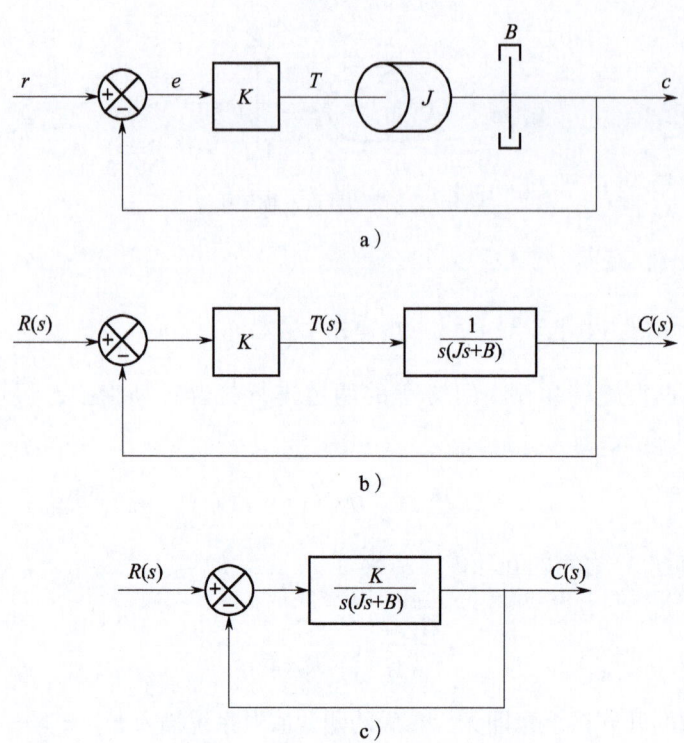

图 6-3 旋转载荷闭环系统控制框图

其中，$\zeta = \dfrac{B}{2\sqrt{JK}}$ 被称为阻尼比；$\omega_n = \sqrt{\dfrac{K}{J}}$ 是系统固有频率。

该闭环系统的表达式是控制系统中常见的二阶系统。二阶系统是指那些可以用二阶微分方程描述的动态系统。这类系统通常包含两个独立的变量，并且可以进一步划分为二阶线性负反馈系统和二阶线性正反馈系统。

本例中传递函数可表示为

$$G(s) = \dfrac{\omega_n^2}{s^2 + 2\zeta\omega_n s + \omega_n^2}$$

该系统主要分为三种情况：

1) 欠阻尼情况（$0 < \zeta < 1$），更快达到稳定状态，但会振荡。

2) 过阻尼情况（$\zeta > 1$），需要很长时间才能达到稳态，没有过冲。

3) 临界阻尼情况（$\zeta = 1$），在相当短的时间内达到稳态，无振荡。

二阶系统的阶跃响应如图 6-4 所示。

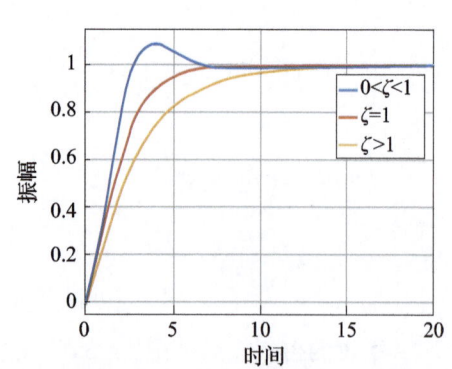

图 6-4 二阶系统的阶跃响应示意图

二、车辆纵向控制

1. 车辆纵向动力学模型

纵向控制的状态量包括纵向速度、加速度或其纵向距离,纵向控制输入包括驱动和制动。在汽车的运动过程中,一般使用动力学方程表征车辆的运动状态。其受力如图6-5所示。

车辆运动过程中受到的纵向力包括:

1)空气阻力。
2)纵向轮胎力。
3)滚动阻力。

使用牛顿第二定律对车辆进行受力分析:

$$m\ddot{x} = F_{xf} + F_{xr} - F_{aero} - R_{xf} - R_{xr} - mg\sin(\theta)$$

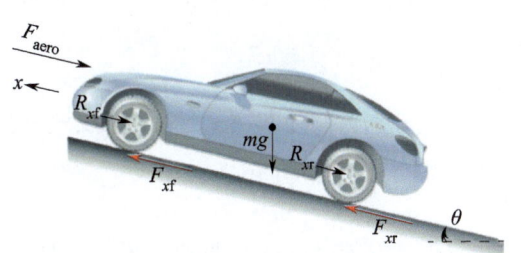

图6-5 车辆坡道受力示意图

式中,F_{xf}是前轮胎的纵向轮胎力;F_{xr}是后轮的纵向轮胎力;F_{aero}是等效纵向空气阻力;R_{xf}是前轮胎滚动阻力;R_{xr}是后轮胎滚动阻力;m是车辆的质量;g是重力加速度;θ是车辆行驶道路的倾角。

(1)空气阻力

空气阻力是指汽车以一定速度运动时,克服空气运动所需的力。其受力表达式如下:

$$F_{aero} = \frac{1}{2}\rho C_d A_F (V_x + V_{wind})^2$$

式中,ρ是空气的质量密度;C_d是空气动力阻力系数;A_F是车辆的正面面积,即车辆在行驶方向上的投影面积;V_x是车辆纵向速度;V_{wind}是风速(顺风为正,逆风为负)。

根据空气阻力公式可知,车辆的空气动力阻力系数越低,其所受的空气阻力越小。同一辆车在不同的行驶速度下所受的空气阻力也不一样,某车在不同速度下的空气阻力见表6-2。

表6-2 车辆在不同速度下的空气阻力

$v/$(km/h)	20	40	60	80	100	120	140	160
F_{aero}/N	10	50	109	180	300	420	565	771

(2)纵向轮胎力

轮胎纵向力F_{xf}和F_{xr}是作用在轮胎上的来自地面的摩擦力。每个轮胎产生的摩擦力取决于:

1)滑移率。
2)轮胎上的法向载荷(垂直力F_{zf}、F_{zr}),来自车辆重量的一部分,受车辆纵向加速度、气动阻力、坡度等因素的影响。

3）加速度、空气阻力和道路坡度。

4）轮胎与道路界面的摩擦系数。

滑移率 σ_x 被定义为

$$\sigma_x = \begin{cases} \dfrac{r_{\text{eff}}\omega_w - V_x}{V_x} \\ \dfrac{r_{\text{eff}}\omega_w - V_x}{r_{\text{eff}}\omega_w} \end{cases}$$

上式分别为制动和加速过程中的表达式，分子部分可表征的情况为：

$$r_{\text{eff}}\omega_w < V_x$$

车轮打滑，发生在车辆减速和正常制动时。

$$r_{\text{eff}}\omega_w > V_x$$

车轮打滑，这种情况发生在加速时，尤其是在低摩擦路面行驶时（结冰路面）。

$$r_{\text{eff}}\omega_w = 0$$

车轮被锁死，这种情况发生在车辆失去所需牵引力的紧急制动时。

纵向轮胎力和滑移率的关系如图6-6所示。

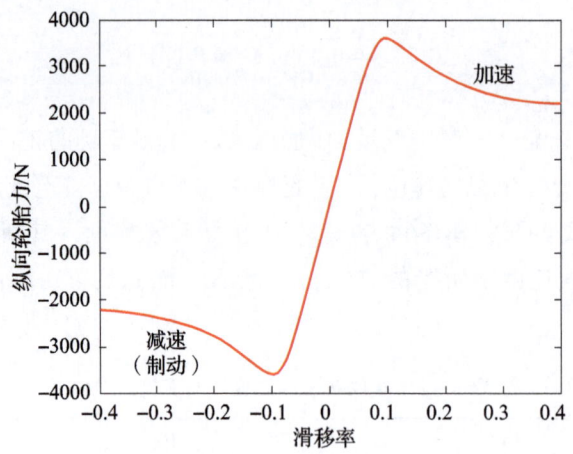

图6-6 纵向轮胎力和滑移率的关系

（3）滚动阻力

通常情况下，滚动阻力的模型与每组轮胎上的法向力大致成正比，如下式所示：

$$R_{xf} + R_{xr} = f(F_{zf} + F_{zr})$$

其中，f是滚动阻力系数，采用子午线轮胎的乘用车的典型值为0.015；F_{zf}、F_{zr}是轮胎上的法向载荷（垂直力）。

车辆动力学方程可改写为

$$F_{zf}(\ell_f + \ell_r) + F_{aero}h_{aero} + mgh\sin(\theta) - mg\ell_r\cos(\theta) + m\ddot{x}h = 0$$

$$F_{zr}(\ell_f + \ell_r) - F_{aero}h_{aero} - mgh\sin(\theta) - mg\ell_f\cos(\theta) - m\ddot{x}h = 0$$

$$F_{zf} = \frac{-F_{aero}h_{aero} - m\ddot{x}h - mgh\sin(\theta) + mg\ell_r\cos(\theta)}{\ell_f + \ell_r}$$

$$F_{zr} = \frac{F_{aero}h_{aero} + m\ddot{x}h + mgh\sin(\theta) + mg\ell_f\cos(\theta)}{\ell_f + \ell_r}$$

其中，h 是汽车重心高度；h_{aero} 是空气阻力作用点的高度。

2. PID（比例-积分-微分）控制

PID 控制器，由比例单元 P、积分单元 I 和微分单元 D 组成。通过 K_P，K_I 和 K_D 三个参数的设定对系统进行控制。PID 控制器主要适用于基本线性和动态特性不随时间变化的系统。

PID 控制器是在多领域应用中常见的反馈回路部件。该控制器把收集到的数据和一个参考值进行比较，然后把这个差别用于计算新的输入值，新的输入值的目的是可以让系统的数据达到或者保持在参考值。和其他简单的控制运算不同，PID 控制器可以根据历史数据和差别的出现率来调整输入值，这样可以使系统更加准确、稳定。可以通过数学的方法证明，在其他控制方法导致系统有稳定误差或过程反复的情况下，一个 PID 反馈回路却可以保持系统的稳定。PID 系统的示意图如图 6-7 所示。

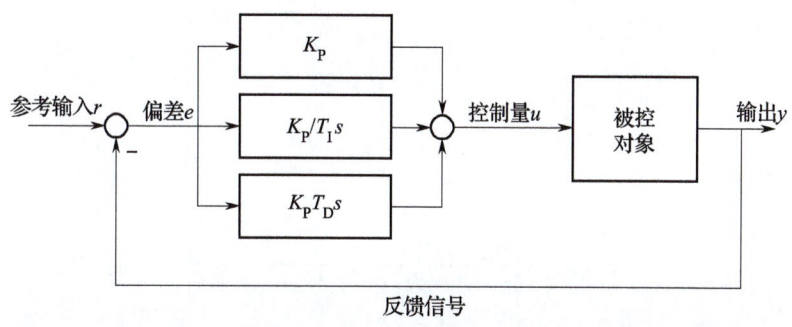

图 6-7 PID 控制系统示意图

PID 控制器的传递函数可表示为

$$u(t) = K_P e(t) + K_I \int_0^t e(\tau)d\tau + K_D \frac{de(t)}{dt}$$

$$G(s) = \frac{U(s)}{E(s)} = K_P + \frac{K_I}{s} + sK_D$$

上述控制器被称为非交互（并联）式 PID 控制器。针对不同应用，PID 控制器中常见的略有不同的版本（串联或交互形式），如图 6-8 所示。

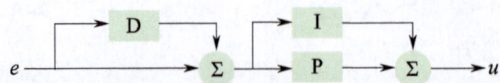

图 6-8 交互形式 PID 控制系统示意图

其传递函数可表示为

$$G'(s) = \left(K'_P + \frac{K'_I}{s}\right)(1 + sK'_D)$$

（1）纯比例控制器

对于纯比例控制器，其控制逻辑如图 6-9 所示。

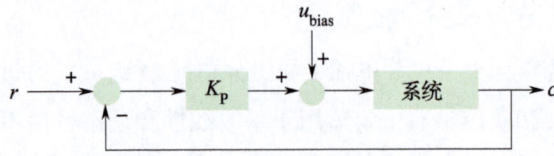

图 6-9 纯比例控制器控制逻辑图

系统输出为

$$u = K_P(r - c) + u_{bias}$$

比例控制始终存在稳态误差。误差会随着增益的增加而减小，但振荡趋势也会增加。例如对下述系统设计纯比例控制器：

$$G(s) = \frac{1}{s^2 + s + 1}$$

$$H(s) = K_P$$

闭环传递函数为：

$$G_c(s) = \frac{G(s)H(s)}{1 + G(s)H(s)} = \frac{K_P}{s^2 + s + 1 + K_P}$$

稳态（$S = 0$）：

$$G_c(0) = \frac{K_P}{1 + K_P}$$

阻尼比：

$$\zeta = \frac{1}{2\sqrt{1 + K_P}}$$

针对该系统输入不同的 K_P 值，分别为 0.5、1、2 和 10，其输出结果随时间变化如图 6-10 所示。

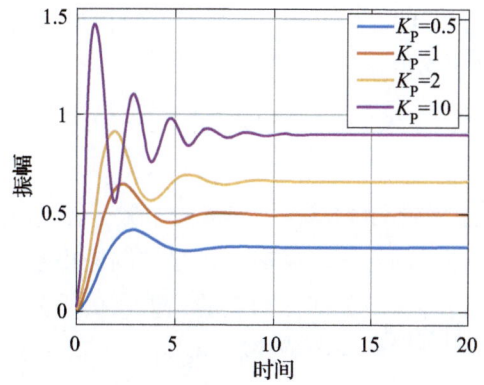

图 6-10 系统输入不同 K_P 值，输出结果随时间变化图

（2）比例-积分控制器

比例-积分控制器即在比例控制的基础上串联一个积分控制器。

比例部分根据误差在相对较短的时间内立即改变输出，以调整最终控制单元的输出，积分部分则持续调整最终控制单元的输出，直到误差减小为 0。

积分模式的主要缺点是，控制器的输出不会在出现误差信号时立即将最终控制单元导向新的位置。控制器输出以规定的变化率变化，而最终控制输出重新定位需要一定的时间。例如对下述系统设计比例-积分控制器：

$$G(s) = \frac{1}{s^2 + s + 1}$$

$$H(s) = K_P + \frac{K_I}{s}$$

闭环传递函数为

$$G_c(s) = \frac{G(s)H(s)}{1 + G(s)H(s)} = \frac{K_P s + K_I}{s^3 + s^2 + (1 + K_P)s + K_I}$$

系统的 K_P 值设为 2，针对系统输入不同的 K_I 值，其输出结果随时间变化如图 6-11 所示。

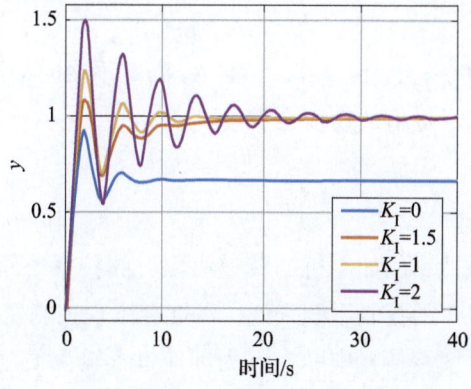

图 6-11 K_P 固定系统输入不同 K_I 值，输出结果随时间变化图

系统的稳定状态是 $G_c(0)=1$，当 K_P 固定不变时，可以发现 K_I 越大，输出越快收敛到设定值，然而这会给系统带来更多振荡。

(3) 比例-微分控制器

比例-微分控制器即在比例控制的基础上串联一个微分控制器。

比例-微分控制器误差信号的变化率越高，最终控制输出越快达到所需值。增加的微分作用减少了测量变量的初始过冲，微分部分响应的是误差信号的变化率，因此有助于更快地稳定过程。例如对下述系统设计比例-微分控制器：

$$G(s) = \frac{1}{s^2 + s + 1}$$

$$H(s) = K_P + K_D s$$

闭环传递函数为

$$G_c(s) = \frac{G(s)H(s)}{1 + G(s)H(s)} = \frac{K_D s + K_P}{s^2 + (1 + K_D)s + (1 + K_P)}$$

系统的 K_P 值设为 2，针对系统输入不同的 K_D 值，其输出结果随时间变化如图 6-12 所示。

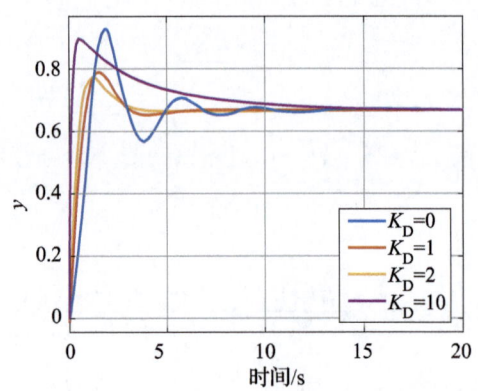

图 6-12 K_P 固定系统输入不同 K_D 值，输出结果随时间变化图

系统的稳定状态是 $G_c(0) = K_P/(1+K_P)$，当 K_P 固定不变时，可以发现 K_D 越大，系统振荡就越小，然而系统收敛到目标值的速度会变慢。

(4) PID 控制器的整定

所有执行器都有其局限性，例如电机的转速有限，阀控系统阀门不能完全打开或完全关闭等。对于工作条件范围很广的控制系统来说，可能会出现控制变量达到执行器极限的情况。

当这种情况发生时，反馈路径将中断，因为即使过程输出发生变化，执行器也将保持饱和状态。如果使用具有积分作用的控制器，误差将继续被积分。这意味着积分项可能会变得非常大，即出现误差累积，这就要求误差在恢复正常之前的很长一段时间内具有相反的符号。其后果是，当执行器达到饱和状态时，任何具有积分作用的控制器都可能产生较大的瞬态响应，该特性对系统的整体影响较大。

针对上述存在的问题，工程上可使用三种方式去解决：

1）限幅。在目标输出中引入限制器，使控制器的输出永远不会达到执行器的界限。该方法不适用于由环境干扰引起的输出上升，另一个问题是使用该种方法会限制控制器的性能。

2）钳位。限制积分的上限和下限。

3）反向计算。当输出达到饱和时，通过抑制积分来避免超调。这种方法等同于反向计算。限制控制信号的变化率也较为容易。

PID 调节的方法主要有启发式调整法、齐格勒 – 尼科尔斯（Ziegler-Nichols）调整法、科恩 – 库恩（Cohen-Coon）调整法、卡帕 – 陶（Kappa-Tau）调整法、Lambda 调整法、基于模型的调整法等。不同方法对应的优点和缺点见表 6 – 3。

表 6 – 3　不同 PID 调节方法对应的优点和缺点

	优点	缺点
启发式调整法	1. 这是一种快速、简便地获得合理结果的方法 2. 这是一种直观的方法，即没有对过程做出明确性假设 3. 对流程知识的要求很低	1. 耗时。需要很长时间才能调整出良好的性能 2. 稳定性不足
齐格勒 – 尼科尔斯调整法	1. 调整方法简单且直观，对于简单的来回整定，也能获得合理的性能 2. 对流程知识要求不高	1. 会导致振荡闭环响应（最大超调为 25%） 2. 仅适用于死区时间较小的过程（死区时间小于过程时间常数） 3. 比例增益高（由于 25% 的超调设计规范），积分作用低，闭环系统阻尼过低，对过程动态变化（包括非线性）的鲁棒性过低 4. 无法确定控制目标或闭环性能要求
科恩 – 库恩调整法	1. 与齐格勒 – 尼科尔斯调整法具有相同的优势 2. 特别适用于时间延迟较大的系统	与齐格勒 – 尼科尔斯调整法具有相同的劣势
卡帕 – 陶调整法	1. 振荡响应较小 2. 最初设计用于负载干扰响应。通过使用定点加权，它还能处理定点跟踪 3. 可实现最佳干扰抑制，且无超调量 4. 设计的调整参数是控制器对过程干扰的灵敏度。可选择更快或更慢的响应	它无法确定控制目标或闭环性能要求

（续）

	优点	缺点
Lambda 调整法	1. 可选择所需的闭环时间常数，即控制器的响应速度 2. 特别适用于时间延迟较大的系统（死区时间接近过程时间常数） 3. 对过程动态变化（包括非线性）具有很强的鲁棒性 4. 响应无超调	1. 对干扰的抑制速度慢，尤其是对慢速系统 2. 无法确定控制目标，闭环性能要求有限 3. 仅适用于 PI 控制器的调整，无法使用微分项
基于模型的调整法	1. 允许采用结构化的调整方法，同时考虑过程行为和控制需求 2. 在工程目标的性能和鲁棒性之间实现平衡	需要确定足够精确的模型，否则永远无法获得正确的闭环调整

针对上述 PID 调整方法，本书主要讲解齐格勒 - 尼科尔斯调整法。该方法的调整策略如图 6 - 13 所示。

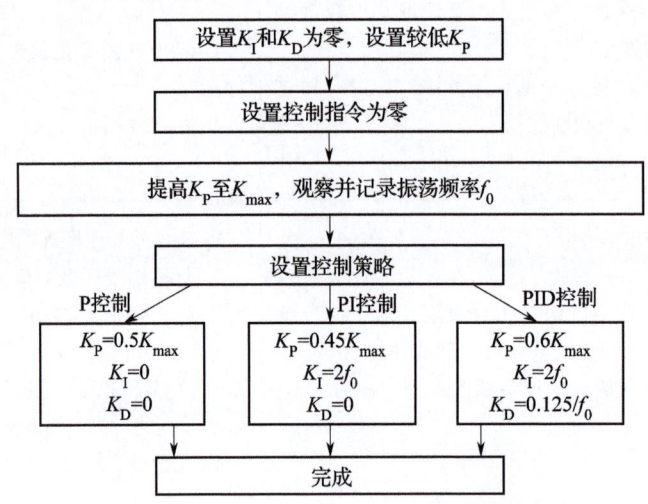

图 6 - 13　齐格勒 - 尼科尔斯调整法流程图

设置较低的 K_P，将 K_I 和 K_D 设置为 0，设置控制参数为 0，将 K_P 调整至 K_{max}（调整至引起持续振荡的最小值），此刻需要注意振荡频率 f_0。

随后对 K_P、K_I 和 K_D 进行规则整定，对于 K_P 参数，设置为 $0.5K_{max}$；随后引入积分项，K_I 初值设置为 $2f_0$，将 K_P 设置为 $0.45K_{max}$，观察此刻系统的状态，对 K_P 和 K_I 进行参数微调，记录系统振荡频率 f_0；随后引入微分项，K_D 设置为 $0.125/f_0$，K_I 设置为 $2f_0$，K_P 设置为 $0.6K_{max}$，随后对系统进行参数微调。

3. 巡航控制系统

在标准的巡航控制系统中，上层输入是设置的车速，输出是期望加速度，对应的下层执行器为加速和制动踏板。

在设计上层控制器时，需要考虑下层控制器输出幅度有限的问题。可设一个一阶系统来模拟下层控制器的响应，其离散表达式如下：

$$\ddot{X} = \frac{1}{\tau s + 1}\ddot{X}_{des}$$

控制系统框图如图 6-14 所示。

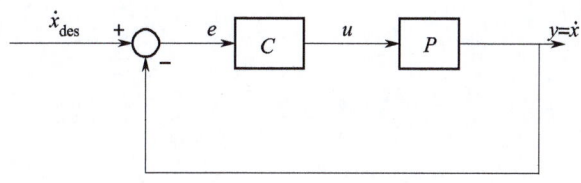

图 6-14　巡航控制系统框图

上层控制器的模型是与其加速度与实际车速之间的传递函数：

$$\ddot{x} = \frac{1}{\tau s + 1}\ddot{x}_{des} sV(s) = \frac{1}{\tau s + 1}A_{des}(s)$$

$$P(s) = \frac{V_x(s)}{A_{des}(s)} = \frac{1}{s(\tau s + 1)}$$

巡航控制系统上层控制器可使用以速度误差作为反馈信号的 PI 控制。控制信号：

$$u(t) = -k_p(\dot{x} - \dot{x}_{des}) - k_i(x - x_{des})$$

$$u(t) = -k_p(V_x - V_{ref}) - k_i\int_0^t (V_x - V_{ref})dt$$

PI 控制器可表示为

$$C(s) = k_p + \frac{k_i}{s}, \quad P(s) = \frac{1}{s(\tau s + 1)}$$

闭环系统的传递函数为

$$\frac{V_x}{V_{des}} = \frac{PC}{1 + PC} = \frac{k_p s + k_i}{\tau s^3 + s^2 + k_p s + k_i}$$

在下层控制器中，加速/制动输入经过计算，以跟踪由上层控制器确定的预期加速度，对此，需要做一张加速度-加速-制动三维标定表。通过控制不同的加速或制动踏板开度，得到车辆不同的速度和加速度曲线，然后进行拟合。本书给出一种加速/制动的标定方法，该方法使用 MATLAB 进行编写，具体如下：

加速标定方法：

```
%%% 启动前检查 carsim 的初速度是否为 0
x = 0;% 初始化加速
for i = 1:21
    % 该程序非常耗时,如果需要更多更密集的数据,请先测试
    sim('calibration');
    v_temp(:,i) = vx.data;
    a_temp(:,i) = ax.data;
    thr_temp(:,i) = ones(length(vx.data),1) * x;
    x = x + 0.05;
end
% 合并,一定要转成行向量再合并,否则会导致合并失败
    v = v_temp(:,1)';
    a = a_temp(:,1)';
    tr = thr_temp(:,1)';
for i = 2:length(v_temp(1,:))
    v = [v,v_temp(:,i)'];
    a = [a,a_temp(:,i)'];
    tr = [tr,thr_temp(:,i)'];
end
```

加速标定图如图 6-15 所示。

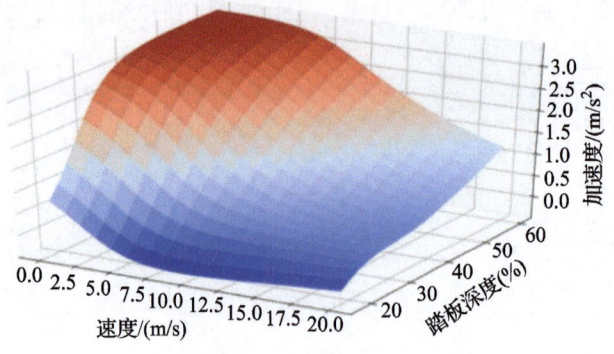

图 6-15 加速标定图

制动标定方法:

```
% 启动前检查车的初速度是否为 180
x = 0;% 初始化制动
%% 制动的初速度一定要比较高,180km/h、144km/h
for i = 1:81
    % 该程序非常耗时,如果需要更多更密集的数据,请先测试
    sim('calibration');
    v_temp1(:,i) = vx.data;
```

```
    a_temp1(:,i) = ax.data;
    brake_temp1(:,i) = ones(length(vx.data),1) * x;
    % % % % 这里是消除奇异性,因为无论 brake = 1 还是 2,最后都会导致车的 v,a = 0;这将导致多
值性
    for j = 1:length(v_temp1(:,i))
        if v_temp1(j,i) < 0.01
            brake_temp1(j,i) = 0;
        end
    end

    x = x - 0.1;
end
a_temp1(1,:) = a_temp1(2,:);
% 合并,一定要转成行向量再合并,否则会导致合并失败
vbr = v_temp1(:,1)';
abr = a_temp1(:,1)';
br = brake_temp1(:,1)';
for i = 2:length(v_temp1(1,:))
    vbr = [vbr,v_temp1(:,i)'];
    abr = [abr,a_temp1(:,i)'];
    br = [br,brake_temp1(:,i)'];
end
```

制动标定图如图 6 – 16 所示。

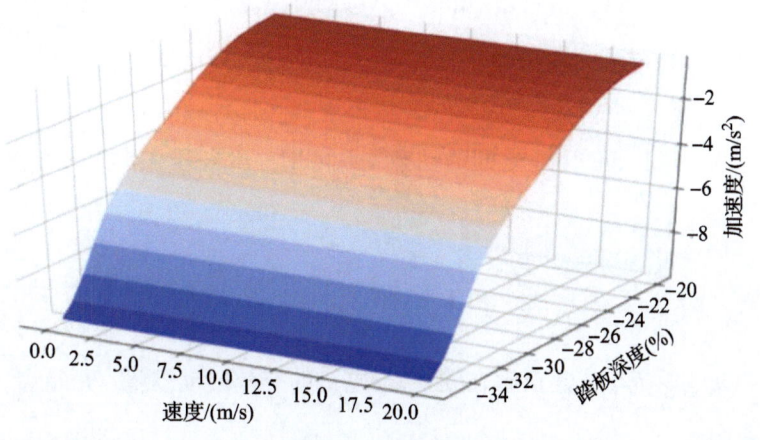

图 6 – 16　制动标定图

将加速和制动的标定算法整合:

```
v2 = [v,vbr];
a2 = [a,abr];
br2 = [tr,br];
```

```
F = scatteredInterpolant(v2',a2',br2');% 转成列向量
vubr = 0:0.05:50;
aubr = -8:0.05:5;
tablebr = zeros(length(vubr),length(aubr));
for i =1:length(vubr)
    for j =1:length(aubr)
        tablebr(i,j) = F(vubr(i),aubr(j));
    end
end
```

假设车辆速度直接与发动机/电机转速相关：

$$\dot{x} = r_{\text{eff}}\omega_{\text{w}}$$

$$\ddot{x} = r_{\text{eff}}R\dot{\omega}_{\text{e}}$$

其中，ω_{e} 是发动机/电机输出的转速；R 是齿轮比。

车辆动力学模型：

$$m\ddot{x} = F_x - R_x - F_{\text{aero}}$$

$$F_x = mr_{\text{eff}}R\dot{\omega}_{\text{e}} + R_x + F_{\text{aero}}$$

假设：

$$F_{\text{aero}} = c_{\text{a}}(r_{\text{eff}}R\omega_{\text{e}})^2$$

由于 F_{aero} 是车辆速度的二次函数，且也可以用 ω_{e} 的二次方来表示，可以得到转矩和 x_{ides} 的关系。

发动机转速 ω_{e} 与输入转矩 t_{net} 之间的动态关系可用一阶方程（常微分方程）来模拟。

输入转矩：

$$T_{\text{net}} = \frac{J_e}{Rr_{\text{eff}}}\ddot{x}_{\text{ides}} + [c_{\text{a}}R^3 r_{\text{eff}^3}\omega_e^2 + R(r_{\text{eff}}R_x)]$$

其中，$J_e = I_e + (mr_{\text{eff}^2} + I_\omega)R^2$ 是反映在发动机/电机的有效转动惯量；R 是齿轮比；r_{eff} 是轮胎半径。

4．自适应巡航控制系统

自适应巡航控制（Adaptive Cruise Control，ACC）系统是一种适用于车辆的巡航控制高级驾驶辅助系统。该系统通过使用传感器（如摄像头 + 雷达）自动调整车速，以保持与前方车辆的安全距离。

系统输入包括：

1）驾驶员设定的速度 V_{set}，类似于巡航控制系统的目标速度。

2）自车车速 V_{ego}。

3）与领头车（同车道上的前车）的相对距离。

4）前车的相对速度。

5）时间差。

系统输出：自车加速度。

自适应巡航控制系统如图 6-17 所示。

图 6-17　自适应巡航控制系统

自适应巡航控制系统有两种稳态运行模式：

1）速度控制：自动驾驶汽车以驾驶员设定的速度行驶。

2）距离控制（即车辆跟随）：自车与前车保持安全距离。

状态切换：

1）较近：间距控制，控制目标保持安全距离。

2）较远：速度控制，控制目标跟踪驾驶员设定的速度。

稳态间距控制称为车辆跟随。在车辆跟随模式下，纵向控制器必须确保满足以下两个特性：

1）单车稳定性，如果前车以恒定速度行驶，间距误差趋近于零。

2）跟车稳定性，即间距误差在跟车时不会扩大或缩小。

针对上述两个特性，可采用恒定时隙间距策略，即所需间距与速度成正比。采用恒定时隙间距策略，可以自主确保跟车稳定性和单车稳定性。

目标前车与自车之间的安全距离是自车速度的函数，可表示为

$$D_{safe} = D_{default} + T_{gap} V_{ego}$$

式中，$D_{default}$ 是默认安全距离；T_{gap} 是车辆间的时距。

自适应巡航控制系统可表述为两种情况：

$$D_{rel} < D_{safe}, \quad \ddot{x}_{des}(t) = -k_p(D_{rel} - D_{set}) - k_i \int_0^t (D_{rel} - D_{set}) dt$$

$$D_{rel} \geq D_{safe}, \quad \ddot{x}_{des}(t) = -k_p(V_{ego} - V_{set}) - k_i \int_0^t (V_{ego} - V_{set}) dt$$

速度控制和距离控制如图 6-18 所示。

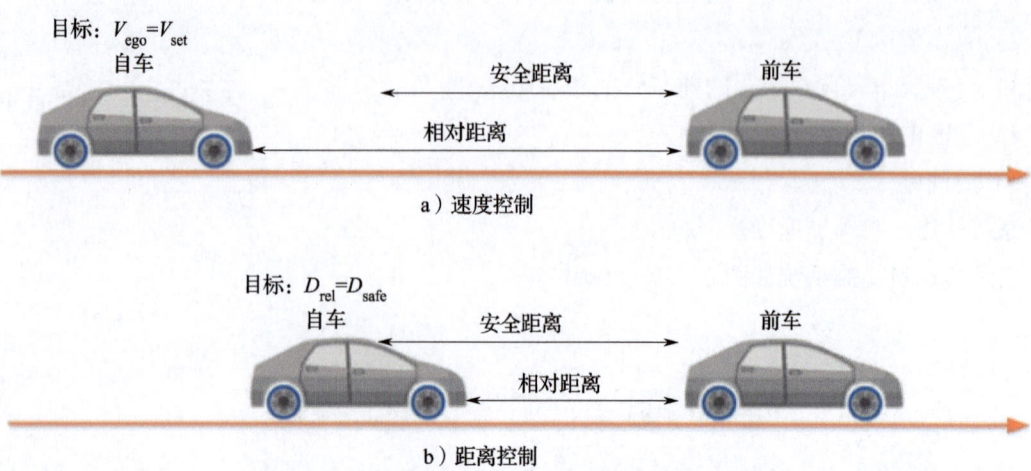

图 6-18　自适应巡航控制系统速度控制和距离控制

三、车辆横向控制

1. 车辆横向运动学模型

在研究车辆横向运动学模型时，可将四轮车辆简化为自行车模型。该模型遵循以下五点假设：

1) 车辆行驶于平坦路面，忽略车辆在垂直于路面方向上的运动。
2) 忽略车辆在行驶中受到的空气阻力以及地面侧向摩擦力。
3) 车轮与地面始终保持良好的滚动接触。
4) 车辆为刚体，忽略车身悬架结构的影响。
5) 左右两前轮、两后轮的转向角相等。

二自由度自行车运动学模型如图 6-19 所示。

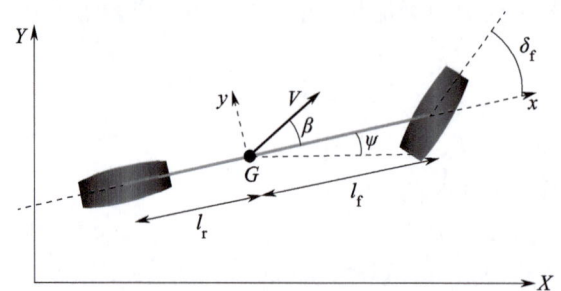

图 6-19　二自由度自行车运动学模型

该系统输入为转向角 δ、加速度 a，系统的状态变量为车辆位置 (x, y)、速度和加速度、偏航角 Ψ。下面分析二自由度自行车运动学模型，如图 6-20 所示。

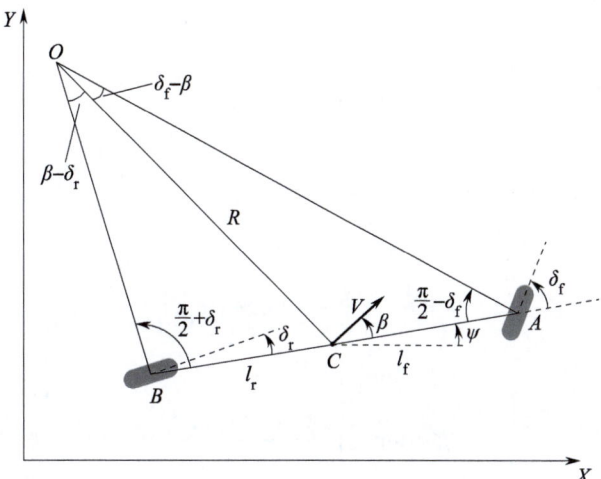

图 6-20 二自由度自行车运动学模型几何分解图

对三角形 OCA 和 OCB，使用正弦定理可得：

$$\frac{\sin(\delta_f - \beta)}{l_f} = \frac{\sin\left(\frac{\pi}{2} - \delta_f\right)}{R}$$

$$\frac{\sin(\beta - \delta_r)}{l_r} = \frac{\sin\left(\frac{\pi}{2} + \delta_r\right)}{R}$$

变换可得：

$$\frac{\sin(\delta_f)\cos(\beta) - \sin(\beta)\cos(\delta_f)}{l_f} = \frac{\cos(\delta_f)}{R}$$

$$\frac{\cos(\delta_r)\sin(\beta) - \cos(\beta)\sin(\delta_r)}{l_r} = \frac{\cos(\delta_r)}{R}$$

$$\tan(\delta_f)\cos(\beta) - \sin(\beta) = \frac{l_f}{R}$$

$$\sin(\beta) - \tan(\delta_r)\cos(\beta) = \frac{l_r}{R}$$

$$(\tan(\delta_f) - \tan(\delta_r))\cos(\beta) = \frac{l_f + l_r}{R}$$

对于低速运动，车辆的方向变化率必须等于车辆的角速度，可得：

$$\dot{\psi} \approx r = \frac{V}{R} = V \cdot \frac{1}{R} = V \cdot \frac{(\tan(\delta_f) - \tan(\delta_r))\cos(\beta)}{l_f + l_r}$$

$$= \frac{V\cos(\beta)}{l_f + l_r}(\tan(\delta_f) - \tan(\delta_r))$$

整体的运动方程为：

X 全局坐标：

$$\dot{X} = V\cos(\psi + \beta)$$

Y 全局坐标：

$$\dot{Y} = V\sin(\psi + \beta)$$

偏航角：

$$\dot{\psi} = \frac{V\cos(\beta)}{l_f + l_r}(\tan\delta_f - \tan\delta_r)$$

侧滑角：

$$\beta = \tan^{-1}\left(\frac{l_f\tan\delta_r + l_r\tan\delta_f}{l_f + l_r}\right)$$

当侧滑角比较小时，偏航运动可近似为

$$\dot{\psi} = r = \frac{V\cos(\beta)}{l_f + l_r}(\tan(\delta_f) - \tan(\delta_r))$$

$$L = l_f + l_r$$

此时，车辆运动表征如图 6-21 所示。

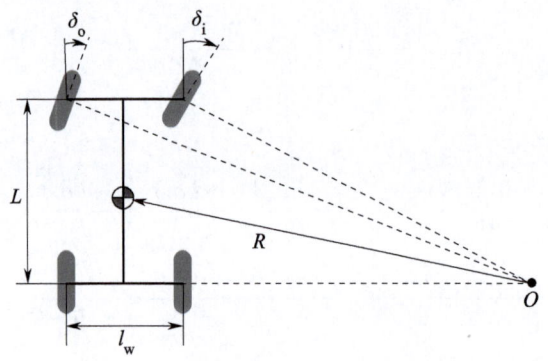

图 6-21 侧滑角较小时车辆运动表征图

偏航运动：

$$\dot{\psi} = \frac{V}{R} \approx V\frac{\delta}{L}$$

平均转角：

$$\delta \approx \frac{L}{R}$$

外转角：

$$\delta_o = \frac{L}{R + l_w/2}$$

内转角：

$$\delta_i = \frac{L}{R - l_w/2}$$

由于在推导自行车运动学模型时所做的假设,该模型更适用于以下情况:中低速行驶;适度转向。

2. Pure Pursuit 算法

Pure Pursuit 是一种纯跟踪算法,可使用自行车模型进行表征,如图 6-22 所示。

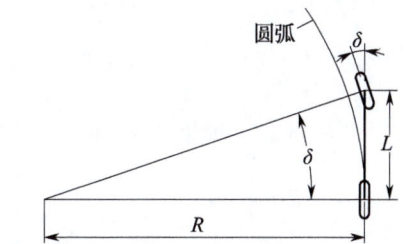

图 6-22 基于自行车模型的转向几何表征图

根据几何特征可得:

$$\tan\delta = \frac{L}{R}$$

其中,δ 是前轮的转向角;L 是前轴和后轴之间的距离(即车辆轴距);R 是后轴在给定转向角下的圆周半径。

Pure Pursuit 算法主要有两个特点:

1)连接后车轴位置和车辆前方路径上的目标点的圆弧曲率。

2)目标点是根据从当前后车轴位置到所需路径的前视距离 l_d 来确定的。

车辆的转向角 δ 只需使用目标点位置和车辆航向矢量与前视矢量之间的夹角 α 即可确定,如图 6-23 所示。

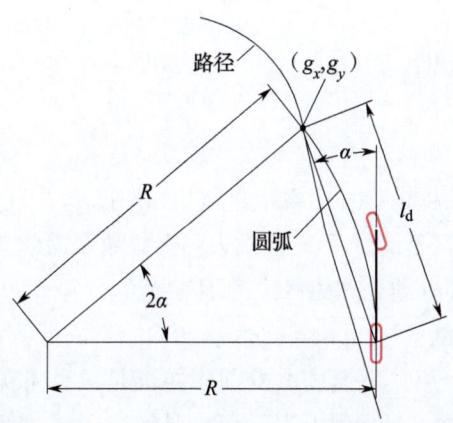

图 6-23 基于自行车模型的车辆转向角示意图

车辆转向角推导如下：

$$\frac{l_d}{\sin(2\alpha)} = \frac{R}{\sin\left(\frac{\pi}{2} - \alpha\right)} \Rightarrow \frac{l_d}{2\sin(\alpha)\cos(\alpha)} = \frac{R}{\cos(\alpha)} \Rightarrow \frac{l_d}{\sin(\alpha)} = 2R$$

$$\left.\begin{array}{c}\dfrac{1}{R} = \dfrac{2\sin(\alpha)}{l_d} \\ \tan\delta = \dfrac{L}{R} \Rightarrow \delta = \tan^{-1}\left(\dfrac{L}{R}\right)\end{array}\right\} \Rightarrow \delta(t) = \tan^{-1}\left(\dfrac{2L\sin(\alpha(t))}{l_d}\right)$$

$$\sin(\alpha) = \frac{e_{l_d}}{l_d} \Rightarrow \delta(t) = \tan^{-1}\left(\frac{2L}{l_d^2}e_{l_d}(t)\right)$$

Pure Pursuit 是一种转向角纯比例控制器，根据交叉轨迹误差进行操作。

在车辆前方一定的前视距离内，增益为 $\dfrac{2L}{l_d^2}$。

Pure Pursuit 的算法流程为：

1）确定车辆当前位置。

2）找到离车辆最近的路径点。

3）找到目标点 G。

4）将目标点转换为车辆坐标。

5）计算曲率并计算转向角 $\delta(t) = \tan^{-1}\left(\dfrac{2L}{l_d^2}e_{l_d}(t)\right)$。

6）更新车辆位置。

在工程应用中，该算法应用主要需要注意如下两点：

1）根据转角计算公式，可得：

$$\delta(t) = \tan^{-1}\left(\frac{2L\sin(\alpha(t))}{l_d}\right)$$

$$= \tan^{-1}\left(\frac{2L\sin(\alpha(t))}{kv_x(t)}\right)$$

即需要根据速度缩放前视距离（l_d）。

2）设置转角进行区间限幅。

Pure Pursuit 的特性：

1）前视距离越短，跟踪越精确；前视距离越长，跟踪越平稳。

2）k 值太小会导致转向不稳定，而 k 值太大则会导致跟踪效果不佳。

3）具有高鲁棒性，能很好地处理路径中的不连续性。

Pure Pursuit 算法应用挑战：

1）如何选择最佳前视距离。随速度改变前视距离是一种常见的方法，但除了纵向速度外，前视距离还可能是路径曲率的函数，甚至可能是轨迹误差的函数。

2）改变前视距离只是改变车辆行驶的曲率半径，因此可以补偿因车辆转向不足而增加的转向半径。如果为确保稳定性而进行调整，需要更长的前视距离，可能会因路径上的拐弯而大大降低性能。

3）随着速度的增加，转向曲线的稳态误差也会成为一个问题。

3. Stanley 算法

Stanley 算法是斯坦福大学参加 DARPA 挑战赛的自动驾驶汽车所使用的路径跟踪方法。该算法使用车辆前轴中心作为参考点，同时观察航向误差和相对于路径上闭合点的位置误差来确定转向角，以修正航向误差、修正位置误差和在最大转向角范围内运动。

基于 Stanley 算法的车辆运动学模型如图 6-24 所示。

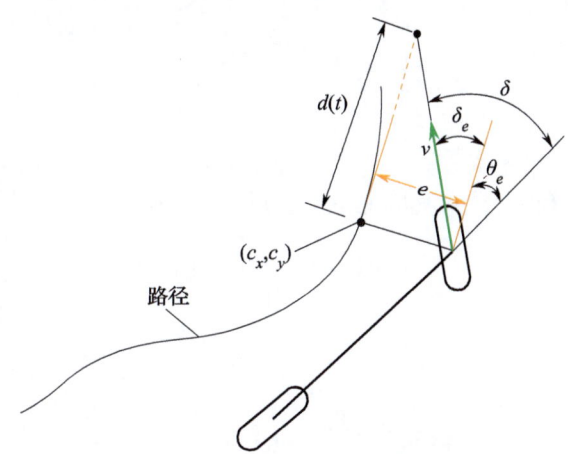

图 6-24　基于 Stanley 算法的车辆运动学模型示意图

Stanley 算法需满足如下三个条件：

1）转向角与航向误差 θ_e 成正比：

$$\delta(t) = \theta_e(t)$$

2）转向角基本上与轨迹误差 e 成正比，与速度 v 成反比：

$$\delta(t) = \delta_e(t) = \tan^{-1}\left(\frac{ke(t)}{v_f(t)}\right)$$

3）转角需要满足限幅需求：

$$\delta(t) \in [\delta_{\min}, \delta_{\max}]$$

Stanley 算法中车辆所需转角表达式为

$$\delta(t) = \theta_e(t) + \tan^{-1}\left(\frac{ke(t)}{v_f(t)}\right), \; \delta(t) \in [\delta_{\min}, \delta_{\max}]$$

如果没有航向误差且期望轨迹误差 e 较大，车辆所需转角不能超过 $\delta_{\max}$ 且 $\tan^{-1}(t) \in (-\pi/2, \pi/2)$。

观察该公式，航向误差越大，转向角修正越大；如果轨迹误差 e 为 0，此时车辆输出转角即为航向角误差。

如果轨迹误差较大，此时：

$$\tan^{-1}\left(\frac{ke(t)}{v_f(t)}\right) \approx \frac{\pi}{2} \Rightarrow \delta(t) \approx \theta_e(t) + \frac{\pi}{2}$$

当转向角导致航向发生变化时，航向修正可抵消轨迹误差，并使转向角回零。车辆接近期望路径时，轨迹误差减小，转向以矫正航向。

非最大转向角时的动态误差为

$$\dot{e}(t) = -v_f(t)\sin(\delta_e) = -v_f(t)\sin\left(\tan^{-1}\frac{ke(t)}{v_f(t)}\right)$$

$$= \frac{-ke(t)}{\sqrt{1+\left(\frac{ke(t)}{v_f}\right)^2}}$$

对于较小的轨迹误差，会导致其出现指数衰减特性：

$$\dot{e}(t) \approx -ke(t)$$

系统的相位图如图 6-25 所示。

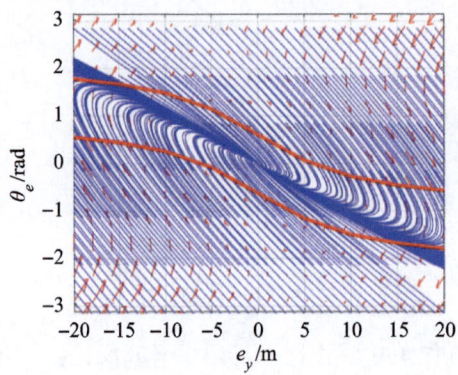

图 6-25　使用 Stanley 算法较小的轨迹误差的系统相位图

Stanley 算法的工程应用：

1）低速运行时，可增加软约束提升控制器的性能：

$$\delta(t) = \theta_e(t) + \tan^{-1}\left(\frac{ke(t)}{k_s + v_f(t)}\right)$$

2）车辆航向角可加入额外的阻尼。

3）可在航向上增加一个前馈项改善 Stanley 在弯道上的跟踪性能。

Stanley 算法与 Pure Pursuit 算法对比：

1）与 Pure Pursuit 相比，Stanley 调校更为直观，但在调校时也存在类似于 Pure Pursuit 算法的应用挑战。

2）Stanley 克服动态效应的唯一方法就是高增益，而高增益可能会导致在不同路径上的不稳定。

3）与 Pure Pursuit 不同的是，良好调校的 Stanley 不会转向不足，而是会过度转向。这种效应可归因于没有前瞻预瞄。

4）与 Pure Pursuit 方法类似，中等速度下曲线的稳态误差对系统影响会变得较为显著。

四、LQR 算法

1. LQR 的基本原理

LQR（Linear Quadratic Regulator）即线性二次型调节器，其对象是现代控制理论中以状态空间形式给出的线性系统，而目标函数为对象状态和控制输入的二次型函数。

举一个通俗易懂的关于 LQR 原理的小例子，假设从家里要去公司，现在有如下几种交通方式以及花费的时间和交通成本，见表 6-4。

表 6-4 可选择的出行方式

出行方式	路程时间（time）	交通花费（money）
汽车	20min	7 元
自行车	75min	0 元
公交车	30min	2 元
直升机	4min	400 元

定义总的代价 cost $J = Q \cdot time + R \cdot money$。如果认为时间比较重要，时间成本低相对来说总的成本就低的话，则假设时间的成本权重为 30，这里的 30 就是 Q 值，读者可以认为是对时间的惩罚系数，或者是权重，目的就是让路程时间少，而交通花费权重为 1，就是 R 的值为 1，相对于时间来说，金钱成本惩罚低。通过计算，可以得到四种出行方式的代价见表 6-5。

表 6-5 四种出行方式的代价

出行方式	Q	路程时间（time）	R	交通花费（money）	代价（cost）
汽车	30	20min	1	7 元	607
自行车	30	75min	1	0 元	2250
公交车	30	30min	1	2 元	902
直升机	30	4min	1	400 元	520

通过调整权重 Q 和 R 对路程时间和交通花费进行调节，通过对代价（cost）进行优化使其最优。

一个标准线性状态空间模型描述为

$$\dot{x} = Ax + Bu$$
$$y = Cx$$

目标是在无限时间跨度内将非零初始状态归零。成本函数采用二次型形式：

$$J = \frac{1}{2}\int_0^\infty (\boldsymbol{x}^\mathrm{T}\boldsymbol{Q}\boldsymbol{x} + \boldsymbol{u}^\mathrm{T}\boldsymbol{R}\boldsymbol{u})\mathrm{d}t$$

其中：

$$\boldsymbol{x}^\mathrm{T}\boldsymbol{Q}\boldsymbol{x} = q_1 x_1^2 + q_2 x_2^2 + \cdots + q_n x_n^2$$

其中，$q_i \geq 0$，$i = 1, 2, \cdots, n$，且 $r_i > 0$，$i = 1, 2, \cdots, m$。

矩阵 $\boldsymbol{Q}$ 和 $\boldsymbol{R}$ 最常以对角矩阵形式出现，可写为

$$\boldsymbol{Q} = \begin{bmatrix} q_1 & \cdots & 0 \\ \vdots & \ddots & \vdots \\ 0 & \cdots & q_n \end{bmatrix}$$

$$\boldsymbol{R} = \begin{bmatrix} r_1 & \cdots & 0 \\ \vdots & \ddots & \vdots \\ 0 & \cdots & r_m \end{bmatrix}$$

q_i 是 x_i 之间的相对权重。如果 q_1 比 q_2 大，那么对错误的 x_1 惩罚代价就会比 x_2 高，控制就会尽量使 x_1 比 x_2 小，反之亦然。

2. LQR 的求解

在 LQR 问题中，引入状态反馈 $\boldsymbol{u} = -\boldsymbol{K}\boldsymbol{x}$，并把它带入状态方程和损失函数中，得到如下的形式：

$$J = \frac{1}{2}\int_0^\infty \boldsymbol{x}^\mathrm{T}(\boldsymbol{Q} + \boldsymbol{K}^\mathrm{T}\boldsymbol{R}\boldsymbol{K})\boldsymbol{x}\mathrm{d}t$$

假设 $\boldsymbol{P}$ 矩阵为一个 $n \times n$ 的对称矩阵，并且假设 $\boldsymbol{x}^\mathrm{T}\boldsymbol{P}\boldsymbol{x}$ 的微分为 $-J$，即

$$\frac{\mathrm{d}}{\mathrm{d}t}(\boldsymbol{x}^\mathrm{T}\boldsymbol{P}\boldsymbol{x}) = -\boldsymbol{x}^\mathrm{T}(\boldsymbol{Q} + \boldsymbol{K}^\mathrm{T}\boldsymbol{R}\boldsymbol{K})\boldsymbol{x}$$

对方程两边进行微分，可得：

$$\dot{\boldsymbol{x}}^\mathrm{T}\boldsymbol{P}\boldsymbol{x} + \boldsymbol{x}^\mathrm{T}\boldsymbol{P}\dot{\boldsymbol{x}} + \boldsymbol{x}^\mathrm{T}\boldsymbol{Q}\boldsymbol{x} + \boldsymbol{x}^\mathrm{T}\boldsymbol{K}^\mathrm{T}\boldsymbol{R}\boldsymbol{K}\boldsymbol{x} = 0$$

在闭环系统中 $\dot{\boldsymbol{x}} = (\boldsymbol{A} - \boldsymbol{B}\boldsymbol{K})\dot{\boldsymbol{x}} = \boldsymbol{A}_c \boldsymbol{x}$，则有：

$$\boldsymbol{x}^\mathrm{T}\boldsymbol{A}_c^\mathrm{T}\boldsymbol{P}\boldsymbol{x} + \boldsymbol{x}^\mathrm{T}\boldsymbol{P}\boldsymbol{A}_c\boldsymbol{x} + \boldsymbol{x}^\mathrm{T}\boldsymbol{Q}\boldsymbol{x} + \boldsymbol{x}^\mathrm{T}\boldsymbol{K}^\mathrm{T}\boldsymbol{R}\boldsymbol{K}\boldsymbol{x} = 0$$

$$\boldsymbol{x}^\mathrm{T}(\boldsymbol{A}_c^\mathrm{T}\boldsymbol{P} + \boldsymbol{P}\boldsymbol{A}_c + \boldsymbol{Q} + \boldsymbol{K}^\mathrm{T}\boldsymbol{R}\boldsymbol{K})\boldsymbol{x} = 0$$

当 $\boldsymbol{A}_c^\mathrm{T}\boldsymbol{P} + \boldsymbol{P}\boldsymbol{A}_c + \boldsymbol{Q} + \boldsymbol{K}^\mathrm{T}\boldsymbol{R}\boldsymbol{K} = 0$ 时，可得：

$$(\boldsymbol{A} - \boldsymbol{B}\boldsymbol{K})^\mathrm{T}\boldsymbol{P} + \boldsymbol{P}(\boldsymbol{A} - \boldsymbol{B}\boldsymbol{K}) + \boldsymbol{Q} + \boldsymbol{K}^\mathrm{T}\boldsymbol{R}\boldsymbol{K} = 0$$

$$\boldsymbol{A}^\mathrm{T}\boldsymbol{P} + \boldsymbol{P}\boldsymbol{A} + \boldsymbol{Q} + \boldsymbol{K}^\mathrm{T}\boldsymbol{R}\boldsymbol{K} - \boldsymbol{K}^\mathrm{T}\boldsymbol{B}^\mathrm{T}\boldsymbol{P} - \boldsymbol{P}\boldsymbol{B}\boldsymbol{K} = 0$$

令 $K = R^{-1}B^{T}P$,可得:

$$A^{T}P + PA + Q + K^{T}R(R^{-1}B^{T}P) - K^{T}B^{T}P - PB(R^{-1}B^{T}P) = 0$$
$$A^{T}P + PA + Q = PBR^{-1}B^{T}P$$

以上方程即为求解 LQR 常用的黎卡提方程(Riccati Equation)。

3. 二自由度车辆横向动力学模型

前文讲述了车辆横向运动学模型,但在车速较高时,不能再假设每个车轮的速度都与车轮方向一致,即滑移角不为零,因此高速行驶可使用横向动力学模型进行建模。在研究车辆横向动力学模型时,可将四轮车辆简化为自行车模型。该模型遵循以下四点假设:

1) 车辆在控制周期内纵向速度基本恒定。
2) 忽略车辆在行驶中受到的空气阻力以及地面侧向摩擦力。
3) 车轮与地面始终保持良好的滚动接触。
4) 车辆为刚体,忽略车身悬架结构的影响。

二自由度车辆动力学模型如图 6-26 所示。

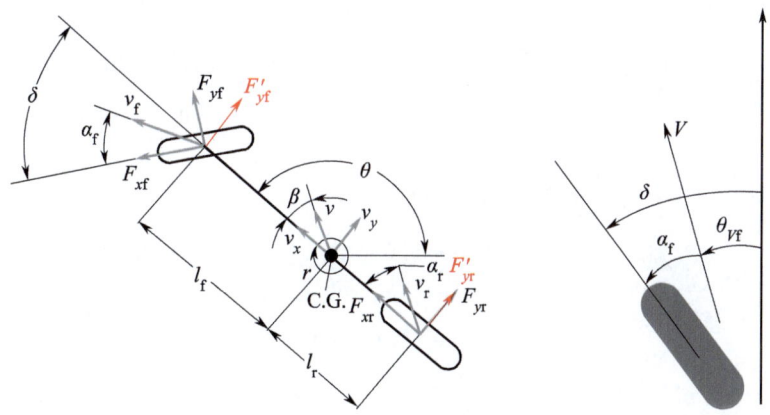

图 6-26 二自由度车辆动力学模型

进行受力分析,可得:

$$a_y = \left(\frac{d^2 y}{dt^2}\right)_{inertial} = \dot{v}_y + v_x \dot{\psi}$$

$$F_{yf} + F_{yr} = ma_y = m(\dot{v}_y + v_x \dot{\psi})$$

$$l_f F_{yf} - l_r F_{yr} = I_z \ddot{\psi}$$

对于小滑移角,试验结果表明,轮胎的侧向力与滑移角成正比:

$$F_{yf} = 2c_f \alpha_f = 2c_f(\delta - \theta_{vf})$$
$$F_{yr} = 2c_r \alpha_r = 2c_r(-\theta_{vr})$$

其中,c_f 和 c_r 是轮胎的侧偏刚度。将 F_{yf} 和 F_{yr} 带入上述方程,同时把侧偏角和侧向力的计算带入方程中，得到如下的方程：

$$(F_{yf}\cos(\delta) - F_{xf}\sin(\delta)) + F_{yr} = m(\dot{v}_y + v_x r)$$

$$l_f(F_{yf}\cos(\delta) - F_{xf}\sin(\delta)) - l_r F_{yr} = I_z \dot{r}$$

其中，r 是绕偏航轴的角速度。

$$\alpha_f = \delta - \tan^{-1}\left(\frac{v_y + l_f r}{v_x}\right)$$

$$\alpha_r = -\tan^{-1}\left(\frac{v_y + l_r r}{v_x}\right)$$

$$F_{yf} = c_f \alpha_f = c_f\left[\delta - \tan^{-1}\left(\frac{v_y + l_f r}{v_x}\right)\right]$$

$$F_{yr} = c_r \alpha_r = -c_r \tan^{-1}\left(\frac{v_y - l_r r}{v_x}\right)$$

$$\dot{v}_y = \frac{c_f\left[\delta - \tan^{-1}\left(\frac{v_y + l_f r}{v_x}\right)\right]\cos(\delta) - c_r \tan^{-1}\left(\frac{v_y - l_r r}{v_x}\right) - F_{xf}\sin(\delta)}{m} - v_x r$$

$$\dot{r} = \frac{l_f c_f\left[\delta - \tan^{-1}\left(\frac{v_y + l_f r}{v_x}\right)\right]\cos(\delta) + l_r c_r \tan^{-1}\left(\frac{v_y - l_r r}{v_x}\right) - l_f F_{xf}\sin(\delta)}{I_z}$$

对于较小的滑移角，式中三角函数可简化为

$$\cos(\delta) \approx 1$$
$$\sin(\delta) \approx 0$$
$$\tan^{-1}(\theta) \approx \theta$$

最终可得：

$$\begin{bmatrix} \dot{v}_y \\ \dot{r} \end{bmatrix} = \begin{bmatrix} \dfrac{-(c_f + c_r)}{m v_x} & \dfrac{(l_r c_r - l_f c_f)}{m v_x} - v_x \\ \dfrac{l_r c_r - l_f c_f}{I_z v_x} & \dfrac{-(l_f^2 c_f + l_r^2 c_r)}{I_z v_x} \end{bmatrix} \begin{bmatrix} v_y \\ r \end{bmatrix} + \begin{bmatrix} \dfrac{c_f}{m} \\ \dfrac{l_f c_f}{I_z} \end{bmatrix} \delta$$

把坐标 y 和航向角 δ 也作为状态量，重写状态空间方程 $\dot{X} = AX + B\delta$，可得如下状态方程：

$$\frac{d}{dt}\begin{bmatrix} y \\ \dot{y} \\ \psi \\ \dot{\psi} \end{bmatrix} = \begin{bmatrix} 0 & 1 & 0 & 0 \\ 0 & \dfrac{-(c_f + c_r)}{m v_x} & 0 & \dfrac{(l_r c_r - l_f c_f)}{m v_x} - v_x \\ 0 & 0 & 0 & 1 \\ 0 & \dfrac{l_r c_r - l_f c_f}{I_z v_x} & 0 & \dfrac{-(l_f^2 c_f + l_r^2 c_r)}{I_z v_x} \end{bmatrix} \begin{bmatrix} y \\ \dot{y} \\ \psi \\ \dot{\psi} \end{bmatrix} + \begin{bmatrix} 0 \\ \dfrac{c_f}{m} \\ 0 \\ \dfrac{l_f c_f}{I_z} \end{bmatrix} \delta$$

上述状态方程即为常用的二自由度车辆横向动力学模型状态方程。

4. 基于 LQR 的轨迹追踪算法

首先选择横向误差 e_θ 和航向角误差 e_{cg} 以及这两个状态量的导数描述系统的状态，驾驶员方向盘转角作为控制输入。在 LQR 中，可以选择 $x = [e_{cg}, \dot{e}_{cg}, e_\theta, \dot{e}_\theta]^T$ 作为系统的状态变量，且 $u = \delta$，其中，e_{cg} 为车辆重心到最近行驶轨迹点的正交距离；$\dot{e}_{cg}$ 为车辆重心与最近行驶轨迹点的正交距离，e_θ 为车辆重心与规划轨迹之间的航向偏差，$e_\theta = \theta - \theta_p(s)$；$\dot{e}_\theta$ 为车辆重心与规划轨迹之间的相对偏航率。

基于 LQR 的轨迹追踪系统几何关系示意图如图 6-27 所示。

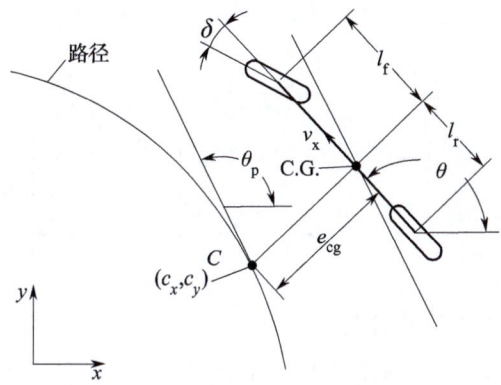

图 6-27　基于 LQR 的轨迹追踪系统几何关系示意图

假设纵向速度不变：

$$\dot{e}_{cg} = v_y + v_x \sin(\theta - \theta_p(s)) = v_y + v_x \sin(e_\theta)$$
$$\dot{e}_\theta = r - r(s)$$

其中，$r(s) = \dot{\theta}(s)$ 是由路径得出的偏航率。

根据自行车模型推导，可得到如下的状态方程：

$$v_y = \dot{e}_{cg} - v_x \sin(e_\theta)$$
$$\dot{v}_y = \ddot{e}_{cg} - v_x \dot{e}_\theta$$
$$\theta = e_\theta + \theta_p(s)$$
$$r = \dot{e}_\theta + r(s)$$
$$\dot{r} = \ddot{e}_\theta + \dot{r}(s)$$
$$\dot{v}_y = \frac{-(c_f + c_r)}{m v_x} v_y + \left[\frac{(l_r c_r - l_f c_f)}{m v_x} - v_x\right] r + \frac{c_f}{m} \delta$$
$$\dot{r} = \frac{l_r c_r - l_f c_f}{I_z v_x} v_y + \frac{-(l_f^2 c_f + l_r^2 c_r)}{I_z v_x} r + \frac{l_f c_f}{I_z} \delta$$

$$\dot{v}_y = \ddot{e}_{cg} - v_x \dot{e}_\theta = \frac{-(c_f + c_r)}{mv_x}(\dot{e}_{cg} - v_x e_\theta) + \left[\frac{(l_r c_r - l_f c_f)}{mv_x} - v_x\right](\dot{e}_\theta + r(s)) + \frac{c_f}{m}\delta$$

$$\dot{r} = \ddot{e}_\theta + \dot{r}(s) = \frac{l_r c_r - l_f c_f}{I_z v_x}(\dot{e}_{cg} - v_x e_\theta) + \frac{-(l_f^2 c_f + l_r^2 c_r)}{I_z v_x}(\dot{e}_\theta + r(s)) + \frac{l_f c_f}{I_z}\delta$$

$$\ddot{e}_{cg} = \frac{-(c_f + c_r)}{mv_x}\dot{e}_{cg} + \frac{(c_f + c_r)}{m}e_\theta + \frac{(l_r c_r - l_f c_f)}{mv_x}\dot{e}_\theta + \left[\frac{(l_r c_r - l_f c_f)}{mv_x} - v_x\right]r(s) + \frac{c_f}{m}\delta$$

$$\ddot{e}_\theta = \frac{l_r c_r - l_f c_f}{I_z v_x}\dot{e}_{cg} + \frac{l_r c_r - l_f c_f}{I_z}e_\theta + \frac{-(l_f^2 c_f + l_r^2 c_r)}{I_z v_x}(\dot{e}_\theta + r(s)) + \frac{l_f c_f}{I_z}\delta - \dot{r}(s)$$

将状态方程更新为：$\dot{x} = Ax + B_1\delta + B_2 r_{des}$，其中 $x = [e_{cg}, \dot{e}_{cg}, e_\theta, \dot{e}_\theta]^T$。

$$A = \begin{bmatrix} 0 & 1 & 0 & 0 \\ 0 & \frac{-(c_f + c_r)}{mv_x} & \frac{c_f + c_r}{m} & \frac{(l_r c_r - l_f c_f)}{mv_x} \\ 0 & 0 & 0 & 1 \\ 0 & \frac{l_r c_r - l_f c_f}{I_z v_x} & \frac{l_r c_r - l_f c_f}{I_z} & \frac{-(l_f^2 c_f + l_r^2 c_r)}{I_z v_x} \end{bmatrix}, \quad B_1 = \begin{bmatrix} 0 \\ \frac{c_f}{m} \\ 0 \\ \frac{l_f c_f}{I_z} \end{bmatrix}, \quad B_2 = \begin{bmatrix} 0 \\ \frac{l_r c_r - l_f c_f}{mv} - v \\ 0 \\ \frac{l_f^2 c_f + l_r^2 c_r}{I_z v} \end{bmatrix}$$

在 LQR 算法中，基本的算法流程为：

1) 检查矩阵是否满秩：$[B_1 \quad AB_1 \quad A^2 B_1 \quad A^3 B_1]$。

2) 将连续时间系统转换为离散时间系统：

$$x(k+1) = A_d x(k) + B_{1d}\delta(k) + B_{2d} r_{des}(k)$$

3) 使用状态反馈求解：

$$\delta = -Kx = -k_1 e_{cg} - k_2 \dot{e}_{cg} - k_3 e_\theta - k_4 \dot{e}_\theta$$

在这种情况下使用 LQR，可得：

$$\delta^*(k) = -Kx(k)$$

其中，$K = (R + B_d^T P B_d)^{-1} B_d^T P A_d$。控制所要最小化的目标成本函数为

$$J = \sum_{k=0}^{\infty} x^T(k) Q x(k) + \delta(k) R \delta(k)$$

其中，P 满足矩阵差分黎卡提方程：

$$P = A_d^T P A_d - A_d^T P B_d (R + B_d^T P B_d)^{-1} B_d^T P A_d + Q$$

五、MPC 算法

模型预测控制（Model Predictive Control，MPC）是一类特殊的控制算法，自 1980 年以来在化工炼油等过程工业领域得到应用。它的当前控制动作是在每一个采样瞬间通过求解一个有限时域开环最优控制问题而获得。过程的当前状态作为最优控制问题的初始状态，解得的最优控制序列只实施第一个控制作用。

1. MPC 的基本原理

MPC 的基本原理如图 6-28 所示。

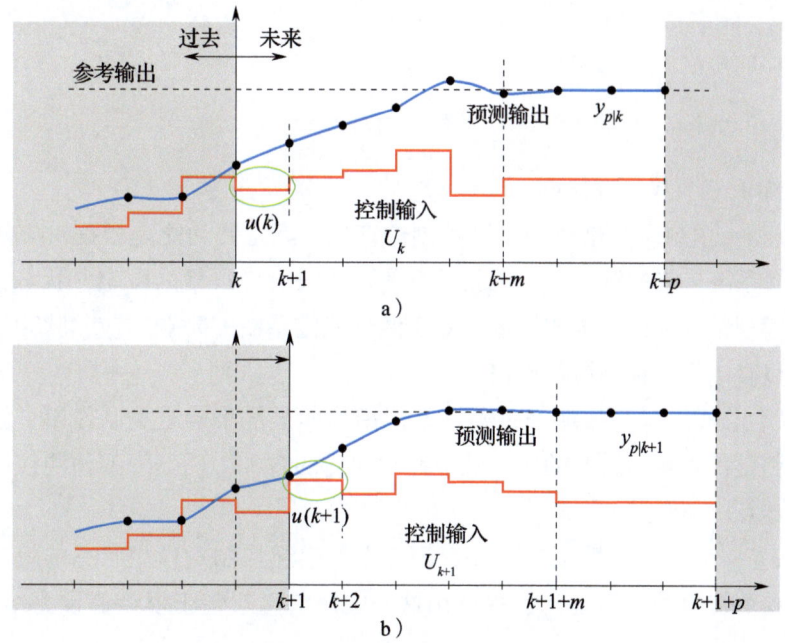

图 6-28　MPC 的基本原理示意图

假设有一个系统：

$$x_{k+1} = f(x_k, u_k)$$
$$y_k = h(x_k, u_k)$$

预测输出 y_k 为

$$y_k \triangleq \{y_{p_{k+1|k}}, y_{p_{k+2|k}}, \cdots, y_{p_{k+p|k}}\}$$

最佳输入 U_k 为

$$U_k \triangleq \{u_{k|k}, u_{k+1|k}, \cdots, u_{k+p-1|k}\}$$

参考值 r_k 为

$$r_k \triangleq \{r_{k+1}, r_{k+2}, \cdots, r_{k+p}\}$$

成本函数为

$$J(y_k, U_k) = \sum_{i=k+1}^{k+p} (r_i - y_{p_i|k})^2$$

最优化问题可描述为

$$\min_{U_k} J(y_k, U_k)$$
$$\text{s. t.} \quad x_{k+1} = f(x_k, u_k)$$
$$y_k = h(x_k, u_k)$$
$$u_{\min} \leq u_{k+i|k} \leq u_{\max}, \quad i = 0, 1, \cdots, p-1$$
$$y_{\min} \leq y_{k+i|k} \leq y_{\max}, \quad i = 0, 1, \cdots, p$$
$$U_k^* \triangleq \{u_{k|k}^*, u_{k+1|k}^*, \cdots, u_{k+p-1|k}^*\}$$
$$U_k^* = \arg\min_{U_k} J(y_k, U_k)$$

MPC 具有如下三个基本特征：

1) 预测模型。预测模型是模型预测控制的基础。其主要功能是根据对象的历史信息和未来输入，预测系统未来的输出。对预测模型的形式没有做严格的限定，状态方程、传递函数这类传统的模型都可以作为预测模型。对于线性稳定系统，阶跃响应、脉冲响应这类非参数模型，也可以直接作为预测模型使用。

2) 滚动优化。模型预测控制通过某一性能指标的最优来确定控制作用，但优化不是一次离线进行，而是反复在线进行的。这就是滚动优化的含义，也是模型预测控制区别于传统最优控制的根本点。

3) 反馈校正。为了防止模型失配或者环境干扰引起控制对理想状态的偏离，在新的采样时刻，首先检测对象的实际输出，并利用这一实时信息对基于模型的预测结果进行修正，然后再进行新的优化。

MPC 的主要算法逻辑结构如图 6-29 所示。

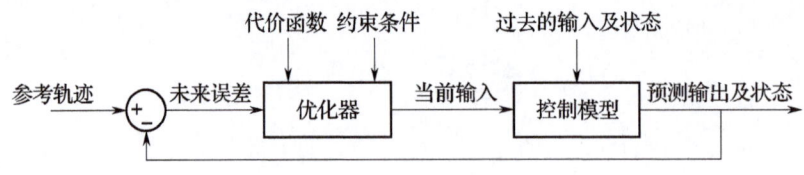

图 6-29 MPC 主要算法逻辑结构图

2. 无约束线性 MPC

定义线性系统：

$$\begin{cases} \boldsymbol{x}_{k+1} = \boldsymbol{A}\boldsymbol{x}_k + \boldsymbol{B}\boldsymbol{u}_k \\ \boldsymbol{y}_k = \boldsymbol{C}\boldsymbol{x}_k \end{cases}$$

输入与状态之间的关系：

$$x_k = A^k x_0 + \sum_{j=0}^{k-1} A^j B u_{k-1-j}$$

前向仿真的矩阵形式表示为

$$\begin{bmatrix} x_1 \\ x_2 \\ \vdots \\ x_{N-1} \\ x_N \end{bmatrix} = \begin{bmatrix} B & 0 & \cdots & 0 \\ AB & B & \cdots & 0 \\ \vdots & \vdots & \ddots & \vdots \\ A^{N-1}B & A^{N-2}B & \cdots & B \end{bmatrix} \begin{bmatrix} u_0 \\ u_1 \\ \vdots \\ u_{N-1} \end{bmatrix} + \begin{bmatrix} A \\ A^2 \\ \vdots \\ A^N \end{bmatrix} x_0$$

将其用二次型表示为

$$J = x_N^T P x_N + \sum_{k=0}^{N-1} (x_k^T Q x_k + u_k^T R u_k)$$

$$P = P^T > 0$$
$$Q = Q^T > 0$$
$$R = R^T > 0$$

半正定

对此，系统的目标变为：寻找到最佳控制序列 u 使 J 最小：

$$J = x_0^T Q x_0 + \begin{bmatrix} x_1 \\ x_2 \\ \vdots \\ x_{N-1} \\ x_N \end{bmatrix}^T \begin{bmatrix} Q & 0 & 0 & \cdots & 0 \\ 0 & Q & 0 & \cdots & 0 \\ \vdots & \vdots & \ddots & \vdots & \vdots \\ 0 & \cdots & 0 & Q & 0 \\ 0 & 0 & \cdots & 0 & P \end{bmatrix} \begin{bmatrix} x_1 \\ x_2 \\ \vdots \\ x_{N-1} \\ x_N \end{bmatrix} + \begin{bmatrix} u_0 \\ u_1 \\ \vdots \\ u_{N-1} \end{bmatrix}^T \begin{bmatrix} R & 0 & \cdots & 0 \\ 0 & R & \cdots & 0 \\ \vdots & \vdots & \ddots & \vdots \\ 0 & \cdots & 0 & R \end{bmatrix} \begin{bmatrix} u_0 \\ u_1 \\ \vdots \\ u_{N-1} \end{bmatrix}$$

对 J 进行变换，可得：

$$\begin{bmatrix} x_1 \\ x_2 \\ \vdots \\ x_{N-1} \\ x_N \end{bmatrix} = \underbrace{\begin{bmatrix} B & 0 & \cdots & 0 \\ AB & B & \cdots & 0 \\ \vdots & \vdots & \ddots & \vdots \\ A^{N-1}B & A^{N-2}B & \cdots & B \end{bmatrix}}_{\bar{S}} \underbrace{\begin{bmatrix} u_0 \\ u_1 \\ \vdots \\ u_{N-1} \end{bmatrix}}_{z} + \underbrace{\begin{bmatrix} A \\ A^2 \\ \vdots \\ A^N \end{bmatrix}}_{\bar{T}} x_0$$

$$J(z, x_0) = x_0^T Q x_0 + \begin{bmatrix} x_1 \\ x_2 \\ \vdots \\ x_{N-1} \\ x_N \end{bmatrix}^T \overbrace{\begin{bmatrix} Q & 0 & 0 & \cdots & 0 \\ 0 & Q & 0 & \cdots & 0 \\ \vdots & \vdots & \ddots & \vdots & \vdots \\ 0 & \cdots & 0 & Q & 0 \\ 0 & 0 & \cdots & 0 & P \end{bmatrix}}^{\overline{Q}} \begin{bmatrix} x_1 \\ x_2 \\ \vdots \\ x_{N-1} \\ x_N \end{bmatrix} +$$

$$\begin{bmatrix} u_0 \\ u_1 \\ \vdots \\ u_{N-1} \end{bmatrix}^T \overbrace{\begin{bmatrix} R & 0 & \cdots & 0 \\ 0 & R & \cdots & 0 \\ \vdots & \vdots & \ddots & \vdots \\ 0 & \cdots & 0 & R \end{bmatrix}}^{\overline{R}} \begin{bmatrix} u_0 \\ u_1 \\ \vdots \\ u_{N-1} \end{bmatrix}$$

$$J(z, x_0) = (\overline{S}z + \overline{T}x_0)^T \overline{Q}(\overline{S}z + \overline{T}x_0) + z^T \overline{R} z + x_0^T Q x_0$$

$$= \frac{1}{2} z^T \underbrace{2(\overline{R} + \overline{S}^T \overline{Q} \overline{S})}_{H} z + x_0^T \underbrace{2\overline{T}^T \overline{Q} \overline{S}}_{F} z + \frac{1}{2} x_0^T \underbrace{2(Q + \overline{T}^T \overline{Q} \overline{T})}_{E} x_0$$

MPC 可简写为

$$J(z, x_0) = \frac{1}{2} z^T H z + x_0^T F z + \frac{1}{2} x_0^T E x_0$$

$$z = \begin{bmatrix} u_0 \\ u_1 \\ \vdots \\ u_{N-1} \end{bmatrix}$$

将梯度置零，即可得到最优解：

$$\nabla_z J(z, x_0) = Hz + F^T x_0 = 0 \Rightarrow z^* = -H^{-1} F^T x_0$$

非简化式 MPC 同时保留 $x_1, \cdots, x_N$ 作为优化变量，可写为

$$J(z, x_0) = x_0^T Q x_0 + \begin{bmatrix} u_0 \\ u_1 \\ \vdots \\ x_{N-1} \\ x_N \end{bmatrix}^T \begin{bmatrix} R & 0 & 0 & \cdots & 0 \\ 0 & R & 0 & \cdots & 0 \\ \vdots & \vdots & \ddots & \vdots & \vdots \\ 0 & \cdots & 0 & Q & 0 \\ 0 & 0 & \cdots & 0 & P \end{bmatrix} \begin{bmatrix} u_0 \\ u_1 \\ \vdots \\ x_{N-1} \\ x_N \end{bmatrix}$$

$$z = \begin{bmatrix} u_0 \\ u_1 \\ \vdots \\ u_{N-1} \\ x_1 \\ \vdots \\ x_N \end{bmatrix}$$

等式约束为

$$x_{k+1} = Ax_k + Bu_k$$

3. 带约束的线性及非线性 MPC

加入约束后的 MPC 可转化为一个二次规划问题，见下式：

$$\min_z \quad \frac{1}{2} z^T Hz + x_0^T Fz$$

$$\text{s. t.} \quad Gz \leq W + Sx_0$$

带约束线性 MPC 的求解步骤如图 6-30 所示。

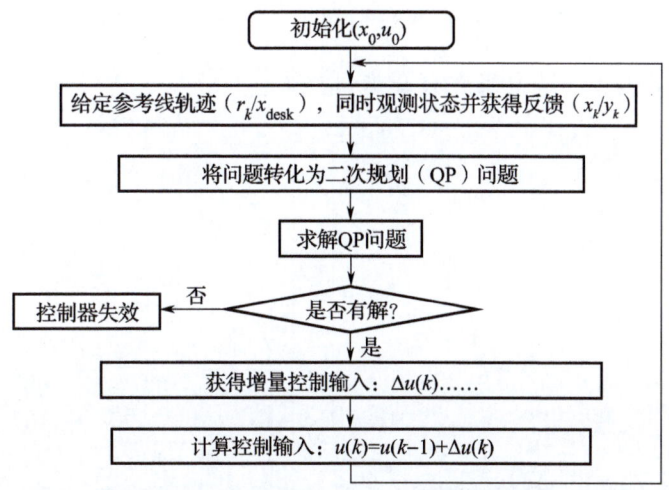

图 6-30 带约束线性 MPC 的求解步骤

对于二次规划问题的求解，目前流行的非商用求解器主要包括 OOQP、OSQP、qpOASES、ECOS（SOCP）。流行的商用求解器包括 GUROBI、MOSEK（LPs、QPs、SOCPs、SDPs 和 MIPs 等）。

$$\min_{U \triangleq \{u_{k|k}, u_{k+1|k}, \cdots\}} J(x_k, U) = \sum_{k=0}^{N-1} J(x_k, u_k)$$

$$\text{s. t.} \quad x_{k+1} = f(x_k, u_k)$$

$$c_k(x_k, u_k) \leq 0$$

$$h_k(x_k, u_k) = 0$$

$$x \in \mathcal{X}$$

$$u \in \mathcal{U}$$

其中，$x_{k+1} = f(x_k, u_k)$ 是非线性过程模型，蓝色部分为不等式约束，红色部分为等式约束。目前非线性 MPC 无法使用闭式求解，只能使用数值优化的方式进行求解。

4．曲线坐标系车辆动力学模型

曲线运动模型是同时考虑纵向和横向运动的高效模型，其模型示意图如图 6–31 所示。

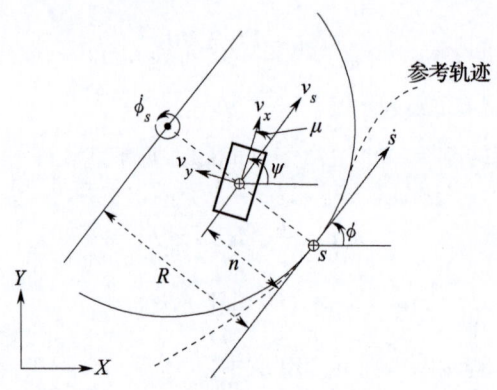

图 6–31　曲线坐标系车辆动力学模型几何示意图

其状态变量和输入变量是 MPC 的优化变量。状态变量为

$$\boldsymbol{x} = \begin{bmatrix} s \\ n \\ \mu \\ v \\ a \\ \delta \\ \dot{\delta} \end{bmatrix}$$

其中，s 是车辆前进状态；n 是横向误差；μ 是车辆航向；v 是车辆速度；a 是预计行驶方向的加速度；δ 是车辆转角；$\dot{\delta}$ 是转角速率。

输入为

$$\boldsymbol{u} = \begin{bmatrix} u_{\text{jerk}} \\ u_{\ddot{\delta}} \end{bmatrix}$$

其中，u_{jerk} 为汽车加速度的导数，即加加速度；$u_{\ddot{\delta}}$ 为汽车转向加速度。

沿 s 方向的部分状态变量推导可基于图 6–32。

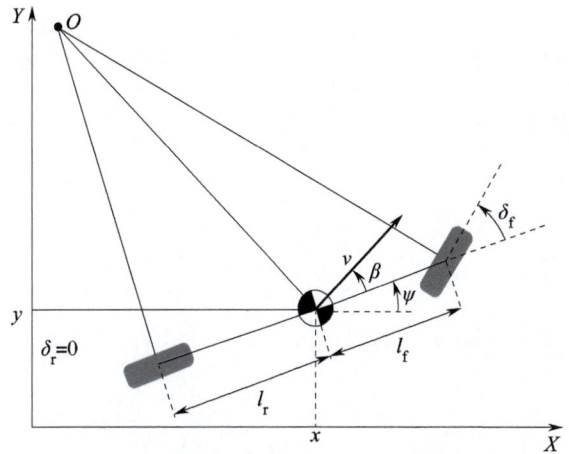

图 6–32 沿 s 方向的部分状态变量几何推导图

可表示为

$$v_s = v_x\cos\mu - v_y\sin\mu = (R-n)\dot\phi_s$$

$$\left.\begin{array}{l}v_s = (R-n)\dot\phi_s \\ \dot s = R\dot\phi_s\end{array}\right\} \Rightarrow \dot s = \frac{R}{R-n}(v_x\cos\mu - v_y\sin\mu)$$

$$\left.\begin{array}{l}\dot s = \dfrac{R}{R-n}(v_x\cos\mu - v_y\sin\mu) \\ \kappa = \dfrac{1}{R}\end{array}\right\} \Rightarrow \dot s = \frac{v_x\cos\mu - v_y\sin\mu}{1-n\kappa}$$

$$\left.\begin{array}{l}\dot s = \dfrac{v_x\cos\mu - v_y\sin\mu}{1-n\kappa} \\ v_x = v\cos\beta \\ v_y = v\sin\beta\end{array}\right\} \Rightarrow \dot s = \frac{v\cos\beta\cos\mu - v\sin\beta\sin\mu}{1-n\kappa} = \frac{v\cos(\beta+\mu)}{1-n\kappa}$$

$$\dot n = v_x\sin\mu + v_y\cos\mu = v\cos\beta\sin\mu + v\sin\beta\cos\mu = v\sin(\beta+\mu)$$

$$\dot\mu = r - \dot\phi_s = \frac{v}{R_v} - \kappa\frac{v\cos(\beta+\mu)}{1-n\kappa} = \frac{v\sin\beta}{l_r} - \kappa\frac{v\cos(\beta+\mu)}{1-n\kappa}$$

运动模型是曲线坐标下的离散化的自行车模型，状态变量可表征为

$$\dot{\boldsymbol{x}} = \begin{bmatrix}\dot s \\ \dot n \\ \dot\mu \\ \dot v \\ \dot a \\ \dot\delta \\ \ddot\delta\end{bmatrix} = \begin{bmatrix}\dfrac{v\cos(\mu+\beta)}{1-n\kappa} \\ v\sin(\mu+\beta) \\ \dfrac{v}{l_r}\sin(\beta) - \kappa\dfrac{v\cos(\mu+\beta)}{1-n\kappa} \\ a \\ u_{\text{jerk}} \\ \dot\delta \\ u_{\ddot\delta}\end{bmatrix}$$

其中，β 为滑移率，$\beta = \tan^{-1}\left(\dfrac{l_r}{l_r + l_f}\tan(\delta_f)\right)$；$l_f$ 是车头到重心的长度；l_r 是车尾到重心的长度。如图 6-33 所示，其推导如下。

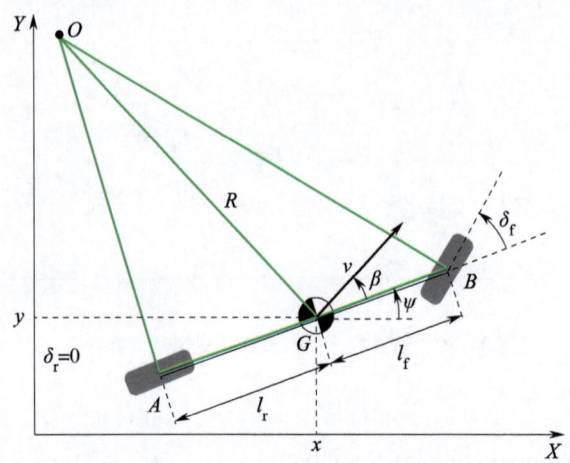

图 6-33　自行车模型状态变量推导几何示意图

$$\sin\beta = \frac{l_r}{R} \Rightarrow R = \frac{l_r}{\sin\beta}$$

$$\frac{l_f}{\sin(\delta_f - \beta)} = \frac{R}{\sin\left(\dfrac{\pi}{2} - \delta_f\right)}$$

$$\frac{l_f}{\sin\delta_f\cos\beta - \cos\delta_f\sin\beta} = \frac{l_r}{\cos\delta_f\sin\beta}$$

$$\frac{l_f}{\tan\delta_f - \tan\beta} = \frac{l_r}{\tan\beta}$$

5. 基于曲线坐标系的 MPC 控制算法代价函数计算

在自动驾驶中，目标函数是塑造驾驶行为的主要机制。目标函数有不同类型的组成部分：
1）目标跟踪（考虑规划器需求）。
2）舒适性目标（考虑车辆运动的舒适性、感知的不确定性）。
3）安全目标（违反约束条件）。

可对不同的成本项采用不同的权重，以实现最佳效果，根据以上目标函数成分可设计目标函数：

$$J = w_t \cdot J_{tracking} + w_c \cdot J_{comfort} + w_s \cdot J_{safety}$$

其中，w_t 是目标跟踪的权重；w_c 是舒适度成本的权重；w_s 是安全成本的权重。

（1）目标跟踪函数设计

针对目标跟踪函数，需要跟踪规划器规划的轨迹，也需满足速度规划需求。图 6-34 是沿 s 方向目标函数几何推导图。

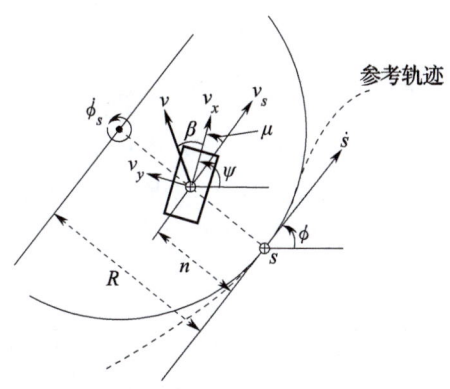

图6-34 沿 s 方向目标函数几何推导图

$$J_{\text{tracking}} = w_{\dot{s}} \cdot (\dot{s} - \dot{s}_{\text{ref}})^2 + w_n \cdot n^2 + w_\mu \cdot (\mu + \beta)^2$$

其中，$w_{\dot{s}}$是用于最小化纵向速度跟踪误差的权重；w_n是使横向误差最小化的权重；w_μ是使航向误差最小化的权重。

（2）舒适性目标函数设计

舒适性目标函数：

$$J_{\text{comfort}} = w_{j_x} \cdot j_x^2 + w_{a_x} \cdot a_x^2 + w_{a_y} \cdot a_y^2 + w_{\dot{\delta}} \cdot \dot{\delta} + w_{\ddot{\delta}} \cdot \ddot{\delta}^2$$

其中，w_{j_x}是最小化纵向加加速度的权重；w_{a_x}是使纵向加速度最小的权重；w_{a_y}是使横向加速度最小的权重；$w_{\dot{\delta}}$是使转向变化率最小化的权重；$w_{\ddot{\delta}}$是使转向变化率加速度最小化的权重。

（3）安全目标函数设计

本部分首先引入硬约束（Hard Constraint）和软约束（Soft Constraint）。硬约束和软约束的主要区别在于它们所代表的强制性程度和满足的条件。硬约束是刚性的、必须遵守的，通常是无条件的，意味着在任何情况下都必须满足。这类约束类似于物理定律或数学定理，是不可改变的规则，违反硬约束会导致系统无法正常运行或逻辑错误。软约束则相对柔性，不是必须严格遵守的，而是在一定条件下自愿遵守的。软约束表达了某种优先级或偏好，允许在特定情况下对规则做出灵活调整。

1）输入约束由执行机构的物理特性约束决定，通常是硬约束。

2）状态/输出约束源于对允许工作范围的实际限制，很少是硬约束。

3）输出约束会导致控制器的实施复杂化。

4）即使对于稳定系统，可行的运行机制也会受到限制。

5）当测量/估计状态因干扰或噪声而超出可行范围时，必须对控制器进行补偿以产生合理的控制行动。

在引入约束时，可引入"松弛变量"进行系统设计。松弛变量的引入常常是为了便于在更大的可行域内求解。若为0，则收敛到原有状态；若大于0，则约束松弛。松弛变量（λ_k）与状态和输入一样，都是自由变量，优化器可以对其进行修改，从而软化约束条件。

优化问题可定义为：

$$\min_{U \triangleq \{u_{k|k}, u_{k+1|k}, \cdots\}} J(x_k, U) = \sum_{k=0}^{N-1} J_{\text{stage}}(x_k, u_k)$$

$$\text{s. t.} \quad x_{k+1} = f(x_k, u_k)$$

$$c_k(x_k, u_k) \leq 0$$

$$x \in \mathcal{X}$$

$$u \in \mathcal{U}$$

引入松弛变量后:

$$\min_{U \triangleq \{u_{k|k}, u_{k+1|k}, \cdots\}} J(x_k, U) = \sum_{k=0}^{N-1} J_{\text{stage}}(x_k, u_k, \lambda_k)$$

$$\text{s. t.} \quad x_{k+1} = f(x_k, u_k)$$

$$c_k(x_k, u_k, \lambda_k) \leq 0$$

$$x \in \mathcal{X}$$

$$u \in \mathcal{U}$$

$$\lambda \in \Lambda$$

安全目标函数可表征为

$$J_{\text{safety}} = \boldsymbol{\lambda}_{\text{soft}}^{\text{T}} \boldsymbol{E} \boldsymbol{\lambda}_{\text{soft}} + \overline{\boldsymbol{H}} \boldsymbol{\lambda}_{\text{hard}}$$

其中,

$$\boldsymbol{E} = \text{diag}(w_{\lambda_n,\text{soft}}, w_{\lambda_v,\text{soft}}, w_{\lambda_a,\text{soft}}), \quad \overline{\boldsymbol{H}} = [w_{\lambda_n}, w_{\lambda_a}, w_{\lambda_s}]$$

$$\boldsymbol{\lambda}_{\text{soft}} = \begin{bmatrix} \lambda_{n,\text{soft}} \\ \lambda_{v,\text{soft}} \\ \lambda_{a,\text{soft}} \end{bmatrix}, \quad \boldsymbol{\lambda}_{\text{hard}} = \begin{bmatrix} \lambda_n \\ \lambda_a \\ \lambda_s \end{bmatrix}$$

其中,λ_n 是横向误差松弛因子;λ_v 是速度松弛因子;λ_a 是加速度松弛因子。

(4) 终端目标函数设计

在设计完成前述目标函数后,利用 MPC 进行求解可能还会出现如下问题:

1) MPC 是通过数值优化的方式进行求解,即 MPC 问题可能在某些条件下求解失败。例如,在求解过程中会包含一些"难以实现"的约束条件。

2) 没有稳定性保证,即求解的轨迹可能无法收敛到目标点,如 MPC 的求解周期选择较短时。

为解决上述问题,需引入终端目标函数。终端目标函数是对有限预测范围的最后阶段施加的成本函数,通过设计一个考虑到缺乏无限优化范围的终端成本函数,提高闭环稳定性和总体成本。

$$\min_{U \triangleq \{u_{k|k}, u_{k+1|k}, \cdots\}} J(x_k, U) = \sum_{k=0}^{N-1} J_{\text{stage}}(x_k, u_k, \lambda_k) + \boxed{J_{\text{terminal}}(x_N)}$$

$$\text{s. t.} \quad x_{k+1}=f(x_k,\ u_k)$$
$$c_k(x_k,\ u_k,\ \lambda_k)\leqslant 0$$
$$x\in X$$
$$u\in U$$
$$\lambda\in \Lambda$$

终端和成本函数的选择：

1）终端约束为稳定性提供了充分条件。

2）在实际工程应用中，扩大解算周期，通过抽取不同计算周期的计算结果进行稳定性判断。

3）对于较小的解算周期 N，终端约束可以选择 0，这是最简单的选择，但 RoA（Region of Attraction）较小。

4）对于较大的解算周期 N，RoA 接近最大控制不变集。

5）无终端约束的 RoA 可能大于有终端约束的 MPC，但 RoA 的表征极为困难。

终端成本函数对在最后阶段与参考路径（运动方向）保持不一致代价很高，例如图 6-35 中的车道内停车。

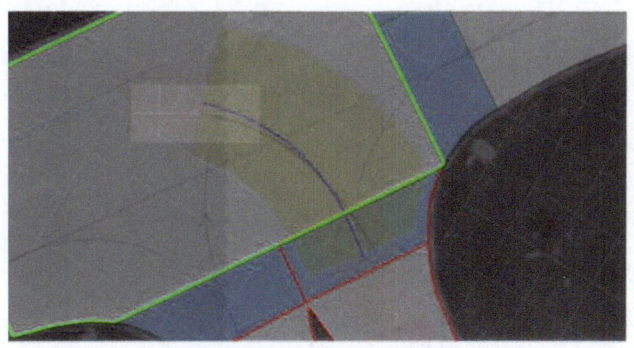

图 6-35　车道内停车示意图

终端目标函数可以确保跟随参考路径，可以对控制范围之外的信息进行相应的策略处理。

6. 基于曲线坐标系的 MPC 控制算法不等式约束及松弛因子计算

线性状态和不等式约束：

$$x_{\min}\leqslant x\leqslant x_{\max}$$
$$u_{\min}\leqslant u\leqslant u_{\max}$$

一般的非线性不等式约束包括：

$$c^{\text{station}}(x,\ \lambda_s)\leqslant 0$$
$$c^{\text{vel}}(x,\ \lambda_{v,\text{soft}})\leqslant 0$$
$$c^{\text{tube,hard}}(x,\ \lambda_n)\leqslant 0$$

$$c^{\text{tube,soft}}(x, \lambda_{n,\text{soft}}) \leq 0$$

$$c^{a,\text{hard}}(x, \lambda_a) \leq 0$$

$$c^{a,\text{soft}}(x, \lambda_{a,\text{soft}}) \leq 0$$

$$c^{\dot{\delta}}(x) \leq 0$$

上述约束分别为：

1）碰撞约束源于速度上限，施加硬约束。
2）速度约束源于速度边界，施加软约束。
3）对汽车可行驶区间边界施加的硬约束。
4）对汽车可行驶区间边界施加的软约束。
5）对加速度边界施加的硬约束。
6）对加速度边界施加的软约束。
7）对转角变化率边界施加的约束。

硬速度约束经整合后可得到一个集成式站位约束，代表碰撞约束。对于硬约束区间，由于违反速度约束会带来集成式站位误差，因此站位约束是首选。这种获取站位约束的方法并不理想，因为它不能保证满足原始速度要求的约束。MPC 最好能接收环境施加的真实站位约束。

$$c_k^{\text{station}}(x_k, \lambda_s) = \begin{cases} s_k - s_k^{\max} - \lambda_{s,k} \leq 0 \\ -s_k + s_k^{\min} - \lambda_{s,k} \leq 0 \end{cases}, \quad \forall k \in \{0, \cdots, N\}$$

对约束条件的建模应允许以一定代价获得松弛空间：

$$v - \lambda \leq v_{\max}$$

产生松弛变量的原因如下：

1）由于环境/约束条件的突然变化，超出可行区域是不可避免的。
2）当进入不可行区域是唯一的选择时，仍希望 MPC 能成功找到一个在违反约束条件的情况下进行权衡的解决方案。
3）当在可行区域外初始化时，松弛变量可以帮助求解器收敛。

汽车可行驶区间边界如图 6-36 所示。

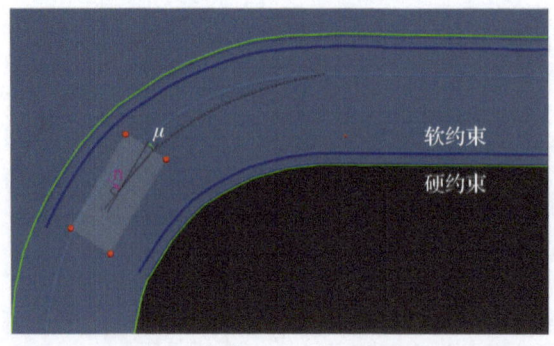

图 6-36　汽车可行驶区间边界示意图

图中绿色部分是汽车在行驶过程中绝对不允许超越的车道线，需施加硬约束；蓝色部分是汽车在行驶过程中可以适当超越的车道线，这部分相较于绿色部分会有间隙，可施加软约束。

可行驶区间的约束条件见下式：

$$c^{\text{tube,hard}}(x, \lambda_n) = \begin{cases} n_k + d_{\text{car,left,front}}(\mu_k) - d_{\text{road,left,front},k} - \lambda_{n,k} \leq 0 \\ n_k + d_{\text{car,left,rear}}(\mu_k) - d_{\text{road,left,rear},k} - \lambda_{n,k} \leq 0 \\ -n_k + d_{\text{car,right,front}}(\mu_k) + d_{\text{road,right,front},k} - \lambda_{n,k} \leq 0 \\ -n_k + d_{\text{car,right,rear}}(\mu_k) + d_{\text{road,right,rear},k} - \lambda_{n,k} \leq 0 \end{cases}, \forall k \in \{0, \cdots, N\}$$

式中，黄色部分横向位置的移动是由于汽车相对于参考路径的旋转；蓝色部分是车辆运动过程中的四个角点宽度。

最大加速度硬约束：

1）车辆动力学是以总加速度（横向和纵向总和）来定义的。

2）为了对总加速度进行约束，可直接参考加速度椭圆。

加速度椭圆如图6-37所示。

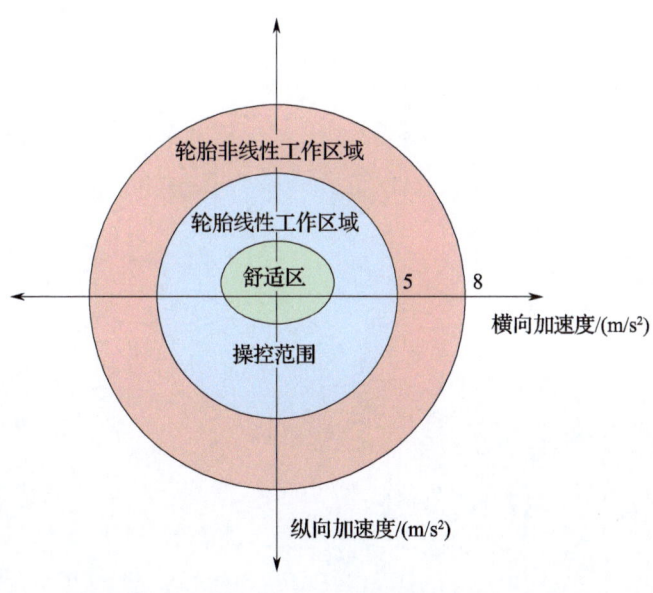

图6-37 加速度椭圆图

图中红色区域是轮胎非线性工作区域，在此区域工作轮胎会出现不可控现象；蓝色区域是轮胎线性工作区域，在此区域内工作轮胎可控；绿色区域是兼顾了舒适性和可控性的区域。加速度硬约束可表示为

$$c_k^{a,\text{hard}}(x_k, \lambda_a) = \sqrt{\frac{a_y^2}{a_{y,\max,k}^2} + \frac{a_x^2}{a_{x,\max,k}^2}} - 1 - \lambda_a \leq 0, \qquad \forall k \in \{0, \cdots, N\}$$

最大加速度软约束：

1）在加速度椭圆舒适区域内的行驶方向加速应可自由执行。

2）超出舒适区域的加速度会受到软约束的惩罚。

加速度软约束可表示为：

$$c_k^{a,\text{soft}}(x_k, \lambda_{a,\text{soft}}) = \begin{cases} a_k - a_{\text{comfort}} - \lambda_{a,\text{soft}} \leq 0 \\ -a_k - \text{decel}_{\text{comfort}} - \lambda_{a,\text{soft}} \leq 0 \end{cases}, \qquad \forall k \in \{0, \cdots, N\}$$

参考文献

[1] 徐志刚,张宇琴,王羽,等. 我国自动驾驶汽车行业发展现状及存在问题的探讨[J]. 汽车实用技术, 2019(1):13-21.

[2] 霍亮. 两轮自平衡电动车的关键技术研究[D]. 哈尔滨:哈尔滨工程大学,2010.

[3] 杨丹. 卡尔曼滤波器设计及其应用研究[D]. 湘潭:湘潭大学,2014.

[4] 袁师召,李军. 无人驾驶汽车路径规划研究综述[J]. 汽车工程师,2019(5):11-13.

[5] 晏欣炜,朱政泽,周奎,等. 人工智能在汽车自动驾驶系统中的应用分析[J]. 湖北汽车工业学院学报, 2018,32(1):40-46.

[6] 黄志清,李鼎鑫,王庆文. 非平坦地形下移动机器人安全路径规划[J]. 控制与决策,2022,37(2): 323-330.

[7] 明钰. 面向自动驾驶车辆的路径规划研究[D]. 济南:齐鲁工业大学,2020.

[8] 孙玉泽. 无人轮式车辆越野路面全局路径规划与轨迹跟踪[D]. 长春:吉林大学,2020.

[9] 张广林,胡小梅,柴剑飞,等. 路径规划算法及其应用综述[J]. 现代机械,2011(5):85-90.

[10] HART P E, NILSSON N J, RAPHAEL B. A formal basis for the heuristic determination of minimum cost paths [J]. IEEE Transactions on Systems Science and Cybernetics, 1968, 4(2):100-107.

[11] 周静. 基于GGRRT的机器人自适应栅格地图创建与路径规划研究[D]. 北京:北京工业大学,2019.

[12] DUCHOŇF, BABINEC A, KAJAN M, et al. Path planning with modified a star algorithm for a mobile robot[J]. Procedia Engineering, 2014, 96:59-69.

[13] DENG Y, CHEN Y, ZHANG Y, et al. Fuzzy Dijkstra algorithm for shortest path problem under uncertain environment[J]. Applied Soft Computing, 2012, 12(3):1231-1237.

[14] KHATIB O. Real-time obstacle avoidance for manipulators and mobile robots[C]// 1985 IEEE International Conference on Robotics and Automation. New York:IEEE, 1985:500-505.

[15] 于振中,闫继宏,赵杰,等. 改进人工势场法的移动机器人路径规划[J]. 哈尔滨工业大学学报,2011,43 (1):50-55.

[16] 程传奇,郝向阳,李建胜,等. 融合改进A*算法和动态窗口法的全局动态路径规划[J]. 西安交通大学学报,2017,51(11):137-143.

[17] 杨旭,王锐,张涛. 面向无人机集群路径规划的智能优化算法综述[J]. 控制理论与应用,2020,37(11): 2291-2302.

[18] DORIGO M, DI CARO G, GAMBARDELLA L M. Ant algorithms for discrete optimization[J]. Artificial Life, 1999, 5(2):137-172.

[19] EBERHART R, KENNEDY J. A new optimizer using particle swarm theory[C]//MHS'95. Proceedings of the Sixth International Symposium on Micro Machine and Human Science, Nagoya, Japan. New York:IEEE, 1995: 39-43.

[20] 杨智,陈志堂,范正平,等. 基于改进粒子群优化算法的PID控制器整定[J]. 控制理论与应用,2010,27 (10):1345-1352.

[21] 郭振,马超,王国良,等. 智能汽车信息安全技术发展现状与展望[J]. 汽车零部件,2021(2):115-121.

[22] 张小兴. 纯电动汽车故障诊断案例分析[J]. 时代汽车,2021(3):157-158.

[23] 陈叶叶,毕少平,张恩铭. 浅谈汽车故障诊断原理与方法[J]. 内燃机与配件,2021(2):141-143.

[24] 张海涛,胡胜,仇林至. 基于AUTOSAR的SOME IP通信及其多核应用的实现[J]. 上海汽车,2021(1): 17-22.

[25] 赵光辉,丁万兴. 浅析域控制器开发在商用车架构中的设置与应用[J]. 电子世界,2020(22): 186-187.

[26] 陈成,杨芳. 现代汽车故障诊断方法及其应用研究[J]. 内燃机与配件,2020(22): 165-166.

[27] 葛纹材,朱元,王恩东,等. 基于AUTOSAR标准的软件内存保护机制实现[J]. 信息通信,2020(11): 5-7.

[28] 马天才,许建淼. 基于AUTOSAR标准的UDS诊断通信[J]. 机电一体化,2020,26(5): 34-40.

[29] 华为发布全新一代华为MDC车规级汽车大脑[J]. 智能城市,2020,6(18): 5.

[30] 李耀华,张蕊. 基于K8s的安全加密通信的实现[C]//天津市电子学会,天津市仪器仪表学会. 第三十四届中国(天津)2020'IT、网络、信息技术、电子、仪器仪表创新学术会议论文集. 天津:[s. n.],2020: 215-218.

[31] CHOI D, KIM T W, KIM J C. AUTOSAR runnable periods optimization for DAG-based complex automobile applications[J]. Applied Sciences, 2020, 10(17): 5829.

[32] 姜维,朱元,吴志红,等. 基于Hypervisor的汽车域控制器解决方案[J]. 信息通信,2020(7): 1-4.

[33] 杨东. 智能车辆自动驾驶域控制器设计与实现[D]. 重庆:重庆邮电大学,2020.

[34] 卞加柱,刘军,王录征,等. 参照AUTOSAR的柴油机后处理控制系统软件设计及验证[J]. 汽车技术,2020(11): 53-57.

[35] Cloud-native 5G: Preparing CSPs for the Impact of Kubernetes (K8s) [R]. Dublin: Research and Markets, 2020.

[36] 刘佳熙,丁锋. 面向未来汽车电子电气架构的域控制器平台[J]. 中国集成电路,2019,28(9): 82-87.

[37] 乔德地. 领目科技:用智能驾驶域控制器,加速自动驾驶快速落地[J]. 创业邦,2019(5): 44-45.

[38] 金子威. 基于K8s的Docker分布式容器自动化运维系统的设计与实现[D]. 武汉:中南民族大学,2018.

[39] 田杨锋,王振. 基于K8s的PaaS架构及业界典型产品的调研分析[J]. 科学技术创新,2018(6): 97-98.

[40] Visteon's next generation of SmartCore™ cockpit domain controllers will feature Qualcomm automotive solutions [EB/OL]. (2018-01-07)[2024-10-30]. https://www.visteon.com/newsroom/visteon-smartcore-feature-qualcomm-automotive-solutions/.

[41] Visteon awarded first SmartCore™ cockpit domain controller program in China by Dongfeng Motor Co. Ltd. [EB/OL]. (2017-04-21)[2024-10-30]. https://www.visteon.com/newsroom/visteon-awarded-first-smartcore-program-in-china-by-dongfeng/.